신천지
백신
2

신천지의 실상을 알려주는 바른 계시록

신천지 백신 2

지은이 | 양형주
초판 발행 | 2020. 4. 1
등록번호 | 제1988-000080호
등록된 곳 | 서울특별시 용산구 서빙고로 65길 38
발행처 | 사단법인 두란노서원
영업부 | 2078-3352 FAX | 080-749-3705
출판부 | 2078-3331

책값은 뒤표지에 있습니다.
ISBN 978-89-531-3733-2 04230
(SET) 978-89-531-3719-6 04230

독자의 의견을 기다립니다.
tpress@duranno.com www.duranno.com

* 본문에 인용된 성경은 표기가 없는 한 개역개정임을 밝힙니다.

두란노서원은 바울 사도가 3차 전도여행 때 에베소에서 성령 받은 제자들을 따로 세워 하나님의 말씀으로 양육하던 장소입니다. 사도행전 19장 8-20절의 정신에 따라 첫째 목회자를 돕는 사역과 평신도를 훈련시키는 사역, 둘째 세계선교(TIM)와 문서선교 (단행본·잡지)사역, 셋째 예수문화 및 경배와 찬양 사역, 그리고 가정·상담 사역 등을 감당하고 있습니다. 1980년 12월 22일에 창립된 두란노서원은 주님 오실 때까지 이 사역들을 계속할 것입니다.

신천지의
실상을 알려주는
바른 계시록

신천지
백신
2

양형주 지음

두란노

목차

《신천지 백신》은 제가 읽어 본 신천지 교리 비판서 중 가장 구체적이면서도 실제적인 책입니다. 신천지 교리를 철저히 분석하고 검증해 논리적으로 써 내려간 탁월한 반증서입니다. 이 책이 신천지 탈퇴를 고민하는 이에게 치유와 회복의 명약이자 바른길을 찾아가는 길잡이가 되어 주리라 확신합니다. 또한 이단 상담을 준비하는 목회자나 사역자에게는 영적 전쟁에서 '지피지기 백전불태'의 효과적인 무기가 될 것입니다. 나아가 성도들에게는 이단 바이러스를 이겨 내는 강력한 예방 백신이 될 것입니다.

이단과의 영적 전쟁은 안전지대도, 휴전도, 종전도 없는 싸움입니다. 한국교회의 시급한 과제는 이러한 영적 전쟁을 깊이 인식하고 발빠르게 대처하는 것입니다. 그런 점에서 이 책은 성도들을 건강한 그리스도인으로 세워 가는 지침서이자 필수 교본이기에 기쁜 마음으로 추천합니다. 저자의 집념과 인내가 만들어 낸 열매에 신천지의 피해자이자, 이단 사역자로서 깊이 감사드립니다.

권남궤 부산성시화운동본부 이단 상담실장

계시록은 그 단어의 의미가 '밝혀진 것'이라는 뜻이다. 마치 하나님이 커튼을 열어 우리에게 창밖에 펼쳐진 종말의 의미를 보여 주신 것과 같다. 다른 어떤 책보다 부분만을 보기보다 전체를 염두에 두고 부분을 보아야 한다. 구약의 상징을 많이 사용하기에 구약에 대한 이해도 필요하다. 동시에 구약에서 지닌 그 상징의 의미를 뛰어넘어 성경 전체의 관점에서 그 상징을 이해하는 것도 필요하다. 그래서 계시록은 무조건 어렵고, 그렇기 때문에 계시록에 대해 잘 모른다. 이단들이 바로 이러한 약점을 노린다. 우리의 무지함을 이용해 그럴듯하게 유혹한다. 그런 점에서 《신천지 백신》은 이단으로 혼탁한 시대를 살아가는 그리스도인들에게 필수다. 이단의 말에 현혹되지 말고 《신천지 백신》을 열심히 읽어라. 커튼이 서서히 열리듯 이단의 약점이 환하게 드러날 것이다. 오히려 이단에게 이 책을 선물하는 것도 아이디어다.

김윤희 횃불트리니티신학대학원대학교 총장

오늘날 한국교회는 위기에 직면해 있다. 특별히 신천지의 창궐은 기존 교회의 혼란을 가중시키고 있다. 신천지에 의해 가공, 살포된 정보들은 인터넷과 거리에 범람하는데, 이에 대한 대처는 '신천지의 출입을 금함'이란 처방이 전부다. 효과적인 예방책이 절실한 형편에서, 양형주 목사가 저술한 《신천지 백신》은 한국교회의 실정에 맞는 맞춤형 처방전을 제시한다. 양 목사가 영적 방역(防疫)에 든든한 양약(良藥)으로 제시하는 것은 무엇보다 '요한계시록에 대한 건전한 해설'이다. 위조지폐를 잘 감별하려면, 가짜들만 연구한다고 해서 되지 않는다. 새로운 가짜들은 얼마든지 등장할 수 있기 때문이다. 위폐(僞幣)는 진폐(眞幣)를 잘 알아야 감별할 수 있다. 양 목사는《신천지 백신》을 통해 '진폐'라는 기준을 제시하면서, '위폐'를 분별할 수 있도록 독자들을 인도한다. 이 책이 선사하는 '바른 요한계시록 해설'을 통해 신천지의 교리적 오류를 잘 분별하고 극복할 수 있는 보약을 얻게 될 것이다.

김태섭 장로회신학대학교 신약학 교수

요한계시록은 이름에 담겨 있듯 계시된, 즉 하나님이 감추어 놓으셨던 것을 예수 그리스도를 통해 밝혀 주신 책입니다. 그런데 많은 사람이 요한계시록을 여전히 어렵게 생각하기에 아직도 감추어져 있는 책으로 남아 있다는 사실이 안타깝습니다. 이단들이 이런 사실을 악용해 사람들을 미혹하는 경우가 늘어나고 있다는 소식은 매우 가슴 아픈 현실입니다. 이러한 시기에《신천지 백신》의 등장은 시기적절합니다. '백신'이라는 단어 속에 이 책의 의도와 핵심이 담겨 있습니다. 이 책은 요한계시록에 대한 무지, 그렇기에 가질 수 있는 막연한 두려움이라는 질환에 대한 백신이고, 더 나아가 점점 더 번지고 있는 이단의 잘못된 가르침으로 인한 감염을 방지하는 백신이 될 것입니다. 백신의 특징답게 핵심을 짚을 뿐 아니라 그것을 잘 풀어내고 있습니다. 그렇기에 편하게 다가갈 수 있으며, 쉽게 대할 수 있습니다. 말씀을 깊이 연구할 수 있는 충분한 기초를 견고히 형성하게 도와줄 것입니다. 무엇보다 하나님의 말씀과 하나님 나라를 향한 저자의 믿음과 하나님의 백성들을 향한 사랑이 가득 배어 있는 이 책을 조금도 망설임 없이 추천합니다.

박성민 한국대학생선교회 대표

비성경적 한국 이단들은 서로를 벤치마킹하며 6·25전쟁을 전후해 본격적으로 발흥했다. 불확실한 세상을 살아가던 현대인들에게 이단들은 임박한 종말의 위기감을 조장하는 한편, 수많은 적그리스도의 등장을 자의적으로 합리화해 왔다. 그리고 왜곡의 근거로 요한계시록을 악용했다. 이러한 혹세무민의 비성경적 주장으로 인해 재산을 빼앗기고, 가정과 교회가 파괴되는 피해를 보아 왔다. 한국교회사에는 요한계시록의 진의를 훼손해 온 이단들의 계보가 존재해 오고 있으며, 최근 신천지의 활동은 그 절정을 보여 준다. 《신천지 백신》은 신천지의 역사와 교리에 대한 세밀한 분석을 통해 그 허구성과 비성경적 오류를 분명하게 보여 주는 동시에 성경적 반증을 시도한다. 이단 대처의 궁극적인 목적은 이단 비판을 넘어 이단 피해의 회복과 치유에 맞춰져야 한다. 양형주 목사의 《신천지 백신》은 신천지에 빠진 사람들을 회복시키기 위한 지침서인 동시에, 이단 예방을 위한 소중한 교육 자료다.

탁지일 부산장신대학교 교회사 교수

신천지에서 가장 자신 있게 자신들을 소개하는 것은 "요한계시록의 실상이 이루어졌다"라는 말과 그에 대한 실상이 자신들에게 있다는 것입니다. 하지만 지난 10년간 신천지에 다녔을 때에도 그 실상이 추상적으로 존재한다고만 배웠지, 그 이름과 실체를 배웠던 적은 없었습니다. 그 안에서 실상이 무엇인지 구체적으로 물어보면 믿음이 부족한 것이라 여기기 쉽습니다. 신천지 교리에 따르면 요한계시록의 비밀이 열렸기 때문에 비유 풀이와 요한계시록을 배우는 것이고, 이렇게 교리를 배우는 것 자체가 실상이 존재한다는 의미이기 때문입니다.

하지만 신천지에 오래 몸담았던 사람들은 그 실상이 일관성이 없고, 시시각각 바뀌며, 결국은 불명확하다는 것을 인지할 수밖에 없습니다. 신천지의 가장 큰 자랑인 '실상'이 역설적이게도 가장 큰 취약점인 것입니다. 하지만 이 사실을 알아채기는 생각보다 쉽지 않습니다.

신천지 역시 일종의 종교입니다. 종교에는 '믿음'이라는 요소가 작용하기에, 신천지인들은 신천지가 가르치는 왜곡된 실상의 모순을 믿음으로 의심 없이 받아들이게 됩니다. 이런 면에서 신천지의 실체와 실상을 밝히는 증거를 일목요연하게 서술하고 알리는 자료들이 많지 않다는 점은 현 기독교계의 아쉬운 점 중의 하나였습니다. 이제라도 이렇게 좋은 책이 전파된다는 사실이 기쁩니다.

C 형제 신천지 12년 차 탈퇴자

신학교를 갓 졸업한 전도사 시절, 필자가 전에 섬기던 교회에서 요한
계시록 성경공부반을 인도할 때였다. 어느 날 담임 목사님이 부르시
더니, 신천지에 미혹된 성도가 있는데 필자가 인도하는 성경공부반에
갈 것이라며 요한계시록을 잘 가르쳐 보라고 하셨다. 순간 긴장이 되
었다. 그러면서도 말로만 듣던, 신천지에서 성경공부를 하던 분에게
요한계시록을 가르칠 기회가 있다니 가슴이 콩닥콩닥 뛰었다.

며칠 후 정말 그 성도가 성경공부반에 왔다. 필자는 애써 태연하게
성경공부반에 모인 성도들에게 정통 요한계시록 해석을 역사적 배경
을 곁들이며 차분하게 설명해 주었다. 그런데 신천지에 빠졌다는 그
성도의 표정이 좀 이상했다. 처음에는 '그래, 어떻게 가르치나 보자' 하
며 경계하는 표정이었다. 그런데 시간이 갈수록 경계의 표정이 차츰
실망의 표정으로 변했다. 그러더니 끝에 가서는 무시와 경멸의 표정
으로 바뀌었다. 마치, '여기서 말하는 요한계시록이 별거 아니네, 엉터
리네' 하는 표정이었다. 요한계시록을 차분하게 잘 설명한 것 같은데
그가 왜 그런 표정을 짓는지 이해가 되지 않았다. 이후 그 성도는 필자
가 인도하는 성경공부반에 다시 나타나지 않았다.

그 성도가 왜 그런 표정을 지었는지를 깨닫게 된 것은 한참 후의 일
이었다. 알고 보니 필자가 가르치는 요한계시록에는 그 성도가 기대
하던 두 가지가 빠져 있었다. 하나는 신천지가 강조하던 정교한 비유

풀이였고, 다른 하나는 요한계시록 안에 담겨 있다고 믿었던 실상이었다. 하지만 신천지의 요한계시록을 접해 보지 않고는 이것들이 무엇인지 도무지 알 길이 없었다.

필자가 섬기는 대전도안교회는 성도들의 필수적인 성경공부 과정으로 '바이블 백신'을 운영한다. 정통교리와 함께 이에 대한 이단 교리를 점검하고 이를 성경적으로 반증하며 견고한 교리를 확립하는 과정이다. 이런 과정을 진행하다 보니 자연스럽게 이단에 빠졌다 돌아오는 이들이 꽤 있다. 교회는 이들을 환대하며, '바이블 백신'을 통해 믿음을 다시 견고하게 세워 가도록 돕는다.

그런데 이 과정에서 전에 신천지에 빠졌던 성도들이 요한계시록에 대해 불쑥불쑥 질문을 던질 때가 있다. 이들과 질문에 대해 깊이 이야기를 나누다 보니 이들 안에 비록 신천지가 이단 단체라는 것도 알고, 그 내부에 문제가 있다는 것도 알지만, 그래도 요한계시록 해석만큼은 신천지가 진짜가 아닐까 하는 일말의 두려움이 자리 잡고 있음을 알게 되었다. 이들은 비록 몸은 신천지에서 나왔지만, 여전히 한구석에는 '신천지에는 기성교회에 없는 실상이 있다'는 생각이 자리 잡고 있었다. 만약 신천지가 참된 요한계시록 해석을 하고 있다면, 신천지에서 나온 이들은 생명책에서 지워져 구원을 얻지 못하게 된다는 두려움이 여전히 있었다.

신천지에 빠진 이들이 약 24만이라고 한다. 이단 전문가들의 추산에 따르면 신천지에 빠졌다 나온 이들도 24만 정도 된다고 한다. 문제는 이들이 이단 단체를 나와서 무엇이 잘못되었는지 제대로 정리하지 못한 채, 다시 기성교회로 돌아갔다가 적응하지 못하는 경우가 많다는 것이다. 무엇보다 이들이 기성교회에 가서 이전에 신천지에 있을 때 그렇게 귀에 못이 박히도록 들었던 요한계시록 말씀을 들을 기회가 거의 없다. 기성교회가 성경의 최종 열매인 요한계시록을 가르치지 않으니, 이 교회가 정말 '바벨론 교회'가 아닐까 하는 의구심이 고개를 든다.

이제 한국교회는 건강한 요한계시록에 대한 성경공부는 물론이거니와, 이단들의 요한계시록 해석을 반증할 준비를 해야 한다. 그래야 쏟아져 나오는 이탈자들을 상대하고 이들을 올바로 세우고 인도할 수 있다. 게다가 영생불사라고 철석같이 믿고 있는 교주가 죽게 되면 이들의 이탈에 가속도가 붙을 것이다. 이제는 교회마다 이단들의 요한계시록 해석을 올바르게 반증하고 바른 요한계시록 해석을 제시하여 건강한 신앙을 세울 수 있도록 준비해야 한다.

여기《신천지 백신》(전 2권)을 내놓는다. 이 책은 이단 단체, 특히 신천지 교주 이만희 씨가 주장하는 요한계시록 전 장 해설의 핵심을 요약하고, 이들의 해석과 실상계시가 과연 이치에 타당한가를 점검한 후, 이에 대한 바른 해석과 대안을 제시한다. 이전에 출간된《바이블 백신》이 이단 교리에 대한 거룩한 항체를 형성하는 것이었다면, 이번에 펴낸《신천지 백신》은 요한계시록에 대한 치유력과 면역력을 기르는 것을 목표로 한다.

《신천지 백신》은 크게 3가지 효과를 기대한다.

첫째, 치료제로서의《신천지 백신》이다. 이는 신천지에 빠졌다가 나왔지만, 여전히 요한계시록은 신천지의 해석이 진짜가 아닐까 하는 의구심을 갖는 이들을 위한 것이다. 이들은 신천지에서 이탈을 감행하고 나서 신천지에 대한 유튜브 반증 자료도 보고, 나름대로 신천지 교리에 대한 혼란을 정리하려 한다. 그러나 요한계시록에 대해서만큼은 차분하게 정리할 수 있는 제대로 된 백신이 아직 부족하다. 《신천지 백신》은 이들이 배웠던 요한계시록 해석을 하나하나 차분하게 검토하고, 무엇이 문제인가를 분석한 후, 바른 해석과 건강한 대안을 제시한다.

둘째, 신천지에 빠진 가족이나 친구와 씨름하고 있는 이들에게 저항할 수 있는 무기로서의 《신천지 백신》이다. 신천지에 빠진 이들의 주장에 논리 정연하게 반박하고 싶을 때, 《신천지 백신》은 구체적인 대안을 제시할 것이다. 신천지가 주장하는 요한계시록의 장, 절을 듣고 그 자리에서 《신천지 백신》을 펼쳐 보라. 그러면 그들이 주장하는 바의 핵심이 무엇이고 이를 어떻게 반박하고 반증할 것인지가 제시되어 있을 것이다. 《신천지 백신》은 신천지가 주장하는 요한계시록의 비유해석과 실상해석에 대하여 효과적으로 대항할 수 있는 치명적인 무기를 제공하는 것을 목표로 한다.

셋째, 기성교회 성도들의 신앙 예방 차원으로서의 《신천지 백신》이다. 성도들이 신천지가 가르치는 요한계시록에 쉽게 미혹되는 이유는 바른 요한계시록 해석과 더불어 신천지가 가르치는 거짓된 요한계시록이 무엇인지를 모르기 때문이다. 따라서 교회는 바른 요한계시록 해석과 더불어 이단의 요한계시록에 대해서도 함께 알려 줄 필요가 있다. 신천지가 요한계시록을 이해하는 방식은 정통교회와 크게 다르다. 이들은 매우 독특한 요한계시록 이해를 갖고 있다.

- 요한계시록은 사도 요한이 성령에 감동되어 장래사를 보고 듣고 기록한 예언서다.
- 요한계시록은 성경의 최종 목적지이자 열매이고, 성경 전체를 푸는 핵심 열쇠다.
- 계시는 환상계시와 실상계시가 있다.
- 참 계시와 거짓 계시를 가르는 기준은 성취 실상의 여부다.
- 성경은 약속의 책으로, 구약은 신약으로, 신약은 요한계시록으로 성취된다.
- 성경은 선과 악의 세계로 나뉘어 있다.
- 영은 육을 들어 역사한다.
- 육의 분별을 통해 배후의 영을 분별해야 한다.
- 성경의 내용은 역사, 교훈, 예언, 실상이다.
- 성경의 모든 예언은 배도, 멸망, 구원으로 기록되었고 성취된다.

이처럼 이들이 갖고 있는 요한계시록에 대한 전반적인 이해가 있어야 이들이 주장하는 요한계시록 이해에 접근하기가 쉽고, 이에 대한 건강한 저항력을 형성할 수 있다. 만약 이와 같은 신천지 요한계시록 해석이 생소하거나, 신천지의 태동 배경이나 이들의 주장에 대해 선이해가 부족하다면 이 책을 더 효과적으로 읽기 위해 본서 1권의 〈부록: 신천지 요한계시록의 핵심〉을 먼저 정독하길 추천한다.

부디《신천지 백신》이 신천지에 빠졌다 돌아온 24만의 이탈자들과 현재 이탈을 고민하는 이들에게 효과적인 치료제가 되기를 기대한다. 더 나아가 지금도 신천지에 미혹된 가족들과 친구들을 위해 고군분투하는 성도들과 성도들을 바른길로 인도하기 위해 몸부림치는 사역자들을 위해 유용하게 쓰임 받길 기도한다.

이 책을 집필하기 위해 필자는 신천지 교주 이만희 씨가 썼던 여러 요한계시록 해석서들과 신천지에서 발간한 책들을 꼼꼼히 살펴보았다. 이만희 씨가 쓴 요한계시록 책들은 10여 권이 넘는다. 이렇게 책이 여러 권 나온 이유는 끊임없이 요한계시록 해석과 실상을 수정, 보완했기 때문이다. 필자는 이 책들을 검토하며 필요한 경우, 이만희 씨의 책 중에 바뀐 해석들과 실상들도 가능한 한 자세하게 추적하려 했다. 때로 서로 다른 주장들이 상충하는 것 같고, 이만희 씨의 수정된 주장들이 잘 정리되지 않을 때는 신천지에 몸담았다 나온 이들에게 그것이 무슨 뜻인지, 이들이 어떻게 배웠는지 직접 물어보며 그 진의를 추적하기도 했다.

이 책을 집필하며 특별히 소중한 도움을 주신 분들이 계시다. 먼저, 전 신천지 강사 및 신천지 금천교회 담임을 역임했던 부산성시화운동 본부 이단 상담실장 권남궤 전도사다. 권 전도사는 젊은 시절 이만희 씨와 가까이 지내며 오랫동안 신천지 교리를 가르쳤고, 신천지 금천교회를 개척해서 700명까지 성장시키며 신천지 교리가 어떻게 바뀌어 왔는지를 몸소 경험했던 분이다. 그는 필자가 신천지 요한계시록을 이해하는 데 헷갈리는 부분들을 잘 이해할 수 있도록 유용한 도움과 자료를 제공해 주었다. 또한 이 책을 집필하는 동안 거의 매주, 매일 집요하게 쏟아내는 필자의 질문에 친절하게 대답해 주었다.

장로회신학대학교에서 요한계시록을 가르치는 김태섭 교수께도 감사드린다. 바쁜 가운데도 원고를 꼼꼼히 살피며 유용한 조언을 해 주셨다. 진용식 목사께도 감사드린다. 진용식 목사의 요한계시록 반증 강의는 필자가 《신천지 백신》의 뼈대를 세울 때 유용한 도움을 주었다. 부산장신대학교 탁지일 교수께서는 접근하기 어려웠던 고(故) 탁성환 목사의 청지기교육원 사역에 대한 자료를 백방으로 알아보시며 도움을 주셨다.

고(故) 원세호 목사의 사위 이태경 장로께도 감사드린다. 원세호 목사는 신천지가 주장하는 일곱 머리 중 하나였다. 이태경 장로께서는 필자가 '바이블 백신' 세미나를 인도하기 위해 미국 달라스에 갔을 때 만나, 장인의 사역 이야기와 함께 그가 남기셨던 저작들을 아낌없이 기증해 주셨다. 덕분에 원세호 목사가 저술한 청지기교육원의 교재인 《청지기론》과 더불어 청지기교육원에 대한 유용한 정보를 얻을 수 있었다. 또한 《신천지 백신》을 집필하는 동안 필자를 격려하고 중보해 준 아내에게 깊이 감사드린다. 대전도안교회의 사랑하는 성도들께도 깊이 감사드린다. 이들은 부족한 목사와 더불어 천국을 이루어 가는 그리스도의 몸으로 고군분투하며 필자를 위해 열심히 중보해 주셨다.

요즈음 신천지는 코로나19 사태로 인해 국민들뿐만 아니라 전 세계인들에게 알려졌다. 점점 그 실체가 드러나면서 모두에게 큰 충격을 주고 있다. 신천지 내부의 충격도 적지 않으리라 생각한다. 이럴 때 일수록 한국교회는 신천지 요한계시록 해석에 변증할 수 있도록 제대로 준비해야 한다. 부디 《신천지 백신》이 한국교회를 건강하게 세우는 데 조금이나마 도움이 되었으면 좋겠다. 이 모든 과정을 인도하신 진리와 은혜의 하나님께 감사와 찬송과 영광을 올려 드린다.

2020년 4월
양형주

1부

일곱 대접은
배도자의 낙인인가,
공의의 심판인가

1장

붉은 용의 공격은
무엇을 의미하는가
_막간 장면 3

(12:1-6)

한 큰 붉은 용이 있어
머리가 일곱이요 뿔이 열이라
그 여러 머리에
일곱 왕관이 있는데
그 꼬리가 하늘의 별
삼분의 일을 끌어다가
땅에 던지더라

≡ 해, 달, 별을 가진 여자와 아이 (1-2절)

요한계시록 12장은 신천지에게 매우 중요한 장이다. 자신들이 주장하는 배도, 멸망, 구원의 현장을 동시적으로 가장 생생하게 보여 준다고 해석하기 때문이다. 그래서 이들은 요한계시록 12장의 내용을 반복해서 공부하고 숙지한다. 이들의 주장이 과연 그러한지 하나하나 검토해 보자.

본문은 하늘에 일어나는 큰 이적에 주목한다. 해를 옷 입고, 발 아래에는 달이 있고, 머리에 열두 별의 관을 쓴 여자가 등장하기 때문이다(1절). 이 여인이 누구인가를 이해하기 위해 신천지는 이적이 나타난 장소인 하늘에 주목한다.

이들은 하늘에 두 종류가 있다고 주장한다. 영계의 하늘과 육계의 하늘이다.[1] 영계의 하늘은 사도 요한이 성령에 감동해 가서 본 하나님 나라이고(4장), 육계의 하늘은 선민의 장막이다. 선민의 장막은 하나님이 함께하시기에, 비록 이 땅에 있지만 세상과 구별되는 하늘, 곧 '일곱 금촛대 장막'이라고도 하는 유재열 씨의 첫 장막을 가리킨다.[2] 이러한 해석은 사도 요한이 본 환상계시를 자신들의 단체에 일어났던 실상계시, 곧 배도, 멸망, 구원의 사건을 중심으로 해석하겠다는 뜻이다.

하지만 요한계시록은 하늘을 영계의 하늘과 육계의 하늘로 나누지 않는다. 하늘과 땅으로 나눌 뿐이다. 만약 영계의 하늘이 있다면 영계의 땅도 있어야 하고, 육계의 하늘과 육계의 땅도 있어야 한다는 논리가 성립한다. 그러나 이들은 이렇게 정교하게 논리를 전개하지 않는다. 이만희 씨는 여기서 해석의 일관성을 상실한다. 왜냐하면 첫 장막을 영계의 하늘이라고 주장했다가, 뒤에 가서는 땅이라고 주장하기 때문이다.[3]

이만희 씨에 따르면, 하늘 장막에 있는 해를 입고, 달을 발 아래에 두고, 열두 별의 면류관을 쓰고 있는 여자는 첫 장막을 인도하는 목자를 가리킨다. 여기서 해, 달, 별은 첫 장막의 선민을 야곱의 가족(창 37:9-11), 이스라엘 12지파에 비유한 것이다. 이만희 씨가 목자를 여자로 비유한 까닭은 여자가 자녀를 기르는 것처럼 목자가 하나님의 씨인 말씀을 받아 성도를 낳아 양육한다고 해석하기 때문이다.[4] 여자의 실상에 대해, 이만희 씨의 초기 저작인 《요한계시록의 진상》에서는 '세례 요한과 같은 인물로서 오늘의 예비 제단을 이끌어 가는 목자 삼손'으로 밝힌다.[5] 삼손은 '작은 태양'이란 뜻으로 언약을 받을 당시 그가 받은 영명이다. 《종교세계의 관심사》는 삼손, 곧 작은 태양이 바로 유재열 씨임을 밝힌다.[6] 해를 입은 여자의 실상은 목자 유재열 씨다.

그런데 여기서 의문이 든다. 만약 여자가 해, 달, 별을 입고 썼다면 여자 유재열이 첫 장막에 12지파를 이만희 씨에 앞서 창설한 것이 아닌가? 하지만 이만희 씨는 자신이 비로소 12지파를 창설했다고 주장한다.

그렇다면 이 여자가 밴 아이는 누구인가? 이 아이는 용과 싸워 이기고 장차 철장으로 만국을 다스릴 남자(5절)인 이만희 씨를 가리킨다고 한다. 이만희 씨는 이 아이의 특별함을 부각하기 위해 초창기부터 이 아이, 곧 자신이 주의 이름으로 와서 주의 뜻을 이루실 보혜사 성령이요, 성부이신 하나님의 위와 성자이신 예수 그리스도의 위를 하나로 묶어 자신의 위에 앉으실 삼위일체의 성신으로 강조한다.[7] 요약하면, 여인은 유재열 씨이고 여인이 밴 아이는 그에게서 배운 자칭 보혜사 이만희 씨가 된다. 흥미로운 것은 유재열 씨도 자신을 보혜사 성령이라 칭했다는 사실이다.[8] 보혜사가 보혜사를 낳은 셈이다. 이만희 씨는 자신이 사도 요한이 본 환상계시를 이 시대에 실상으로 풀어 주는 새 요한, 또는 사도 요한 격 목자라고 했다가, 여기서는 삼위일체 성령으로 격상시킨다.

하지만 이러한 해석은 구약의 풍부한 심상을 간과한 것이다. 구약 성경, 특히 이사야서에서 여인은 회복된 이스라엘과 관련된 상징이다(사 52:2, 54:1-6, 61:10, 62:1-5). 또한 해, 달, 별은 구약에서 하나님의 백성과 깊은 관련이 있는 상징이다(창 37:9; 아 6:10; 사 60:19-20; 단 12:3). 해, 달, 별은 공통적으로 빛을 비추는 발광체로, 이 여인이 찬란한 영광의 소유자임을 암시한다.[9]

이 여인은 머리에 열두 별의 관(crown)을 썼다(1절). 이는 회복된 이스라엘이 관을 쓴 신부와 같을 것이라는 이사야 62장 3, 5절의 예언을 반영한다. 열둘은 이스라엘 12지파를 연상하게 하는 하나님의 백성을 대표하는 숫자이고, 별은 교회를 상징한다. 따라서 이 여인은 하나님의 백성을 대표하는 교회를 상징한다.

그런데 이 여인이 아이를 잉태했다. 하나님은 잉태하지 못하는 이스라엘 백성의 상태를 지적하신 후 장차 회복의 때에 임신과 출산의 복이 임할 것을 예고하셨다(사 54:1-5; 참조, 사 26:17-18). 아이를 잉태해 해산하는 것은 하나님이 구원을 베푸시는 것을 의미한다(사 26:18). 하나님은 이런 이스라엘이 장차 아들을 출산할 것이라고 예고하셨다(사 66:7-10). 이는 하나님의 구속사의 경륜 가운데 나타날 메시아의 출생을 의미한다. 이렇게 볼 때 해를 입은 여인(1절)은 메시아를 낳을 구약의 교회를 상징한다.

교리에서 교회는 시대적인 구분으로 크게 세 종류로 나뉜다. 구약교회, 신약교회, 그리고 종말의 교회다. 본문의 교회는 메시아의 언약을 품고 메시아가 이 땅에 아브라함과 다윗의 자손으로 오시도록 한 구약의 교회다. 그리고 메시아가 오셔서 구원의 역사를 이룬 교회는 신약의 교회이며, 이 교회는 메시아가 하나님 앞과 보좌 앞으로 부활 승천하신 이후(5절) 그분의 재림 때까지 예수님을 믿는 성도로, 핍박과 환난의 시기를 지낸다. 이때가 1,260일, 마흔두 달, 3년 반, 한 때 두 때 반 때다. 마치 이스라엘이 광야를 지난 것같이 신약의 교회도 메시아가 재림하실 때까지 환난의 시기를 지나는 것이다. 따라서 아이를 낳은 여자는 교회이지만, 시기적으로 아이를 기다리고 잉태한 여자는 구약의 교회, 아이를 낳은 여인은 신약의 교회가 된다.

여자가 아이를 배어 해산하게 되자 아파서 애를 쓰는 것은 무엇을 의미하는가(2절)? 이는 하나님의 언약 백성으로서 메시아를 간절히 기다린 구약의 교회를 의미한다(참조, 행 7:38). 메시아의 출현을 고대하며 기다렸던 여인 이스라엘의 모습은 메시아의 족보에 잘 드러나 있다(마 1:1-17; 참조, 눅 3:23-38).

하지만 신천지는 이를 바울 일행이 갈라디아 성도들 속에 그리스도의 형상이 이루기까지 이들을 위해 수고했던 것처럼, 유재열 씨가 이만희 씨를 낳기 위해 애쓰고 수고한 것으로 본다.[10] 특히 여자가 배가 아파서 애써 부르짖는 것은 유재열 씨가 배도의 결과로 해산의 수고를 하는 것을 의미한다고 해석한다. 하와에게 해산의 고통이 범죄의 결과로 온 것처럼, 유재열 씨 또한 범죄의 결과로 고통을 당한 것이다. 유재열 씨는 첫 장막의 교권을 이만희 씨에게 넘겨주어야 하므로 슬퍼서 부르짖은 것이다.

그러나 실상은 어떠할까? 유재열 씨는 이만희 씨를 낳기 위해 애쓰고 수고했을까? 충격적인 사실은 유재열 씨는 한 언론과의 인터뷰에서 이만희 씨를 개인적으로 알지 못한다고 증언한 바 있다는 것이다. "유재열은 이만희가 자신에게서 배웠다고 하나 자신은 그를 직접 가르친 적은 없고, 그가 신앙촌에서 전도되어 1967년부터 1971년까지 장막성전에 속하여 신앙생활을 하다 탈퇴한 후로 자신과 교회를 상대로 비방하는 유인물 등으로 인해 고발을 당하여 구속되어 복역하고 나온 것으로 기억할 뿐, 달리 아는 바가 없다"고 증언했다.[11] 또한 이만희 씨가 1980년대 초반부터 1985년까지의 기간에 200여 통에 가까운 편지를 보내 어떠한 요구와 대우라도 해 주겠다며 함께 일할 것을 종용했지만 그가 누군지도 모르기에 어떠한 답을 준 적도 없었다고 했다.[12]

또한 유재열 씨는 그 교권을 이만희 씨가 아닌 오평호 씨에게 넘겨주었다. 알지도 못하는 이만희 씨에게 교권을 넘겨주는 일은 있을 수 없는 일이었다.

끝으로 주목할 것은, 본문 1절의 '하늘'은 신천지의 주장대로 하나님의 보좌가 있는 영계 하나님의 나라가 아니라는 사실이다. 만약 본문의 하늘이 영계 하나님의 나라라면 하나님의 나라에 용도 있고, 분투하는 여인도 있고, 전쟁도 있는가? 하나님의 나라에는 더 이상 용이 있을 수 없고, 전쟁도 있을 수 없다. 따라서 여기서 '하늘'은 요한이 본 환상 가운데 펼쳐진 세계를 설명하는 용어다.

날짜	실상 역사
1966년 3월 14일	유재열 장막성전 시작
1967년	이만희 입교
1966-1969년	유재열 시한부 종말론 불발 (1966년 6월 1일 - 1969년 11월 30일)
1971년	이만희 장막성전 이탈, 고향 청도로 낙향
1975년	오평호 입교
1975년 9월	유재열 사기 사건 연루
1980년 봄	이만희 안수, 책 받아먹음(후에 1977년으로 변경, 《천지창조》)
1980년 3월 14일	오평호 장막성전 당회장 취임
1980년 9월 14일	오평호 장막성전 간판을 내리고 '이식교회'로 명칭 변경, 영명 삼손(유재열)은 배도자가 됨, 첫 장막 설립 14년 만에 제직 총 사퇴 12장로 폐하고 10장로(10뿔) 세움

1980년 9월	이만희 배도한 7사자에게 편지[13]
1980년 10월 27일	이만희 명예훼손죄로 투옥
1980년 10월 말	유재열, 미국 웨스트민스터신학교로 유학(1,260일)
1981년 2월 2일	이만희 선고유예로 석방(98일간 투옥)
1981년 9월 20일	이삭교회 17명의 목사 임직식, 이마와 손에 짐승의 표 받음
1984년 2월 7일	선고유예 종결
1984년 3월 14일	신천지 개국

<신천지 실상 역사>(《신천지 발전사》 기준)

≡ 일곱 머리 열 뿔과 꼬리를 가진 용 (3-4절)

그런데 하늘에 또 다른 이적이 보인다. 하늘에서 일곱 머리, 열 뿔 난
큰 붉은 용 한 마리가 나타난 것이다(3절). 이 용의 실체는 옛 뱀, 마귀,
사탄이다(12:9). 신천지에 따르면, 이 용이 하는 일은 하늘 장막을 침노
해 멸망시키는 일이다. 용은 그 꼬리로 하늘의 별 3분의 1을 끌어다가
땅에 던졌다(4절). 이런 용이 하는 행동은 초림 때 서기관과 바리새인
들의 행동과 같다. 이들은 세례 요한의 장막을 멸망시켰으나(마 11:12)
예수님은 이들과 싸워 이기셨다(요 16:33).[14] 이처럼 신천지는 재림 때
에 용의 일곱 머리 열 뿔 가진 짐승이 하늘 장막을 짓밟지만(13:6), 여
자가 낳은 아이가 이들과 싸워 이긴다고 해석한다.[15]

그렇다면 용의 일곱 머리 열 뿔, 그리고 꼬리의 실체는 무엇인가?
신천지에 따르면, 일곱 머리는 일곱 목자를, 열 뿔은 머리인 목자에

게 속한 열 권세자(장로)를, 꼬리는 사탄에게 속한 거짓 선지자를 말한다.[16] 이 짐승의 실체는 첫 장막을 무너뜨렸다고 주장하는 오평호 씨의 청지기교육원을 말한다. 청지기교육원은 당시 월간 〈현대종교〉를 발간했던 탁명환 소장과 탁성환, 원세호, 오평호 씨 등이 주도했던 단체로, 오평호 씨가 주도한 첫 장막의 신앙 교육을 담당했다.

신천지의 주장에 따르면, 용과 그의 무리(청지기교육원)가 첫 장막에 들어와 첫 장막을 무너뜨리고, 거짓 선지자의 힘으로 별(성도) 3분의 1을 땅에 던졌다. 이는 거짓 목자들이 첫 장막 성도 3분의 1의 영을 죽게 해 생령 없는 육체로 되돌아가게 하고, 그 시민권을 하늘에서 땅으로 옮겼다는 뜻이다(참조, 빌 3:20).[17] 용의 공격에 살아남은 자는 겨우 '씨로 남은 몇 명'뿐이라고 한다.

용이 여자가 아이를 낳으면 삼키려고 그 앞을 지키고 있는 이유는 무엇인가(4절)? 그것은 아이가 용을 이기고 그의 모든 권세를 빼앗아 만국을 다스릴 자이기 때문이다. 참고로, 아이 곧 이만희 씨가 출생한 때는 하나님이 용(청지기교육원)에게 첫 장막을 멸망시키라고 내어 주신 마흔두 달 안에 있다(13:5). 아이가 출현함으로 새 땅, 새 예루살렘, 새 이스라엘이 창조된다.[18]

이제 이들의 주장을 검토해 보자.

첫째, 용은 과연 하늘을 침노했는가? 본문을 엄밀하게 보면, 용이 하늘을 침노했다는 표현이 나오지 않는다. 용은 하늘을 공격한 것이 아니다. 용은 원래 하나님 앞에서 성도들을 참소하는 일을 감당했는데, 이제는 더 이상 그 일을 하지 못하고 내쫓긴 것이다(12:9-10). 구약

성경에서 사탄은 항상 의로운 하나님의 종들을 죄인으로 거짓 참소하는 역할을 했다. 사탄은 의롭고 경건한 욥도 까닭 없이 그럴 리 없다며 참소했고(욥 1:9-11), 스가랴서에서도 대제사장 여호수아를 참소했다(슥 3:1).

만약 신천지의 주장대로 용이 하늘을 침노했다고 해석하면, 청지기교육원이 첫 장막을 침노했다는 말이 된다. 그러면 이들 단체의 실상에 오류가 생긴다. 왜냐하면 청지기교육원이 첫 장막에 들어왔을 때 이만희 씨는 그곳에 없었기 때문이다. 그는 청지기교육원이 들어오기 훨씬 전인 1971년 장막성전을 떠나 고향에 내려가 있었다. 또 이때는 유재열 씨도 없었다. 유재열 씨는 1975년 9월, 한 사기 사건에 연루된 것이 계기가 되어 1980년 10월에 오평호 목사에게 장막성전을 인계하고 잠적했다.

오평호 씨는 장막성전의 기성교회화를 선언하고 1980년 9월 14일 교회 이름을 '대한기독교장로회 과천이삭교회'로 바꿨고, 신천지는 이것을 장막성전이 붕괴된 사건으로 해석한다.[19] 이삭교회가 기성교회로 바뀌면서 청지기교육원은 교회 성도들과 리더들의 교육을 담당했다. 또한 1981년 9월 20일 이삭교회 목회자들을 기성 장로교단의 목사로 안수하는 목사 안수식을 거행했는데, 이때 청지기교육원 소속 목사들이 와서 서약을 받았다. 신천지는 이것을 용이 장막성전에 들어와 멸망시킨 사건으로 본다.

오평호 씨의 증언에 따르면, 이만희 씨가 주장하는 당시 목사 임직식에 참여했던 청지기교육원의 목사 중 실제로 참여한 이들은 그리 많지 않다. 그런데 《신천지 발전사》에서 소개하는 임직식 주보에는 참여하지 않은 이들의 이름까지 버젓이 들어가 있다.

참고로, 오평호 씨의 기성교회화 작업으로 인한 반발로 이전 장막성전의 핵심 추종 세력들은 장막성전에서 이탈해 자신들이야말로 유재열 씨의 뒤를 이은 참된 장막성전이라고 주장하며 여러 세력을 형성했다. 여기서 나온 단체들이 이만희 씨의 신천지예수교 증거장막성전, 홍종효 씨의 증거장막성전, 심재권 씨의 무지개장막성전, 정창래 씨의 성남장막성전 등이다. 이들 중 이만희 씨의 신천지가 가장 큰 세력을 형성했다. 이들도 유재열 씨로부터 이탈한 다른 증거장막성전과 같이 유재열 씨를 배도자로 규정했다.

둘째, 초림 때 바리새인과 서기관들이 세례 요한의 장막을 멸망시켰다는 주장은 성경적 근거가 없다. 성경 어디에서 바리새인과 서기관들이 세례 요한의 장막을 멸망시켰다고 하는가? 이만희 씨는 이들이 침노해 멸망시켰다고 주장하는데, '침노'는 멸망시킬 때 사용하는 단어가 아니다.

성경에서 '침노하다'라는 단어가 사용된 구절은 "세례 요한의 때부터 지금까지 천국은 침노를 당하나니 침노하는 자는 빼앗느니라"(마 11:12)라는 말씀이다. '침노'와 비슷한 단어로 '침입'이 사용되기도 한다. "율법과 선지자는 요한의 때까지요 그 후부터는 하나님 나라의 복음이 전파되어 사람마다 그리로 침입하느니라"(눅 16:16). 이는 구약 율법의 시대가 세례 요한을 끝으로 종식되는 동시에, 세례 요한 이후로는 예수 그리스도를 믿고 거듭나면 의롭게 되어 하나님의 통치(나라)

가 시작된다는 뜻이다. 여기서 '침노하다', 또는 '침입하다'라는 단어는 배도자를 멸망시킨다는 뜻이 아니라 천국이 시작된다는 좋은 뜻으로 사용되었다.

셋째, 용의 꼬리로 하늘의 별 3분의 1을 끌어다가 땅에 던지는 것은 무엇을 의미하는가? 신천지의 주장대로 청지기교육원의 거짓 목자들이 첫 장막 성도 3분의 1의 영을 죽게 만들고, 시민권을 하늘에서 땅으로 옮기는 일인가? 성도의 시민권은 하늘에 있다. 그런데 하늘로 옮긴 시민권을 또다시 하늘에서 땅으로 옮기는 것이 과연 가능한가? 제아무리 용이라 하더라도, 그 어떤 피조물이라도 우리를 우리 주 예수 안에 있는 하나님의 사랑에서 끊을 수 없다(롬 8:38-39)!

이들의 주장대로 장막 성도 3분의 1의 영이 죽었다고 하면 의외로 곤란한 점이 발생한다. 그렇다면 장막 성도 3분의 2는 살았다는 말인가? 이만희 씨는 3분의 1이 죽었다고 하고서는, 그럼에도 살아남은 자는 겨우 '씨로 남은 몇 명'뿐이라는 논리적으로 맞지 않는 진술을 전개하는데,[20] 이는 이단 교주와 함께 자신들의 단체를 세운 소수의 무리를 억지로 끼워 맞추기 위한 것이다.

용의 꼬리로 하늘의 성도 3분의 1을 땅으로 던진다는 것은 상당수의 성도가 대적자에 의해 고난당하는 모습을 나타낸다(참조, 단 8:10, 24). 그러나 신천지는 이것을 장막성전의 성도 3분의 1이 멸망자의 활동으로 그 영이 죽은 사건으로 해석한다. 왜 3분의 1만 죽었을까? 원래대로라면 배도자들 모두가 멸망자에 의해 멸망당해야 하지 않을까?

넷째, 여자(유재열)가 아이(이만희)를 해산하려 할 때 용(청지기교육원)

이 기다리고 있는 때가 마흔두 달 안에 포함되어 있는가? 결코 그렇지 않다. 이 기간에 이만희 씨는 낙향해 고향에 있었기 때문에 첫 장막에 없었다. 여기서 실상과 성경 본문의 간극이 크게 벌어진다.

다섯째, 이만희 씨는 본문이 배도자, 멸망자, 구원자라는 세 존재가 첫 장막이라는 한 장소에 출현했음을 알리는 중요한 말씀이라고 주장한다.[21] 그러나 실상은 그렇지 않다. 이 셋은 결코 함께 첫 장막에 거한 적이 없다. 이만희 씨가 유재열 씨의 장막성전에서 나간 해는 1971년이다. 오평호 씨가 장막성전에 들어온 해는 1975년이다. 서로 만난 적이 없다. 실제로 한 언론 매체의 기자가 오평호 씨와 가진 인터뷰에서 오평호 씨는 이만희 씨를 만나 본 적도 없다고 증언했다.[22]

이만희 씨가 장막성전에 입교한 때는 1967년이고, 오평호 씨가 장막성전에 입교한 때는 1975년이다.[23] 요한계시록대로 이루어지려면 아이(이만희)가 태어나기 전에 용(오평호)이 미리 장막성전에 와서 기다리고 있어야 한다. 이처럼 실상의 연대도 서로 맞지 않는다.

아이가 태어나는 때는 언제인가? 신천지의 주장으로는 1981년 9월 20일이다. 이때는 오평호 목사가 주관한 이삭교회에 목사 임직식이 있었던 날인데, 이때 이만희 씨는 목사 임직식에 참여해 설교자로 초청된 유재열 씨(순서지에는 '유재열 선교사')가 설교하는 도중에 그 설교 말씀을 듣다가 거듭났다고 한다. 이때가 배도자, 멸망자, 구원자가 한자리에 있는 요한계시록 12장의 사건이라는 것이다.

그러나 이것도 요한계시록 해석과 맞지 않는다. 유재열 씨가 장막성전을 떠난 때가 1980년 10월인데, 어떻게 여자가 첫 장막이 무너지고 배도자들이 모인 곳에 있는 용을 다시 찾아와 아이를 낳을 수 있는 가? 그동안 잉태한 기간도 없이 만나자마자 배도자로서 설교하고 바로 아이를 낳는가? 1980년 10월 이후, 여자는 광야로 도망가고 없어야 한다. 요한계시록은 광야로 도망갔던 여자가 다시 용을 찾아왔다고 하지 않는다. 어떻게 도망갔다가 다시 올 수 있는가? 구원자가 배도자의 설교를 듣고 태어났다는 것이 이상하다.

▤ 철장으로 만국을 다스릴 남자 (5-6절)

이만희 씨는 여자가 낳은 아들이 장차 철장으로 만국을 다스릴 남자이며, 요한계시록 2-3장이 약속한 이긴 자이며, 용이 하늘 장막을 침노해 들어와 있을 때 그 장막에서 해를 입은 여자로부터 난 자라고 해석한다.[24]

홍미로운 것은 그가 전통적인 교회의 해석을 접하고 이를 거부했다는 사실이다. 일부 목자들이 '여자'가 교회이고, 그에게서 난 아이가 '예수님'이라는 교회의 정통 해석을 언급하지만, 이만희 씨는 크게 두 가지 이유를 근거로 이 해석이 거짓이라 결론 내린다.[25] 첫째, 교회(여자)가 어찌 예수님(아이)을 낳은 후 광야로 도망가 1,260일 동안 양육받을 수 있냐는 것이다. 둘째, 예수님은 이기는 자에게 만국을 다스리는 철장 권세를 주겠다고 약속하셨는데, 본문의 아이가 예수님이라면, 예수님이 자기 자신에게 만국을 다스리는 철장 권세를 준다는 말인데 이것은 말이 되지 않는다는 것이다.

그러나 본문의 의미를 좀 더 깊이 이해하면 본문 해석의 난점이 해소된다.

첫째, 여자가 아이를 낳은 후 광야로 도망가는 것은 무엇을 의미하는가? 이를 이해하려면 본문의 순서를 잘 살펴야 한다. 여자가 아이를 낳자 이 아이는 하나님 앞과 그 보좌 앞으로 들려 올라갔고, 이후 여자는 광야로 도망갔다. 아이가 하나님 보좌 앞으로 들려 올라간 것은 메시아의 부활과 승천을 의미한다. 이는 교회가 예수 그리스도의 부활, 승천 후 겪게 될 고난의 상황을 묘사한 것이다. 교회는 용의 위협을 피해 광야로 도망가서 1,260일 동안 양육을 받는다.

성경에서 광야는 시련의 장소이면서 하늘의 위로와 보호를 경험하는 장소다(출 16:32; 신 1:31, 33, 8:2-4; 시 78:52; 요 6:31; 행 7:36). 교회는 그리스도의 부활, 승천 이후 유대인과 로마의 핍박을 피해 사방으로 흩어지지만, 그곳에서 하나님의 특별한 보호와 인도하심을 경험했다(참조, 행 8:2, 4).

여자가 보호받는 1,260일은 11장에서 성전 바깥 마당이 이방인에 의해 짓밟히는 기간과 두 증인의 예언 사역 기간과 동일하다. 이는 광야가 성전과 동일한 심상으로, 육체적으로는 고난을 겪지만 영적으로는 보호받음을 나타낸다.[26] 이렇게 볼 때 1,260일은 초림부터 재림 때까지 복음을 증언하는 사역을 하며 하나님이 예비하신 광야에서 보호와 인도하심을 경험하는 은혜의 기간인 동시에, 핍박과 고난의 기간이기도 하다. 따라서 교회가 아이를 낳고 광야로 도망가 1,260일 동안 양육받는 것은 자연스럽게 이해되는, 오늘 우리의 현실이기도 하다.

둘째, 예수님이 이기는 자에게 철장 권세를 준다고 약속하신 것은 자기가 자기에게 권세를 준다는 말일까? 여기서 '철장'이란 '철로 된 왕의 홀'(忽, an iron scepter, NIV)로서, 왕의 통치를 상징하는 도구를 가리킨다. 이만희 씨는 철장이 문자 그대로 쇠 지팡이라면 어떻게 그것으로 만국을 다스릴 수 있겠느냐며, 그것은 세상을 다스리는 치리권과 더불어 '하나님의 말씀'이라고 주장한다.[27] 그러나 이것은 본래 말씀의 뜻에 의미를 덧붙여 왜곡한 것, 즉 하나님의 말씀을 가감한 것이다. 애굽의 바로왕, 바사의 아하수에로왕 고대의 통치자들은 실제로 통치권을 상징하는 철, 혹은 금으로 된 홀(지팡이)을 지니고 다녔다(참조, 에 5:2).

여자가 낳은 아이가 철장으로 만국을 다스린다는 것은 메시아가 부활, 승천하셔서 하늘에 있는 자들과 땅에 있는 자들과 땅 아래 있는 모든 이로 모든 무릎을 예수님의 이름에 꿇게 하시고 통치하시게 됨을 뜻한다(빌 2:10).

주의해야 할 것은 2-3장에서 약속한 이긴 자와 본문에서 철장으로 만국을 다스릴 남자는 다르다는 점이다. 엄밀히 말하면, 2-3장에 '이긴 자'는 등장하지 않는다. '이기는 자'가 등장할 뿐이다. '이기는 자'란 현재 고난 가운데서도 하나님의 은혜로 보호받으며, 믿음을 지키며, 분투하고 있는 교회를 말한다. 그리스도는 이미 승리하신 이긴 자이지만, 교회는 이미 이긴 자가 아니라 지금 싸우며 이겨 나가고 있다. 이를 '전투하는 교회'(church militant)라고 한다.[28] 이는 본문에 등장하는 광야로 도망가 1,260일간 양육받는 여인이라고도 할 수 있다.

만약 이만희 씨의 주장대로 2-3장의 이긴 자와 철장 권세 가진 자가 같은 인물이라고 하면 3장 21절 "이기는 그에게는 내가 내 보좌에 함께 앉게 하여" 주겠다는 약속이 이상하게 된다. 이긴 자가 자기에게 자기 보좌에 함께 앉게 해 주겠다는 말이 되기 때문이다.

더 나아가, 아이가 하나님 보좌 앞으로 들려 올라가는 것은 무슨 뜻인가(5절)? 바른 해석은 메시아의 부활, 승천이다. 그러나 신천지는 이것이 영계 하나님의 보좌가 이긴 자에게 임하는 신인합일이라고 주장한다.[29] 본문의 설명은 신인합일과 다르다. 신천지가 주장하는 신인합일은 하나님의 영이 목자에게 임하시는 것이지만, 본문에서는 아이가 보좌 앞으로 들려 올라간다. 위에서 임하는 것이 아니라, 아래에서 들려 올라가는 것이다. 따라서 본문은 신인합일을 설명한다고 볼 수 없다.

이상은 '여자가 낳은 아들'에 대한 이만희 씨의 해석 3가지 중 처음 두 가지에 대한 설명이 된다. 이제 마지막 세 번째 주장, 즉 이 아들이 '용이 하늘 장막을 침노해 들어와 있을 때 그 장막에서 해를 입은 여자로부터 난 자'라는 주장을 검토해 보자. 이를 위해서는 신천지가 주장하는 실상에 대한 이해가 필요하다.

이들의 해석에 따르면, 아들(이만희)은 용(청지기교육원)이 하늘 첫 장막을 침노해 들어왔을 때 여자(유재열)로부터 난 자가 되어야 한다. 하지만 앞서 살펴본 바와 같이, 유재열 씨는 이만희 씨를 알지 못했고 낳은 적이 없다. 마흔두 달 기간 중, 즉 유재열 씨가 장막성전을 오평호 씨에게 인계한 후에 그는 장막성전에서 자취를 감췄다. 이만희 씨의 해석대로라면 멸망자가 침입했을 때 유재열 씨가 이만희 씨를 낳아야 한다.

이들이 주장하는 역사에 따르면, 이만희 씨가 태어난 날은 1981년 9월 20일이다. 이날은 첫 장막이 멸망자에 의해 무너지고 이삭교회로 이름을 바꾼 후 목사 임직식을 거행한 날이다. 그렇다면 이만희 씨는 이때까지 태어나면 안 된다. 그러나 《요한계시록 완전해설》에 따르면 이만희 씨는 이 사건이 일어나기 이전인 1980년 봄에 계시를 받았고, 《신천지 발전사》에 따르면 그해 9월 첫 장막 일곱 사자에게 편지로 증거하다 동년 10월 27일 이방 침노자들에 의해 투옥되어 증거가 중단되었다.[30] 이렇게 되면 이만희 씨는 유재열 씨에게서 태어나기도 전에 계시를 받고 증거한 이상한 상황이 전개된다.

2장

땅이 아닌
하늘에서 일어난
영적 전쟁
_막간 장면 3

(12:7-17)

용이 여자에게 분노하여 돌아가서
그 여자의 남은 자손
곧 하나님의 계명을 지키며
예수의 증거를 가진 자들과
더불어 싸우려고
바다 모래 위에 서 있더라

☰ 하늘에 있는 전쟁 (7-9절)

신천지의 교주는 어떤 과정을 통해 이긴 자가 되었는가? 이들에 따르면, 그 과정을 잘 보여 주는 것이 본문의 내용이다.

본문은 하늘에서 일어난 전쟁을 다룬다. 미가엘과 그의 사자들이 용과 그의 사자들과 더불어 싸운다. 이 전쟁에서 용은 패배해 땅으로 내쫓기고, 하늘에는 큰 찬송 소리가 들린다. 한편 땅으로 내쫓긴 용은 남자를 낳은 여자를 박해한다. 여자는 큰 독수리의 두 날개를 받아 광야로 피신해 그곳에서 한 때와 두 때와 반 때를 양육받는다. 용은 입으로 물을 강같이 토하여 여자를 물에 떠내려가게 하려 시도하지만, 땅이 여자를 도와 강물을 삼킨다. 성경의 이 내용이 어떻게 신천지 교주가 이긴 자가 되는 내용으로 해석되는지 살펴보자.

하늘에서 미가엘이 이끄는 하나님의 군대와 용이 이끄는 군대가 격돌한다. 이를 신천지는 교주가 이긴 자가 되는 과정을 설명하는 것으로 본다. 그 내용은 다음과 같다.

첫째, 전쟁이 일어나는 하늘은 용의 무리인 일곱 머리와 열 뿔과 꼬리가 침노한 일곱 금촛대 장막, 즉 첫 장막이다.[31]

둘째, 미가엘은 천사장이며 그의 사자들은 수많은 천사인데, 이들은 네 생물(6장)과 병거들(슥 6장)이다. 용의 군대는 용과 그의 사자인 일곱 머리와 열 뿔, 그리고 꼬리들이다(참조, 9:15-19).

셋째, 장차 만국을 다스릴 남자, 곧 이긴 자 이만희 씨와 그 형제들이 일곱 머리와 열 뿔 가진 짐승인 멸망자들, 곧 청지기교육원과 대결하게 된다.[32] 이때 대결에 사용하는 무기는 말씀이며, 특별히 요한계시록 말씀으로 참과 거짓을 가리는 영적 전쟁을 하게 된다.[33] 만국을 다스릴 아이는 불신자의 세력과 싸우는 것이 아니라 하나님을 믿는다고 하나 사탄의 일꾼이 되어 버린 '기독교 목자들'과 성경을 들고 싸우는 것이다.[34]

넷째, 싸움의 결과, 용과 그 사자들은 패하여 하늘에서 땅으로 내어쫓긴다. 하늘은 첫 장막을 가리키며, 땅은 성령이 없는 육체뿐인 사람들이 있는 세상을 가리킨다. 영계에서 하늘의 군대가 이긴 것같이, 이 싸움에서의 승리로 이만희 씨는 육계에서 이긴 자가 된다. 용(청지기교육원)이 패하여 쫓겨나는 때는 마흔두 달이 지난 후다.

이러한 주장을 성경적으로 다시 한 번 살펴보자.

첫째, 첫 장막은 과연 전쟁이 일어난 전쟁터인가? 실상에 비추어 볼 때 하늘에서는 전쟁이 일어나지 않았을 가능성이 크다. 이만희 씨는 전쟁을 치르는 마흔두 달 기간에 말씀을 전하지 못하고 낙향해 고향에 있었다고 진술한다.[35] 말씀을 증거하지 못하면 말씀으로 싸울 수 없다. 따라서 이 기간에 하늘에서는 전쟁이 일어났다고 볼 수 없다. 싸울 말씀이 없는데 어떻게 싸우겠는가? 이는 앞서 살핀 첫째, 셋째, 넷째 주장을 무효로 돌린다.

둘째, 미가엘과 천사들을 네 생물과 스가랴 6장에 나오는 병거들이라고 하는 것은 근거가 없다. 무슨 근거로 네 생물이 미가엘이며, 또 스가랴 6장에 나오는 네 말이 끄는 네 병거들이 네 생물이라고 할 수 있는가? 요한계시록에서 하나님 보좌 가까이에서 하나님을 모시고 찬양과 경배를 드리는 네 생물과 미가엘은 구별된다. 미가엘은 천사장으로 전쟁을 치르지만, 네 생물은 하나님 곁에서 밤낮 쉬지 않고 하나님께 "거룩하다"라고 경배한다(4:6-8). 또 스가랴 6장의 네 말이 끄는 네 병거들은 전쟁을 치르기 위해서가 아니라 여호와의 뜻을 이루기 위해 온 땅을 두루 다니며 살피는 역할을 한다(슥 6:7).

그렇다면 미가엘은 누구이며 왜 여기 등장했을까? 이는 다니엘서와 깊은 관계가 있다. 미가엘은 성경에서 "천사장"(유 1:9), "가장 높은 군주"(단 10:13), 또는 "큰 군주"(단 12:1) 등으로 불리는데, 다니엘서에서는 이스라엘을 대표해서 악한 세력에 대항해 큰 싸움을 치르는 천사로 등장한다(단 10:13, 21, 12:1). 다니엘서에서 인자(메시아)가 다니엘에게 장차 미가엘이 일어나 자신을 도와 악한 세력에 대항할 것을 말씀하셨는데(단 12:1), 본문에서 미가엘과 그의 천사들이 그리스도의 사역을 도와 천상에서 용의 세력을 패배시켜 땅으로 내쫓았다(참조, 요 12:31-32).

용은 천상에서 무엇을 하다가 내쫓겼을까? 9-10절은 옛 뱀, 곧 마귀라고도 하고 사탄이라고도 하는 그가 하나님 앞에서 성도들을 밤낮 참소하던 자였다고 말한다. 그러나 여자가 낳은 아들, 곧 그리스도가 인류의 죄와 사망을 이기고 부활하심으로 하늘의 새로운 변호자, 곧 대언자가 되셨다(요일 2:1). 여기서 '대언자'는 헬라어 '파라클레토스'로, 보혜사를 의미한다. 참된 보혜사는 성도의 죄를 변호하고 죄 문제를 해결할 수 있는 분이어야 한다.

다니엘서에서 미가엘은 제국의 권세에 대항해 제국의 공중 권세 잡은 세력과 전쟁을 수행했던 존재다. 그런데 이만희 씨는 본문에서의 전쟁이 영적 전쟁이고, 요한계시록 말씀으로 참과 거짓을 가리는 영적 전쟁이기에, 이것은 불신 제국과의 싸움이 아니라 기독교 목자들과의 전쟁이라고 해석한다. 그리고 여기서 전쟁을 수행하는 미가엘이 은연중 자신임을 암시한다. 쉽게 말하면, 하늘에서 일어난 미가엘의 싸움은 새롭게 나타난 교주가 청지기교육원 소속의 목사들과 요한계시록 말씀을 갖고 무엇이 옳고 그른지를 두고 언쟁한 일이라는 것이다.

이에 관해서는 얼마든지 쟁론할 수 있다. 그런데 이것이 하늘의 미가엘이 수행한 전쟁이라고 빗대는 것은 요한계시록의 스케일을 너무나도 작은, 한 개인의 일로 축소시킨 것이다. 게다가 이만희 씨는 청지기교육원 소속의 목사들과 요한계시록 말씀을 두고 쟁론한 적이 없다. 이 기간에 그는 낙향해 고향에 있었기 때문이다.

셋째, 이긴 자가 이끄는 하나님의 군대와 용의 군대(청지기교육원)의 전쟁이 현실이 되려면 그가 인용한 9장 15-19절에 근거해 청지기교육원 소속의 목자들이 '이만 만'이 되어야 한다. 이만 만이면 2억 명이다. 우리나라 인구보다 많은 2억이라는 숫자를 어떻게 해석해야 할 것인가? 만약 이것이 비현실적인 숫자라서 상징 수로 해석한다면 그동안 그들이 주장했던 숫자에 대한 실제적인 해석, 예를 들면 일곱 천사, 두

중인, 네 생물 등의 해석을 실제 수가 아닌 상징 수로 바꾸어야 한다. 그래야 일관된 요한계시록 해석이 나올 수 있기 때문이다.

☰ 하나님 나라와 구원 (10-12절)

본문은 용이 하늘에서 쫓겨난 후 '이제' 하나님의 구원과 능력과 나라와 그리스도의 권세가 나타났음을 선포하는 말씀이다. 여기서 '이제'란 언제를 말하는 것일까? 본문이 원래 의미하는 '이제'란 여자가 낳은 아이가 부활, 승천해 하나님 보좌 우편에 앉아 하나님의 자녀를 위해 대언의 사역을 시작하고, 미가엘이 용과 싸워 그를 하늘 처소에서 내쫓아 더 이상 거짓 참소를 하지 못하게 만든 직후를 의미한다.

하지만 요한계시록을 신천지의 형성 역사로 풀이하는 신천지에 따르면, '이제'는 용이 마흔두 달을 채우고 하늘 장막에서 쫓겨난 뒤를 말한다.[36] 용과 그의 무리는 기독교 세계에 들어가 부패한 기독교 목자들에게 만국을 미혹하도록 하고(18:23), 기독교 세계를 대표하는 하나님의 장막을 멸망시킨다.[37] 그러나 만국을 다스릴 아이가 용과 싸워 이기고 새 이스라엘 열두 지파를 창조함으로(7장) 없어진 하나님의 나라와 백성도 다시 있게 되고 하나님의 구원 능력과 그리스도의 권세도 이루어진다.[38]

그렇다면 용은 마흔두 달 동안 싸운 후 하늘 장막에서 쫓겨났는가? 이 주장대로라면 이만희 씨는 멸망자 집단인 오평호 씨와 청지기교육원과 더불어 멸망의 기간인 1980년부터 1984년까지 치열하게 싸워 이

거야 한다. 그러나 이 기간에 이만희 씨는 성북구치소에 명예훼손죄로 수감되었고(1980년 10월-1981년 2월) 이후에는 선고유예로 아무 일도 할 수 없었다. 청지기교육원과 싸울 수도 없고, 싸운 일도 없었다.

청지기교육원의 전임 강사로 2009년 7월 2일에 별세한 원세호 목사의 생전 증언을 보면, 청지기교육원은 본래 오평호 씨가 이삭교회를 위해 세운 조직이 아니다. 청지기교육원은 한국 교회의 목회자를 훈련하기 위한 목적으로 설립되었고, 탁성환 목사의 요청으로 원세호 목사가 쓴《청지기론》교재를 가지고 전국 교회 목회자들을 대상으로 훈련을 실시한 것이었다. 이삭교회의 오평호 씨는 한창 청지기운동이 일어났을 때 합류한 것에 불과하다. 신천지는 청지기교육원이 당시 전두환 대통령 시절의 제5공화국을 등에 업고 이단 정화 목적을 갖고 운영된 것이라고 주장하지만, 사실은 탁성환, 원세호, 탁명환, 김정두, 김봉관 등 7명의 목사들이 중심이 되어 한국 교회 부흥에 기여하고자 세운 목회자 교육 기관이었다.

그렇다면 마흔두 달 후 오평호 씨는 첫 장막에서 쫓겨났는가? 오평호 씨는 첫 장막에서 쫓겨나지 않았다. 도리어 오평호 씨는 첫 장막의 문을 닫고 이삭교회를 시작하고 청지기교육원에 계속해서 참여했다.

첫 장막의 멸망은 기독교의 종말을 의미할까? 그렇지 않다. 유재열 씨는 한국 기독교를 대표하지 않는다. 대부분의 한국 기독교인들은 유재열 씨를 모르고 장막성전도 모른다. 어떻게 그런 그가 한국 기독교를 대표할 수 있을까? 한때 유재열 씨는 동아일보 1975년 9월 6일자에 신도들을 상대로 한 사기 등 공갈 혐의로 구속된 신흥종교 단체의 교주로 소개되었다가 잊혔다.

11절은 우리 형제들이 어린양의 피와 자기들이 중언하는 말씀으로써 밤낮 참소하던 자, 곧 큰 용, 마귀를 이겼다고 말한다. 이는 이 땅에서 고난받는 성도들이 예수 그리스도의 피와 이를 증거하는 복음의 말씀으로 승리했다는 뜻이다.

하지만 이만희 씨는 이 구절을 살짝 비틀어 '아이'(이만희)와 '그의 형제들'이 '어린양의 피'와 자기들이 '증거하는 말씀'으로 이겼다고 한다. '어린양의 피'는 예수님이 인류를 대신해 십자가에서 흘리신 보혈로서 대속의 은혜라고 말하지만, 곧이어, '증거하는 말씀'은 예수 그리스도의 십자가와 부활을 증거하는 복음의 말씀이 아니다. 이단 단체가 말하는 '증거하는 말씀'은 이긴 자가 용이 한 일을 직접 보고 들어 용의 정체를 증명하는 '요한계시록의 말씀'을 가리킨다. 이는 이단 교주가 해석하는 계시의 말씀으로 승리했다는 뜻이다.

신천지는 하나님이 용을 잡으시기 위해 용에 관한 비밀을 성경에 비유로 감추어 두셨고, 정하신 요한계시록의 성취 때에 첫 장막을 만들어 용이 들어오게끔 유인하셨다고 한다.[39] 첫 장막은 하나님이 용이라는 존재를 만천하에 증거하려고 놓으신 올무라고 한다. 만국을 다스릴 아이는 용과 싸워 이겨 용이 다시는 만국을 미혹하지 못하도록 그 정체를 온 세상에 드러내어 증거한다는 것이다.[40] 이들은 예수 그리스도의 십자가와 부활의 복음은 슬쩍 제쳐 두고 결국 교주의 계시를 붙들어야 한다는 쪽으로 몰아간다.

☰ 하늘에서 쫓겨나 바다 모래 위에 선 용 (13-17절)

하늘 전쟁에서 패하여 땅으로 쫓겨난 용은 남자를 낳은 여자를 핍박한다. 이에 여자는 독수리의 두 날개를 받아 뱀을 피해 한 때와 두 때와 반 때를 양육받는다. 이때 여자의 뒤에서 뱀이 물을 토해 내지만 땅이 여자를 도와 강물을 삼켜 보호한다.

신천지는 본문을 통해 계속해서 자신들의 단체의 역사를 풀어 가는데, 특히 여기서는 남자(교주)를 낳은 여자인 유재열 씨의 행보에 집중한다. 하늘에서 땅으로 내쫓긴 용(청지기교육원)은 남자(이만희)를 낳은 여자(유재열)를 핍박한다. 이에 여자는 독수리 날개를 받아 광야로 날아가 피신하는데, 여기서 독수리 날개를 받아 날아간 것은 4장에서 얼굴이 독수리 같은 네 생물의 인도를 받았다는 뜻이라고 한다.[41] 여자가 도망간 광야는 진리의 말씀이 없는 영적인 광야로, 하나님이 여자를 1,260일간 양육하려고 친히 예비하신 곳이라고 한다. 그곳에서 배도한 하늘 장막의 목자는 하나님의 말씀이 아닌 이방 교리를 배운다. 여자가 광야로 가서 이방 교리를 배웠다는 것은 여자(유재열)가 미국 웨스트민스터신학교에 가서 3년 6개월, 1,260일 동안 신학박사 공부를 마치고 학위를 딴 것으로 주장한다.[42]

여자의 뒤에서 뱀이 그 입으로 물을 토해 낸 것은 무엇을 말하는가? 이는 배도한 길 예비 사자, 즉 여자 유재열이 도망가고 없는 자리에서 사탄의 무리인 멸망자 청지기교육원이 그를 비난한다는 뜻이다. 이에 여자를 도와 뱀의 물을 삼키는 땅은 무엇인가? 배도한 첫 장막 성도들을 말한다. 이들은 유재열 씨의 허물을 들추는 말을 듣고도 도리어 그를 감싸 주었다는 것이다.

이러한 주장을 검토해 보자.

첫째, 청지기교육원은 유재열 씨를 핍박했는가? 결론부터 말하면, 아니다. 기독교 청지기교육원은 본래 기성교회 목회자들을 훈련하기 위한 기관으로 세워졌고, 장막성전과는 아무런 관계가 없다.[43]

둘째, 여자가 독수리 날개를 받아 날아간 것은 네 생물의 인도를 받은 것인가? 이만희 씨가 독수리 날개를 네 생물로 해석하는 것은 네 생물 중 하나의 얼굴이 독수리 같다는 구절(4:7) 때문이다. 그러나 '독수리'라는 단어가 나왔다고 독수리 날개가 네 생물의 날개라고 하는 것은 지나친 비약이다.

광야에서 독수리 날개로 날아오르는 것은 구약성경 모세오경과 이사야서의 심상을 가져온 것이다. "내가 어떻게 독수리 날개로 너희를 업어 내게로 인도하였음을 너희가 보았느니라"(출 19:4). "오직 여호와를 앙망하는 자는 새 힘을 얻으리니 독수리가 날개 치며 올라감 같을 것이요 달음박질하여도 곤비하지 아니하겠고 걸어가도 피곤하지 아니하리로다"(사 40:31). 또한 하나님은 독수리가 날개를 펴서 새끼를 받으며 그의 날개 위에 그것을 업는 것같이 하나님의 백성을 인도하셨다(신 32:10-11).

이처럼 구약성경에서 '독수리의 날개'는 시련을 이겨 내도록 하나님이 주시는 새 힘을 상징한다. 따라서 여자가 독수리의 날개를 받아 날아간 것은 교회가 사탄의 핍박 가운데서도 시련을 이겨 내도록 하나님이 주시는 새 힘을 받아 보호받음을 의미한다.

셋째, 여자가 도망간 "광야 자기 곳"(14절)은 진리의 말씀이 없는 영적인 광야인가? "광야 자기 곳"은 "광야에 있는 자기 은신처"(새번역)로, 하나님이 그녀를 양육하기 위해 예비하신 곳이다(12:6). 성경에서 광야는 거칠고 힘들지만 항상 하나님이 함께하시며 하나님의 백성을 돌보시고 진리의 말씀으로 기르시는 장소다.

그런데 신천지가 성경에도 없는 '진리의 말씀이 없는 광야'라는 생소한 개념을 들고 나온 이유는 무엇인가? 만약 이들의 주장을 긍정한다면 여러 가지 문제들이 생겨난다. 하나님이 광야에서 여자를 비진리의 말씀으로 양육하기 위해 또 다른 장소를 예비하셨다는 말인가? 진리이신 하나님이 어떻게 여자를 비진리로 양육하시는가? 그녀가 배도자이기 때문인가? 그렇다면 배도자는 비진리로 양육하시는 것이 하나님의 방식인가? 하나님을 떠나고 대적하는 이들도 돌이키고 회개하게 하시는 것이 하나님의 역사 아닌가? 비진리로 양육하면 멸망하고 영이 죽을 텐데, 그럼에도 하나님이 여자를 독수리 날개로 인도해 보호하시는 이유는 무엇인가? 이처럼 광야를 진리의 말씀이 없는 곳으로 해석하면 논리적으로 대답할 수 없는 여러 난점이 쏟아져 나온다.

넷째, 그럼에도 신천지가 이런 무리한 해석을 하는 이유는 무엇일까? 이는 유재열 씨가 오평호 씨에게 장막성전을 인계하고 웨스트민스터신학교에 가서 1,260일간 공부해 박사학위를 딴 사건으로 설명하기 위해서다. 기성교회의 신학교에서 비진리를 공부했기에 진리의 말씀이 없는 영적 광야라는 것이다.

그러나 이단 상담 전문가들이 확인한 바에 따르면, 유재열 씨는 웨스트민스터신학교에서 박사학위 과정을 공부하지 않은 것으로 드러났다. 먼저, 유재열 씨는 고등학교 2학년을 중퇴한 것이 학력의 전부다. 어떻게 곧바로 미국에 가서 박사학위 과정에 입학해, 보통은 10년이나 걸린다는 신학박사 학위를 3년 6개월 안에 취득할 수 있겠는가? 또한 《신천지 발전사》에서 유재열 씨가 웨스트민스터신학교에서 수학할 때 찍은 사진으로 실은 사진을 보면, 배경에 있는 건물의 문이 웨스트민스터신학교 건물이 아니라 뉴욕에 있는 관광지 중 하나인 세인트패트릭성당의 정문임이 밝혀졌다.[44] 그리고 그가 머문 기간도 3년 반이 아님이 밝혀졌다. 그는 한국과 미국을 자주 오갔던 것으로 알려졌다.

다섯째, 여자의 뒤에서 뱀이 물을 토해 낸 것은 멸망자가 유재열 씨를 비난한 것인가? 그 비난을 무너진 첫 장막 성도들이 정말 감싸 주었을까? 이것은 신학적인 논리상 맞지 않는다. 생각해 보라. 뱀이 여자를 물로 떠내려가게 하려면 여자 가까이 가서 여자에게 물을 실질적으로 쏟아부어야 한다. 그러나 뱀이 배도자인 여자에게 굳이 분노하고, 핍박하고, 싸울 필요가 있을까?

실상으로도 그렇다. 만약 이 말이 보다 정확한 실상으로 이루어지려면 청지기교육원은 유재열 씨를 비난으로 죽이기 위해 웨스트민스터신학교에 찾아갔어야 한다. 그러나 결코 그런 일은 일어나지 않았다. 또 실제로 청지기교육원은 장막성전과 아무런 관계가 없고, 유재열 씨를 비난한 적이 결코 없다.

여섯째, 땅이 여자를 도운 것은 첫 장막 성도들이 유재열 씨의 비난을 감싸 준 것을 말하는가? 첫 장막이 하늘이었다가 이제는 땅이 된다(12:1). 상태에 따라 비유가 바뀌면 논리적인 일관성을 상실한다. 여자가 배도하고 타락하면 남자가 되거나 짐승이 될 수 없는 것과 마찬가지다.

일곱째, 용이 여자를 죽이지 못하자 분노해 돌아가 남은 자손에게 공격하는 것은 무슨 의미인가? 청지기교육원이 유재열 씨를 비방하는 것이 먹히지 않자 이제 남은 자손들, 곧 첫 장막에서 나와 용과 싸워 이긴 아이와 그 단체의 형제들인 신천지와 싸우는 것인가? 그렇다면 청지기교육원이 이만희 씨와 그의 단체를 비난하며 고소라도 했던 것일까?

여덟째, 용이 하늘(첫 장막)에서 쫓겨난 것은 마흔두 달 후다.[45] 그러고 나서 용은 본격적으로 여자를 박해하고, 여자는 광야로 도망간다. 이런 순서라면 유재열 씨는 마흔두 달 후 싸움이 끝나고 용(청지기교육원)이 패한 후에 도망가야 한다. 그러나 실상은 유재열 씨가 청지기교육원이 들어오기 전, 곧 용이 패하기도 전인 1980년 10월에 도미한 것으로 말한다.

신천지에서 주장하는 12장의 핵심적인 해석과 실상을 정리하면 다음과 같다.

요한계시록 12장	실상
해를 입은 여자(1절)	유재열(첫 장막 목자)-배도자
여자가 낳은 아이(2절)	이만희(철장으로 만국을 다스릴 자)-구원자
일곱 머리 열 뿔 달린 용(3절)	사탄이 들어 쓰는 조직체-청지기교육원 (오평호)-멸망자
천사장 미가엘과 용의 싸움(7절)	이만희와 청지기교육원(오평호)의 싸움
여자의 광야 도망(6, 14절)-1,260일	유재열의 미국 유학(웨스트민스터)-3년 반
뱀이 입으로 물을 강같이 토함(15절)	오평호(청지기교육원)의 유재열 비방
땅이 여자를 도움(16절)	첫 장막 성도들이 유재열 도움

<요한계시록 12장의 해석과 실상>

12장에 일어난 실상의 역사와 모순들은 다음과 같이 정리할 수 있다.

본문의 이적은 하늘의 이적이다. 그런데 이 '하늘'을 육계의 하늘, 곧 첫 장막으로 해석하게 되면 본문의 사건은 온통 유재열 씨의 첫 장막에서 일어난 사건으로 축소된다. 과연 하늘이 첫 장막일까? 이 해석은 중대한 난점을 초래한다. 왜냐하면 첫 장막은 다른 곳에서 땅으로 해석되기 때문이다(9절).[46] 그렇게 되면 용이 그 꼬리로 하늘의 별 3분의 1을 끌어다가 땅에 던지는 장면이 이상하게 해석된다(12:4). 첫 장막의 성도들을 첫 장막으로 던지는 것이 되기 때문이다. 이것은 용이 첫 장막에 아무런 영향도 끼치지 않는다는 뜻과 다를 바 없다.

3장

짐승에게
하나님 이름이
비방받을 때
_막간 장면 4

(13:1-10)

사로잡힐 자는
사로잡혀 갈 것이요
칼에 죽을 자는 마땅히
칼에 죽을 것이니
성도들의 인내와 믿음이
여기 있느니라

≣ 두 짐승의 출현

13장에는 바다에서 나온 열 뿔과 일곱 머리 가진 짐승(1절)과 땅에서 나온 어린양같이 두 뿔이 있고 용처럼 말하는 또 다른 짐승(13:11)이 등장한다. 신천지의 해석에 따르면, 두 짐승은 멸망자의 실상을 이룬다. 용의 권세를 받은 짐승들이 하나님의 장막에 들어와 성도와 싸워 이기고 마흔두 달간 다스리며 첫 장막을 무너뜨리는 내용인 것이다. 특히 두 뿔 달린 짐승은 성도들의 이마나 오른손에 짐승의 표 육백육십육(666)을 받게 하는데, 그 표를 가진 자 외에는 매매를 못하게 된다고 말한다.

이만희 씨는 13장이 이런 멸망자의 성취 실상을 구체적으로 기록하고 있기에 성취 시기로 볼 때 13장이 12장보다 앞에 위치해야 한다고 주장한다.[47] 멸망자가 첫 장막에 들어와 장막을 무너뜨리고 짐승의 표를 받게 한 후에(13장), 여자가 광야로 도망가는 일(12장)이 일어나는 것이 사건 순으로 맞다는 것이다.

그러나 이러한 주장은 본문을 면밀히 살펴볼 때 사건 전개상 맞지 않는다. 본문에서 바다에서 한 짐승이 나와 활동하는 것은 용이 그에게 능력과 보좌와 큰 권세를 주었기 때문이다(2절). 용에게 권세를 받은 바다 짐승은 땅에서 올라온 짐승에게 자신이 받았던 권세를 주고 활동하게 한다(12, 15절).

12-13장은 용으로부터 나온 권세가 어떻게 바다 짐승으로, 그리고 바다 짐승에서 어떻게 땅 짐승으로 흘러가는지를 설명하는 일종의 권력 사슬 구조를 보여 주는 장이다. 만약 13장이 12장보다 앞에 나오는 것이 원래의 순서라면, 바다 짐승이 나중에(12장) 출몰하는 용에게 권세를 받은 이유를 설명해야 할 것이다. 게다가 신천지가 중요한 해석 원리로 제시하는 '영은 육을 들어 쓴다'는 것이 적용되려면 육을 들어 쓰기 이전에 옛 뱀, 마귀, 사탄인 용이 먼저 12장에 나오고 그가 들어 쓰는 두 짐승이 나와야 흐름이 자연스럽다.

본래 12장에 나오는 용, 그리고 13장에 등장하는 용으로부터 권세를 받은 두 짐승은 삼위일체 하나님의 모습을 모방한 것이다. 성부는 성자를 이 땅에 보내시고 하늘과 땅의 모든 권세를 주셨다(마 28:18). 또한 성자의 이름으로 성령을 보내시고, 성자의 것을 가지고 성자의 영광을 나타내실 것이다(요 16:13-14). 삼위일체 하나님이 성부, 성자, 성령의 사역을 통해 온 세상을 구원하신 것처럼, 사탄도 용, 바다 짐승, 땅 짐승을 통해 세상을 미혹하는 역사를 보여 주는 것이다. 따라서 본문의 순서는 13장 다음 12장이 아니라, 원래의 12장 다음 13장이 되어야 자연스럽다.

☰ 바다에서 나온 짐승과 용 (1-2절)

바다에서 일곱 머리와 열 뿔 가진 짐승이 올라온다. 그 모양이 용과 비슷하다. 비슷한 이유는 바다 짐승은 용이 들어 쓰는 짐승이기 때문이다(4절). 이만희 씨는 바다 짐승을 12장의 용과 별개로 볼 때 혼동이 일어난다고 하면서, 이는 영계의 악령들이 인간 육체에 들어와 역사하는 것이기에 둘이 아니라 하나라고 해석한다.[48]

신천지에 의하면, 여기서 용은 짐승에게 권세를 주어 짐승을 들어 사용한다(4절). 짐승의 뿔에는 열 면류관이 있고, 그 머리들에는 신성모독 하는 "참람된 이름들"(1절, 개역한글)이 있다. 짐승은 표범과 비슷하고, 곰의 발, 사자의 입 같은 모습을 하고 있는데, 이는 다니엘 7장에 나오는 짐승과 같다. 짐승의 모습을 맹수로 비유한 것은 이들이 양과 같은 성도를 해치는 멸망자임을 나타낸다.[49]

다니엘서에 따르면, 이는 세상에서 일어나는 네 왕(단 7:17)인데, 왕처럼 제사장 노릇을 하는 목자를 말한다. 바다는 세상을 비유한 것이기에, 이 짐승이 바다에서 나왔다는 것은 그가 하나님의 말씀을 알지 못하는 거짓 목자임을 가리킨다고 해석한다.[50] 이는 멸망자의 조직으로 일컫는 청지기교육원을 상징한다. 일곱 머리는 청지기교육원 소속의 일곱 목사를 말하고, 열 뿔은 여기에 속한 열 권세자, 즉 열 장로를 가리킨다. 일곱 머리들에 있는 참람된 이름들은 청지기교육원이 첫 장막을 삼키기 위해 만든 저마다 가진 참람한 감투들, 즉 원장, 부원장, 사무국장, 총무국장, 서무국장, 전임강사, 소장 등을 말한다.[51] 여기서 바다에서 올라온 짐승은 청지기교육원의 원장인 탁성환 목사를 가리킨다.

이러한 해석은 얼마나 타당한가?

먼저 청지기교육원의 조직을 살펴볼 필요가 있다. 청지기교육원은 일곱 머리 열 뿔로 되어 있어야 한다. 하지만 청지기교육원은 일곱 목사가 아닌 여섯 목사로 구성되어 있는 목회자와 제직 훈련 기관으로, 장로가 없었다. 원래 장로는 교회 소속으로 교회를 섬기는 일꾼이다. 청지기교육원은 목사들이 모여 만든 교육 기관이다. 두 기관의 성격이 다르고 소속이 다르다.

신천지는 청지기교육원 소속 목사의 이름의 실상이 탁성환, 김정두, 백동섭, 김봉관, 한의택, 원세호, 탁명환이라고 가르친다. 그러나 이들이 《신천지 발전사》에서 밝힌 청지기교육원에서 활동한 목사는 탁성환(원장), 김정두(부원장), 원세호(전임강사), 오평호(총무국장), 탁명환(국제종교문제연구소 소장) 등 5명에 불과하다. 그렇다면 여기에 없는 백동섭(총회장), 김봉관(사무국장), 한의택(서무국장) 등은 어떻게 된 것인가? 이들은 후에 함께 들어온 사람들인가? 하지만 청지기교육원 소속 목사는 처음에 3명으로 시작했다가 후에 오평호 목사 등이 합류해 6명까지 늘어났고, 오평호 목사를 제외하고는 5명 정도가 있었던 것으로 알려졌다.

열 뿔은 무엇인가? 이들은 오평호 목사에게 붙은 열 장로다. 오평호 목사는 이삭교회로 이름을 바꾸고 당회장으로 임하면서 기존의 첫 장막성전에 있던 12명의 장로를 폐하고 새롭게 10명의 장로를 세웠다. 신천지는 그 직분을 일곱 머리에게 받은 것이라고 말한다.[52] 하지만 청지기교육원과 같은 교육 단체는 장로 안수를 줄 수 없다. 목사와 장로 안수는 노회에서 주는 것이다.

열 뿔의 이름은 정규호, 원용신, 김정수, 라병준, 조태형, 김창호, 김선화, 김성은, 김재안, 박수은 등이다. 그런데 이들의 이름은《신천지 발전사》에서 밝히는 첫 장막의 열두 장로들의 명단과 일치한다.[53] 고재철, 변정린 장로만 빠졌을 뿐이다. 더 놀라운 것은 이들 중 라병준, 김정수 등 일부는 후에 신천지를 시작한 이만희 씨가 세운 장로라는 사실이다. 특히 라병준 장로는 1984년 신천지 개국부터 발기인으로 참여한 사람으로 알려진 인물이다.

첫 장막의 12장로 (유재열이 세움)	이삭교회 10장로 (오평호가 세움)	신천지 2장로 (이만희가 세움-1987년 3주년)
정규호, 원용신, 김정수, (고재철), 라병준, 조태형, 김창호, 김선화, 김성은, 김재안, (변정린), 박수은	정규호, 원용신, 김정수, 라병준, 조태형, 김창호, 김선화, 김성은, 김재안, 박수은	라병준(신천지 발기인), 김정수

일곱 머리 열 뿔의 짐승은 용에게 마흔두 달 동안 첫 장막을 짓밟을 권세를 받아 장막성전을 짓밟아야 한다(5절). 그러나 신천지에서 이탈한 한 강사의 증언에 따르면, 백동섭 목사는 장막성전에 들어가 본 적도 없었고, 김정두를 비롯한 대부분의 청지기교육원 목사들은 마흔두 달은커녕 한 달도 장막성전에 있어 본 적이 없다. 그렇다면 짐승은 첫 장막을 침노할 권세를 한 달도 받지 못했단 말인가?

짐승의 머리에 있는 참람된 이름들은 청지기교육원의 목사들이 가졌던 감투들일까? '참람되다'라는 말은 신성 모독을 의미하며, 이는 사람이 스스로를 하나님으로 높이는 이름을 말한다. 로마 시대에 세워진 황제의 전들에는 이런 이름들이 새겨진 흔적과 금석문들이 아직도 존재한다. "네로, 아무도 당신을 능가할 수 없나이다", "도미티아누스, 오 당신은 신이시나이다", "가이사랴 아구스도 황제, 신의 아들" 등의 표현들이야말로 신성 모독 하는 이름들이다.

본문에 나오는 바다는 로마 제국을 가리킨다. 당시 유대인들은 바다에서 올라오는 침입자들을 '깃딤'으로 불렀는데, 이는 로마인들을 가리킨다(단 11:30). 당시에 기록되었던 외경 에스라4서 11장 1절에서는 로마를 바다에서 오는 짐승, 곧 독수리로 묘사하기도 한다.

바다 짐승은 다니엘 7장에 나오는 것과 유사하지만 차이점이 있다. 다니엘 7장에서 짐승은 4개의 개별적인 짐승으로서, 당시 이스라엘을 괴롭혔던 바벨론, 메대-바사, 헬라 제국 등을 가리키지만, 요한계시록 본문에서는 네 짐승의 특징이 하나의 짐승 안에 모두 결합되어 있다. 이는 하나님의 백성을 대적하고 핍박하는 제국들의 특징이 이 짐승 안에 총체적으로 결합되어 있음을 의미한다. 사탄의 권세와 능력을 위임받아 활동하고 있는 로마 제국을 의미한다.

세심하게 구별해야 할 것은 용과 바다 짐승 모두 일곱 머리 열 뿔이 있어 비슷한 것 같지만 다르다는 점이다. 용은 일곱 머리에 일곱 왕관이 있고, 바다 짐승은 열 뿔에 열 왕관이 있고 여기에는 신성 모독 하는 이름들이 있다. 강조점도 다르다. 용은 일곱 머리가 먼저 나오는 반면,

바다 짐승은 열 뿔이 먼저 나온다. 이것은 용과 바다 짐승이 유사하지만 그 역할에 있어서는 서로 다른 존재임을 보여 준다.

머리는 통치자를 의미하고, 뿔은 통치자의 권세를 받아 각 지역을 통치하는 속주의 통치자를 의미한다. 여기서 '왕관'은 황제가 쓰는 면류관이 아니라, 주로 로마 속주의 통치자들을 임명할 때 수여되었던 것인데, 용의 머리에 있는 왕관은 용이 속주의 통치자(뿔)들을 임명할 권세를 가진 자임을 드러내는 반면, 바다 짐승의 뿔에 있는 왕관은 황제로부터 임명받은 뿔들이 신성 모독 하는 이름들에 경배하는 모습을 강조한다(2, 4절).

바다 짐승	일곱 머리 1) 탁성환(원장) 2) 김정두(부원장) 3) 한의택(서무국장) 4) 김봉관(사무국장) 5)원세호(전임강사) 6) 백동섭(총회장) 7) 탁명환(소장)
	열 뿔 1) 김정수 2) 김창호 3) 라병준 4) 정규호 5) 박수은 6) 원용신 7) 조태형 8) 김선화 9) 김성은 10) 김재안
땅 짐승	오평호 두 뿔: 최병준, 이희춘

<요한계시록 13장의 실상>

≡ 짐승을 따르는 온 땅 (3-5절)

짐승의 일곱 머리 중 하나가 상하여 죽게 되었다. 그러나 죽게 된 상처가 나아 온 땅이 놀랍게 여겨 짐승을 따르기 시작한다(3절). 신천지에 의하면, 여기서 일곱 머리는 청지기교육원의 일곱 목사를 의미하고, 그들(머리) 중 하나는 탁성환 씨를 말한다. 일곱 머리 중 하나가 입게 된 상처를 일곱 동료 목자들 사이에서 자리다툼을 하다가 생긴 마음의 상처로 본다.[54] 이 상처는 삼손(유재열)과의 교리 차에서 발생한 불신과 반감으로, 첫 장막 목회를 맡은 지 수개월도 못 되어 그는 심한 갈등에 봉착하게 되었다고 한다.[55] 상하여 죽게 될 뻔한 것은 실족할 정도로 마음이 상해, 심지어는 단에 서서 말씀을 가르칠 수 없는 지경에 이르렀다는 말이며, 상처가 나았다는 것은 그 일이 잘 해결되었다는 뜻이라고 한다.[56]

오평호 씨는 해외(광야)에서 이방 교리로 양육받는, 즉 신학 연수를 하고 있는 삼손(유재열)을 불러 일시 귀국할 것을 요청했다. 이에 삼손은 일시 귀국해 성도들에게 오평호 씨는 자신이 세운 목자이니 그에게 순종해 달라고 부탁했고, 그의 설득을 받은 성도들은 그의 말을 추종해 오평호 씨를 지지하게 되었다고 한다.[57] 이처럼 상한 머리(오평호)가 본부 조직(용)으로부터 적극적인 지원(권세)을 받아 그의 교리대로 목회를 계속하게 된 사건이다.[58] 이것이 머리가 상하여 죽게 되었다가 나은 사건이다. 이를 놀랍게 여겨 짐승을 따르는 온 땅은 누구인가? 한때 성령이 역사하셨지만, 이제는 배도로 떠나가시고 육체만 남은 첫 장막의 성도들이다.[59]

짐승(오평호)은 용에게 권세를 받아 큰 말과 참람된 말을 받고, 또 마흔두 달 동안 일하는 권세를 받는다. 이는 첫 장막에서 설교할 수 있는 권세로, '참람된 말'이란 하나님의 말씀과 비진리가 섞인 사탄의 교리다. 오평호 씨는 이러한 권세를 갖고 마흔두 달간 사탄을 대행해 짓밟는다.

이러한 해석을 검토해 보자.

신천지는 일곱 목자에 대한 실상 해석을 슬며시 바꿔 버린다. 그동안 일곱 머리는 청지기교육원을 대표하는 목사들로 해석했는데, 여기서는 갑자기 일곱 목자가 첫 장막의 일곱 목자로 바뀌었다. 이렇게 바꾼 것은 머리 하나가 상했다가 나은 사건을 오평호 씨의 사건으로 해석하기 위해서다. 여기서 이단 단체는 해석의 일관성을 상실한다. 자신들의 단체가 하고 싶은 말을 그때그때 다르게 해석하고 적용함을 볼 수 있다.

그렇다면 이들의 해석대로 오평호 씨의 상처가 낫자 온 땅이 놀랍게 여겨 그를 따랐는가? 그렇지 않다. 이때 온 땅은 갈래갈래 갈라져 무지개증거장막성전, 성남장막성전 등 다양한 장막성전들이 생겨나게 되었다. 참람된 말이란 비진리를 섞은 말씀인가? 앞서 살펴본 '참람된 이름들'은 신성 모독 하는 이름, 즉 자신을 하나님으로 칭하는 이름이라고 했다. 그렇다면 여기서 "참람된 말"(5절, 개역한글)이란 비진리를 섞은 말이 아니라 자신을 하나님이라고 칭하는 말, 즉 '신성 모독 하는 말'(개역개정)을 가리킨다. "유대인들이 대답하되 선한 일로 말미암아 우리가 너를 돌로 치려는 것이 아니라 신성 모독으로 인함이니 네가 사람이 되어 자칭 하나님이라 함이로라"(요 10:33)라는 말씀이 이를 잘 보여 준다.

그렇다면 짐승의 머리 하나가 상하여 죽게 된 것 같다가 나은 것은 본래 무엇을 의미할까? 13장은 사탄으로부터 권세를 받은 로마 제국을 모델로 하며, 특히 일곱 머리는 로마 제국의 통치자들을 상징하는데, 이 중 머리 하나가 상하여 죽게 된 것 같다가 나은 것은 네로 황제를 모델로 한다. 이는 당시 네로가 죽지 않고 파르디아에 가서 재기를 꿈꾸고 다시 돌아와 로마를 차지할 것이라는 네로 부활설에 기반을 둔다. 그뿐만 아니라 거의 죽을병에 걸렸다가 다시 살아난 도미티아누스 황제도 해당될 수 있다.

이런 황제를 향해 온 제국은 "누가 이 짐승과 같으냐 누가 능히 이와 더불어 싸우리요"(4절)라고 외친다. 이런 경배를 받았고 또 강요했던 황제는 네로만이 아니다. 도미티아누스도 자신을 경배하도록 제국에 요구했다. 이렇게 볼 때 이런 외침은 교회 내의 갈등으로 설교를 못할 뻔하다가 전 당회장이 승낙해 주어 겨우 할 수 있게 된 사람에게 돌리는 찬양이 아니다. 이런 정도의 외침은 적어도 온 세상을 호령하고 통치하는 통치자에게 어울리는 말이다. 로마의 황제는 자신을 스스로 신이라 칭하며 사람들의 경배를 받을 권세를 42개월간 받는다. 이는 그리스도의 부활부터 재림까지 한정된 기간을 의미하고, 짐승 또한 특정한 황제가 아니라 온 세상을 호령하는 제국의 통치자를 의미한다.

☰ 짐승에게 패배하는 장막 백성 (6-10절)

짐승이 입을 벌려 하나님과 하늘에 사는 자들을 비방한다. 또 짐승에게 권세를 받아 성도들과 싸워 이기게 되고, 각 족속과 백성과 방언과 나라를 다스리는 권세를 받는다.

신천지에 따르면, '하늘'은 요한계시록 사건의 현장인 첫 장막을, '하늘에 사는 자들'은 '첫 장막에 거하는 자들'인 첫 장막 성도들을 뜻한다.[60] 하나님을 훼방하는 것은 첫 장막의 일곱 사자와 그 성도를 훼방하는 것이라고 주장한다. 예수님이 "지극히 작은 자 하나에게 한 것이 곧 내게 한 것이니라"(마 25:40)라고 말씀하셨기 때문이다.[61] 입을 벌려 훼방하는 것은 용에게 받은 교리로 대적한다는 뜻이다. 짐승은 '교권'으로 첫 장막 성도들과 싸워 이긴다고 말한다. 이는 교단의 총회장, 노회장과 같은 교권으로 첫 장막을 이단이라 규정한 사건을 말한다.[62] 하늘이라 불릴 만큼 세상에서 성별된 첫 장막 성도가 짐승을 이상히 여기면서도 따르다가 결국 다스림을 받게 된 것은 요한계시록 말씀을 깨닫지 못해서다.[63] 짐승이 싸워 이긴 후 다스리는 각 족속과 백성과 방언과 나라는 배도한 장막 성도를 포함한 짐승 소속의 교인들이다.

창세 이후 어린양의 생명책에 기록되지 못한 자들은 모두 짐승에게 경배하게 된다(8절). 신천지에 따르면, 여기서 창세란 '세상'(cosmos)이 창조된 때가 아니다. 창세란 하나님이 '새로운 세계'를 창조하신 때를 말한다고 한다.[64] 이는 신천지의 전형적인 성경 해석 도식인 배도, 멸망, 구원의 언약 노정을 따라 하나님이 각 시대를 새롭게 창조하신 때를 말한다. 이들의 주장에 따르면, 하나님은 부패한 아담의 세계를 끝내신 후 노아의 세계를 창조하셨고, 노아의 세계가 부패했을 때는 아브라함의 세계를 창조하셨으며, 이러한 일은 요한계시록 성취 때까지 한 세계가 말세를 맞고 한 세계는 창세를 맞으며 반복된다.[65] 기독교의 창세는 예수님으로부터 영적 이스라엘이 시작된 때라고 말한다.

그렇다면 신천지가 본문에서 말하는 '창세 이후'는 언제일까? 바로 일곱 금촛대 장막이 창조된 때 이후, 즉 첫 장막이 세워진 이후를 말한다.[66] 더 나아가 20장에는 새 하늘과 새 땅의 창세가 나오는데, 이는 12장의 철장 권세 받은 아이, 곧 이긴 자가 짐승과 싸워 이기는 때로부터 시작된다.

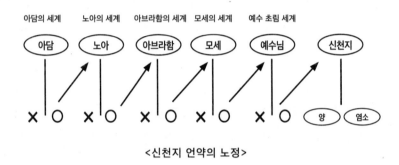

<신천지 언약의 노정>

그렇다면 창세 이후 생명책에 기록된 자들은 누구이며, 기록되지 못한 사람들은 누구인가? 중요한 것은 여기서 말하는 '어린양의 생명책'이 무엇인가 하는 점이다. 신천지에 의하면, 이는 '영계의 천국, 즉 거룩한 성 새 예루살렘 열두 지파 교회(신천지)의 교적부'를 말한다(참조, 3:5).[67]

10절은 "사로잡힐 자는 사로잡혀 갈 것이요 칼에 죽을 자는 마땅히 칼에 죽을 것이니"라고 말한다. 그런데 개역한글 성경에는 이 구절이 "사로잡는 자는 사로잡힐 것이요 칼로 죽이는 자는 자기도 마땅히 칼에 죽으리니"라고 되어 있다. 이렇게 되면 '사로잡는 자', '칼로 죽이는 자'는 청지기교육원이고, 이들이 마흔두 달, 멸망의 기간에 첫 장막을 짓밟은 후 이들 멸망자도 결국 심판에 처해질 것이라는 해석이 된다.[68] 이들은 예수님의 군대에게 산 채로 잡혀 유황 불 못에 던져지고, 짐승과 함께한 무리는 진리의 검에 죽게 된다고 주장한다(19:19-21).[69]

이와 같은 신천지의 주장을 검토해 보도록 하자.

첫째, 이들은 '하늘'은 요한계시록 사건의 현장인 첫 장막을, '하늘에 사는 자들'은 첫 장막에 거하는 자들인 첫 장막 성도들이라고 주장하지만, 앞서 3절의 해석에서는 첫 장막 성도들이 짐승의 머리 하나가 상하였다 낫는 것을 보고 짐승을 따랐던 '온 땅'이라고 주장한 바 있다.[70] 그때그때 상황에 따라 해석이 자의적으로 바뀌며 일관성을 상실하는 것을 볼 수 있다. 이렇게 일관성이 없는 해석은 그다음에도 이어진다.

이들은 하늘 첫 장막 일곱 사자와 성도를 훼방하는 것이 하나님을 훼방하는 일이라고 주장했지만, 첫 장막 일곱 사자는 이미 배도자가 된 이들이다. 짐승(멸망자-청지기교육원)이 입을 벌려 첫 장막 일곱 배도자를 비방하는 것은 용에게 받은 교리로 대적하는 것이다. 그렇다면 멸망자가 배도자에게 받은 교리로 배도자의 무리들을 대적하는가?

둘째, 짐승(청지기교육원)이 첫 장막 성도와 교권으로 싸워 이긴 후 용에게 각 족속과 백성과 방언과 나라를 다스리는 권세를 받는 것은 가능한 일인가? 총회장, 노회장과 같은 교권을 사용하려면 교단의 조직이어야 한다. 그러나 청지기교육원은 교역자와 제직들을 위한 사설 훈련 기관일 뿐 교단 조직과는 전혀 상관이 없다. 청지기교육원은 일

반 교회를 다스릴 수 있는 권세가 없다.

셋째, 첫 장막 성도가 짐승을 이상히 여기면서도 따르다 결국 다스림을 받게 된 것은 요한계시록 말씀을 깨닫지 못해서인가? 그러나 신천지가 선포하는 요한계시록 해석은 이 모든 일이 일어나고 자신들의 단체를 만든 후에 이루어졌다.

넷째, '어린양의 생명책'은 신천지의 교적부인가? 그렇지 않다. 어린양의 생명책은 어린양이 생명의 구주이심을 믿고 그분이 흘리신 보혈의 공로를 의지해 구원받은 자의 이름이 기록된 책이다. 결코 신천지의 교적부가 아니다. 만약 신천지의 교적부가 생명책이라면 다윗 시대(시 69:28)에, 사도 바울 시대(빌 4:3)에 생명책에 기록된 이들은 누구인가? 요컨대, 생명책은 첫 장막이 있기 전부터 존재했다.

다섯째, '창세'는 새로운 세계의 시대인가? 이들은 배도, 멸망, 구원의 언약 노정을 따라 창조를 우주의 창조가 아닌 새 시대의 시작으로 주장한다. 그래서 심지어 아담 이전에도 사람이 있었고, 이들은 아담과 같이 하나님의 성령이 임한 새 시대의 목자를 만나기 전까지 영이 죽은 무령(無靈) 인간이었다고 주장하기까지 한다. 그러나 여기서 '창세'는 헬라어 '카타볼레 코스무'로, 직역하면 '우주(코스모스)의 시작, 또는 기초(foundation)'다. 이는 단순히 한 시대의 시작이 아닌 코스모스, 즉 우주의 시작부터를 말한다.

여섯째, 생명책에 이름이 기록된 자들 중에 이긴 자 이만희 씨를 따라간 사람들 외에는 모두 짐승, 곧 청지기교육원을 따라갔는가? 그렇지 않다. 청지기교육원이 아니라 이삭교회의 성도들로 일부가 남았고, 또 일부는 여러 교주들을 따라 우후죽순으로 생긴 장막성전들로 흘러갔다.

일곱째, 짐승이 마흔두 달 동안 첫 장막을 짓밟고 멸망시켰는가? 역사적으로 그런 일이 없다. 청지기교육원 소속 목사 중 장막교회에 한 달 이상 머문 이가 없다.

여덟째, 마흔두 달 후 청지기교육원은 산 채로 잡혀 유황 불 못에 들어갔는가? 그렇지 않다.

아홉째, "사로잡는 자는 사로잡힐 것이요 칼로 죽이는 자는 자기도 마땅히 칼에 죽으리니"(10절, 개역한글)라는 말씀에 기초해 멸망자도 결국 심판받을 것이라는 해석은 헬라어 원문을 오역한 것이다. 여기서 '사로잡는 자'(헬, 에이스 아이크말로시안)는 '포로로 잡혀가는 자'(into captivity), 또는 '사로잡힐 자'를 의미한다. 개역한글 성경이 이를 '사로잡는 자'라고 능동형으로 해석한 것은 전치사 '에이스'(~으로, into)를 '에케이'(갖다, 잡아 두다, have)로 표기한 일부 사본의 영향 때문이다. 그러나 공인된 네슬-알란트 본문은 전치사 '에이스'로 인정한다.

또한 '칼로 죽이는 자'(헬, 아포크탄테나이)는 정확하게 번역하면 '칼에 죽임을 당하는 자'다. 여기에 사용된 헬라어 동사는 과거 수동형 부정사로, 죽인다는 뜻이 아니라 죽임을 당한다는 뜻을 갖고 있다. 이를 개역한글 성경에서 '칼로 죽이는 자'라는 능동의 의미로 번역한 것은 일부 후대 사본이 이를 현재 직설법 능동형인 '아포크테네이'로 표현한 것을 그대로 우리말로 번역했기 때문이다.

본래 10절은 무고한 의인의 고난과 죽음을 묘사하는 예레미야 15장

2절을 인용한 것이다. "그들이 만일 네게 말하기를 우리가 어디로 나아가리요 하거든 너는 그들에게 이르기를 여호와께서 이와 같이 말씀하시니라 죽을 자는 죽음으로 나아가고 칼을 받을 자는 칼로 나아가고 기근을 당할 자는 기근으로 나아가고 포로 될 자는 포로 됨으로 나아갈지니라 하셨다 하라"(렘 15:2). 이는 닥칠 고난을 피하지 말고 고난한가운데로 들어가라는 뜻이다. 여기서도 '죽을 자'는 '죽임을 당할 자'를 의미하고, '칼을 받을 자'도 '칼에 죽임을 당할 자'이며, '포로 될 자'도 '포로로 사로잡혀 갈 자'를 의미한다.

따라서 본문 10절에 대한 헬라어 원문의 번역은 개역개정 성경이 정확하다. "사로잡힐 자는 사로잡혀 갈 것이요 칼에 죽을 자는 마땅히 칼에 죽을 것이니." 새번역 성경과 공동번역도 이를 지지한다. "사로잡혀 가기로 되어 있는 사람이면, 사로잡혀 갈 것이요, 칼에 맞아서 죽임을 당하기로 되어 있는 사람이면, 칼에 맞아서 죽임을 당할 것이다"(새번역). "잡혀갈 사람은 잡혀갈 것이며 칼을 맞아 죽을 사람은 칼을 맞아 죽을 것입니다."(공동번역).

본문에서 무고한 성도가 사로잡히고, 칼에 맞아 죽으며, 고난당하는 이유가 무엇인가? 이는 제국과 제국의 통치자(짐승)가 용으로부터 스스로 신으로 칭하는 신성 모독을 말할 입과 권세를 받았기 때문이다. 온 세상을 통치하는 짐승(제국)은 제국의 통치자를 '주'로 고백하지 않는 성도들을 조직적으로 박해하고 사로잡아 간다. 그 권세와 위엄이 얼마나 큰지, 어린양의 생명책에 기록되지 못한 이 땅에 있는 사람들 모두 다 짐승에게 경배한다.

이런 상황에서 고난을 당하는 성도에게 필요한 것이 무엇인가? 저항과 충돌이 아니라 인내와 믿음이다(10절). 성도의 인내는 하나님의 계명과 예수님에 대한 믿음을 지키는 것이다(14:12). 이러한 믿음은 하나님이 끝내 이루실 구원과 승리를 확신하는 것이다.

4장

짐승의 표
육백육십육의
의미
_막간 장면 4

(13:11-18)

또 다른 짐승이 땅에서 올라오니
어린양같이 두 뿔이 있고
용처럼 말을 하더라

≣ 두 짐승과 우상 (11-15절)

본문에는 또 다른 짐승이 등장한다. 앞의 짐승이 바다에서 나왔다면 이번에는 땅에서 올라온 짐승이다. 이 짐승의 모습은 바다 짐승같이 무섭게 생기지 않고 도리어 어린양 같은 모습에 두 뿔을 갖고 있다. 그런데 그의 음성은 용의 음성이다. 그는 사람들 앞에서 큰 이적을 행하며 땅에 거하는 자들을 미혹해 우상에게 경배하게 하고, 더 나아가 이들의 오른손에나 이마에 짐승의 표 육백육십육(666)을 받도록 한다.

새끼 양 같은 두 뿔을 가지고 용처럼 말하는 땅에서 올라온 짐승은 무엇을 가리킬까? 신천지는 이 짐승을 바다에서 나온 짐승(청지기교육원)과 하나가 된 첫 장막 출신 목자 오평호 씨로 본다.[71] 그에게 두 뿔이 있는 것은 힘을 실어 주는 권세자 둘이 있다는 뜻이며, 이는 그에게 충성된 두 사람, 즉 최병준, 이희춘 씨를 가리킨다. 이 짐승이 용처럼 말한다는 것은 용(사탄)에게 받은 교리(장로교 교리)를 대언한다는 의미라고 본다. 그가 바다에서 올라온 짐승의 모든 권세를 그 앞에서 행한다고 하니(12절), 그는 바다 짐승(청지기교육원)의 대행자다. 바다 짐승에게 경배하게 한다는 것은 마귀에게 권세 받은 멸망의 목자를 참 목자로 믿고 따르게 한다는 뜻이다.[72]

신천지에 의하면, 땅에서 올라온 짐승은 불이 하늘에서 내려오게 하는데, 이는 불 같은 짐승의 교리를 첫 장막의 단상에서 성도들에게 내려 그 영을 죽인다는 뜻이다. 땅 짐승은 바다 짐승에게 힘을 실어 주기 위해 우상을 만들게 하는데, 심지어 이 우상에게 생기를 주어서 말하게 하고 또 짐승의 우상에게 경배하게 한다. 이 우상은 거짓 목자들이며(합 2:18), 우상이 생기를 받아 말한다는 것은 거짓 목자들이 단상에 서서 비진리를 전한다는 뜻이고, 우상에게 경배하지 않는 자를 다 죽이게 한다는 것은 거짓 목자를 따르지 않는 자는 다 제명한다는 의미다.[73]

결국 본문의 내용은 땅에서 올라온 짐승이자 배도한 장막 목자 하나(오평호)가 용이 세상 일곱 목자(일곱 머리)를 모아 만든 한 조직체(청지기교육원)에 합세해 거짓 교리(생기)와 (장로교) 교법으로 목자들을 세우고 전 지역 장막 성도(온 땅에 거하는 자들)로 하여금 따르게 한다는 내용이다.[74]

이상의 내용을 검토해 보자.

첫째, 땅에서 올라온 짐승은 과연 오평호 씨일까? 왜냐하면 우리는 이미 앞서 바다에서 올라온 짐승의 일곱 머리(일곱 사람의 당회장) 중 하나, 곧 상하여 죽게 되었다가 상처가 나은 머리가 바로 탁성환 씨를 나타낸다는 점을 살펴보았기 때문이다.[75] 어떻게 탁성환 씨가 바다 짐승도 되고 땅 짐승도 될 수 있는가? 이는 실상의 관점에서 볼 때도 마찬가지다. 실상으로 볼 때 오평호 씨는 청지기교육원이 나타나기 이전에 먼저 첫 장막에 있었고, 장막성전을 무너뜨리고 당회장이 되었다.

당회장이 되고 목사 안수식을 거행하는 것은 노회의 권한이지 청지기 교육원과는 아무런 상관이 없다. 즉 땅 짐승(오평호)이 바다 짐승(청지기교육원)보다 먼저 나타난 것이다.

둘째, 본문에서 처음(바다) 짐승은 죽게 되었던 상처가 나은 자라고 말한다(12절). 그렇다면 처음 짐승은 오평호 씨가 되어야 한다. 처음 짐승이 오평호 씨라면, 여기 두 뿔 난 짐승도 오평호 씨인가? 오평호 씨가 상황에 따라 바다 짐승도 되고 땅 짐승도 될 수는 없다.

셋째, 두 뿔은 오평호 씨의 심복 두 사람인가, 아니면 권세자 장로인가? 당시 오평호 씨에게는 20명의 장로가 있었는데, 그렇다면 두 뿔이 아니라 이십 뿔이 되어야 할 것이다.[76]

넷째, 불이 하늘에서 내려오게 하는 것은 불 같은 짐승의 교리를 설교해 첫 장막 성도들의 영을 죽이는 것인가? 본문은 이를 '큰 이적'이라고 한다(13절). 이적이란 마치 엘리야가 하늘에서 불이 떨어지게 하는 것(왕상 18:20-40)과 같은 큰 기적을 말한다. 설교를 해서 신앙에서 떠나게 하는 것이 과연 큰 기적일까, 아니면 심판받을 행위일까?

다섯째, 바다 짐승이 만든 우상은 거짓 목자들인가? 여기서 주목할 것은 우상의 특징이다. 이들이 인용하는 하박국 2장 18절은 말하지 못하는 우상을 의지하는 것이 얼마나 무익한지를 강조하는 말씀이다. 우상의 특징은 말을 하지 못한다는 점이다. 그러나 거짓 목자들은 말을 하지 못하는 것이 아니라 거짓말을 하는 특징이 있다. 이렇게 볼 때 우상을 거짓 목자들로 보는 것은 무리한 해석이다. 게다가 여기서 '우상'(an image)은 단수형 명사다.

원래 본문에 등장하는 땅에서 올라온 짐승은 삼위일체 하나님을 모방해 거짓 선지자 역할을 하는 존재다. 땅 짐승의 목적은 신성 모독을 말하는 바다 짐승, 곧 적그리스도적인 로마 제국을 경배하도록 하는 데 있다. 바다 짐승의 특징 중 하나가 죽게 되었던 상처가 나은 것이다. 이는 단도로 자신의 목을 찔러 자살을 감행한 네로 황제, 또는 도미티아누스 황제를 연상시킨다. 이들 황제는 로마 제국에 만연했던 우상 숭배의 상징적인 대표 인물들이다.

거짓 선지자들은 이런 황제들의 신상을 세워 제국의 백성에게 경배하도록 했고, 심지어는 제사장이나 마술사들을 동원해 말하지 못하는 우상들이 마치 살아서 말하는 것처럼 도르래를 설치해 복화술을 하는 등 눈속임 마술을 감행하기도 했다. 땅에서 올라온 것과 같은 짐승의 활동은 역사적으로 로마 제국에 실제로 일어났던 일이다.

▤ 짐승의 표 육백육십육 (16-18절)

본문은 땅에서 올라온 짐승이 모든 사람의 오른손에나 이마에 육백육십육(666)이라는 표를 받게 하고, 이 표가 없이는 매매를 못하게 하는 내용이다. 과연 이 표는 신천지에게 무엇을 의미할까?

첫째로 주목할 것은, 신천지는 이 말씀을 제국 전체의 "모든 자"(16절)에게 일어난 사건이 아니라, 철저하게 장막성전 내에서 일어난 일로 해석한다는 점이다.[77] 따라서 '모든 자'는 장막성전의 모든 사람을 가리킨다고 본다.[78]

둘째, 표, 또는 인(印)이란 소유와 인장을 나타내는 표로, 성경에서는 이를 말씀을 비유해 사용하는데, 하나님의 인은 하나님의 말씀을, 사탄의 표와 인은 사탄의 교리요, 짐승의 비진리를 가리킨다.[79] 여기서 사탄의 교리란 구체적으로 장로교 교리를 말한다.

셋째, 그 표를 이마에 받는 것은 짐승의 교법으로 안수받는 것을 뜻하고, 오른손에 표를 받는 것은 손을 들고 선서해 짐승의 교리를 인정함을 말한다.[80]

넷째, 짐승의 표가 없으면 매매를 하지 못한다는 것은 영적인 매매를 뜻한다. 이는 말씀 장사, 곧 말씀을 전하고 듣는 행위로(참조, 마 13:45-46), 짐승의 교리와 교법으로 안수를 받거나 선서하지 않은 자는 설교를 하지도, 듣지도 못하게 된다는 뜻이다.

다섯째, 육백육십육은 솔로몬의 세입금이었던 금 육백육십육 달란트와 같고(왕상 10:14; 대하 9:13), 솔로몬이 200개의 금 방패를 만들 때 방패 하나에 들어간 금 600세겔(왕상 10:16; 대하 9:15)과 다니엘 3장에 나오는 느부갓네살왕이 만든 신상의 높이 60규빗, 너비 6규빗을 합한 수(666)와 같다(단 3:1).

여섯째, 짐승에게 표를 받은 자들은 불과 유황으로 가득한 지옥 불못에 떨어진다. 반면, 표를 받지 않고 경배하지도 않은 자들은 살아서 천 년 동안 왕 노릇 하게 된다.[81]

본문의 육백육십육이라는 숫자를 이해하기 위한 전제가 있다. 그것은 18절이 명시하는 것처럼 '사람의 수'라는 점이다. '사람의 수'란 1세기 그리스도인들이라면 누구나 이해하는 것이다. 이는 사람의 이름에 담겨 있는 숫자를 말한다. 고대 헬라 세계나 히브리 세계 문화에서는 아라비아 숫자가 보급되기 전부터 알파벳으로 숫자를 표기했다. 이를 '게마트리아'라고 한다.

유대 랍비들은 게마트리아를 이용해 아브라함이 자기 사병 318명을 데리고 그돌라오멜왕의 연합군과 싸워 이기고 돌아온 사건에 주목한다. 여기 사병의 숫자 318명은 바로 다음에 등장하는 아브라함의 종 엘리에셀의 게마트리아 숫자이기 때문이다. 이처럼 '사람의 수'는 이름에 담긴 숫자를 더하는 방식으로 나타내기에, 적어도 그 이름이 헬라어나 히브리어로 되어 있어야 가능하다. 본문에서 '짐승의 수'는 곧 '사람의 수', 즉 사람을 나타내는 수이고 이 수를 합쳐서 세어 보면 육백육십육이라고 말한다(18절). 이 수를 헤아리려면 본문의 말씀대로 '지혜'와 '총명'이 필요하다.

로마 제국의 통치자로 머리가 하나 상하였다가 나은 자로 네로를 살펴보았다. 놀랍게도 그의 이름을 게마트리아로 풀면 육백육십육이 나온다. '네로 카이사르'를 히브리어식으로 표기하던 일반적인 방식인 '네론 케사르'(נרון קסר)로 표기해 이를 게마트리아 식으로 합산하면 육백육십육이 된다.[82]

신천지는 이러한 본문의 깊은 뜻과 역사적 배경을 배제하고 눈에 보이는 대로 비유식으로 풀기에 급급하다. 이들의 주장을 하나하나 검토해 보자.

첫째, 이것을 장막성전 내에서 일어난 사건으로 축소하는 해석이다. 하지만 장막성전 내의 사건으로 해석하면 두 가지 난점이 존재한다. 먼저, '종'(헬, 둘로스)을 어떻게 이해할 것인가? 물론 여기서 종을 비유로 풀 수도 있다. 그러나 그렇게 하려면 여기에 나온 자유인뿐 아니라 작은 자, 큰 자, 부자, 가난한 자 모두를 비유로 풀어야 한다. 자유인과 종은 당시 로마 제국을 구성하는 다양한 계급을 반영하는 표현이다. 이를 잘 보여 주는 것이 로마의 속주 도시였던 고린도에 있는 고린도 교회를 향해 보낸 바울의 편지, 고린도전서의 말씀이다. "우리가 유대인이나 헬라인이나 종이나 자유인이나 다 한 성령으로 세례를 받아 한 몸이 되었고 또 다 한 성령을 마시게 하셨느니라"(고전 12:13).

또한 짐승의 표 받는 것이 장막성전 내의 일이라면 장막성전 밖에 있는 사람들은 짐승의 표를 받지 않았기에 모두 천년왕국에서 왕 노릇한다는 논리가 성립한다. 장막성전 내의 일로 축소하면 장막성전 밖의 믿지 않는 사람들까지 모두 천년왕국에 끌어들이게 된다.

둘째, 인과 표는 '말씀', 또는 '교리'를 말하는 것이 아니다. 특별히 이들이 말하는 장로교 교리는 더더욱 아니다. 그렇다면 침례교 교리, 감리교 교리, 성결교 교리는 어떤가? 청지기교육원에서 활동하던 목사들의 출신 교단을 살펴보면 장로교만 있는 것이 아니다. 청지기 교육 교재를 집필한 원세호 목사의 경우 소속이 침례교다.[83]

그렇다면 '표', 또는 '인'을 어떻게 이해해야 할까? 크게 3가지 방식으로 이해할 수 있다. 먼저, 물리적인 표식이다. 고대 사회에서 주인은 자신의 소유된 가축이나 노예들에게 종종 자신의 소유임을 나타내기 위해서 뜨거운 인두나 지워지지 않는 잉크, 혹은 문신으로 표식을 했다. 이는 전쟁 노예에게도 행했고, 종교 사제나 헌신된 신도들도 행하곤 했다. 표식은 간략한 약어로 주인, 혹은 그가 섬기는 신의 이름을 새기거나 게마트리아 식으로 표현했다(참조, 겔 9:4).[84]

또한 '표'(헬, 카라그마)는 로마 화폐에 새긴 황제의 이름이나 칭호, 형상을 가리키는 용어이기도 했다. 제국의 백성들은 이러한 표를 갖고 물건을 매매했을 뿐만 아니라, 황제의 이름과 날짜가 각인된 표가 공적 매매 증서와 부동산 거래 계약서에 찍히곤 했다.[85]

아울러 '표', 혹은 '인 침'은 성령의 역사로, 가시적으로 눈에 띄지 않는다. 그러나 성령의 인 치심을 받은 성도에게는 구원의 확신과 평강 가운데 세상에서 담대하게 그리스도를 택하는 결단이 나타난다(고후 1:22; 엡 1:13, 4:30).

셋째, 이마에 표 받는 것이 목사 안수식에서 안수받는 것이고, 손에 표 받는 것이 안수식 때 짐승의 교법, 즉 장로교법으로 선서하는 것을 말하는가? 이것이 전제하는 실상은 1981년 9월 20일 이삭교회에서 열렸던 목사 임직식이다. 이때 장막교회 출신의 전도사들 중 목사 후보생 17명이 노회장 앞에서 임직 서약을 하고 안수 위원들에게 임직 안수를 받았다. 이것이 바로 이마에 짐승의 표 받은 사건이다.[86] 또한 손에 표 받은 자들은 안수받은 17명을 옳게 받아들여 새로 탄생한 목사들을 받들어 모시어 봉사와 충성을 다하기로 오른손을 들어 맹세한 전 성도들을 의미한다.[87]

그렇다면 17명의 전도사들은 정말 이마에 짐승의 표를 받았을까? 이 일은 사건의 현장을 보고 들은 사람만이 증거할 수 있다. 이만희 씨는 그 현장에서 있었던 일을 상당히 구체적인 자료를 들어 증거하고 있다. 바로 목사 임직식 때 사용했던 임직식 주보다. 그런데 사건의 현장에서 가져온 자료가 조금 이상하다.

초창기 자료인《세계의 관심사》21쪽에 나오는 순서지 자료에 따르면, 임직식에 참여한 안수받는 사람의 명단은 총 15명이다. 17명이라고 했는데 2명이 누락되어 있는 것이다. 게다가 그 당시 자료에 따르면, 노회장의 공포선언문에는 "대한예수교장로회 중앙교회 목사 된 것을 공포하노라"라고 되어 있다. 교회의 내부 사정을 아는 사람이라면 무엇인가 이상한 점을 짐작할 수 있을 것이다. 왜냐하면 목사 안수는 개교회에서 안수를 주는 것이 아니라 노회에서 안수를 주는 것이기에, 노회 주관의 임직식을 할 경우에는 개교회 이름으로 안수를 주지 않는다. 전형적인 장로교단의 목사 안수는 교회의 머리 되신 예수 그리스도의 이름과 노회의 권위로 목사직을 수여한다.

그렇다면 이 자료가 이렇게 된 이유는 무엇일까? 상식적으로 생각해도 이상하다. 만약 중앙교회 한 교회의 목사로 신임 목사를 임직한다면 과연 한꺼번에 17명의 부목사를 임직할 교회가 있을까? 그 정도라면 그 교회는 부목사가 100명은 되어야 할 정도로 큰 규모일 것이다.《세계의 관심사》는 어떤 책인가? 이는 이만희 씨가 배도한 일곱 사자에게 책자로 편지를 보냈다는 바로 그 편지다.

그런데 이 사실을 눈치챘는지, 이후에 나온《종교세계의 관심사》에는 이 부분이 수정된다. 먼저 목사의 명단이 15명에서 17명으로 늘어난다. 또 노회장의 임직 공포선언문도 바뀐다. "대한예수교장로회 중앙노회 목사 된 것을 공포하노라." 어느 사이엔가 '중앙교회'가 '중앙노회'로 바뀌었다. 이런 수정은 요한계시록 성취 현장에서 이 모든 것을 듣고 보았다는 주장에 의구심을 갖게 만든다. 게다가 이 기간은 이만희 씨가 1971년 낙향한 이후다.

넷째, 짐승의 표가 없으면 매매를 하지 못한다는 것은 설교를 하지도, 듣지도 못한다는 뜻일까? 여기서 '표'는 앞서 살펴본 배경을 참고로, 당시 로마 황제의 형상이 새겨진 화폐나 매매 계약서의 인장을 뜻한다.

다섯째, 육백육십육은 다니엘서에서 느부갓네살왕이 세운 신상의 높이 60규빗, 너비 6규빗에 솔로몬이 만든 금 방패 하나에 들어간 금 600세겔이 합쳐진 수인가? 이것은 작위적으로 합친 것이고, 둘 사이에는 아무런 연관성이 없다. 생각해 보라. 1규빗이 약 45cm이므로 높이 27m, 너비 3m에 이르는 거대한 금 신상이다. 그런데 이런 거대한 거대한 금 신상을 제작하는 데 들어간 금이 600세겔이다. 1세겔은 약 12g이기에, 600세겔이면 7.2kg이 된다. 상상이 가는가? 높이 27m, 너비 3m에 이르는 거대한 금 신상을 겨우 금 7.2kg으로 만드는 것이 과연 가능할까? 이렇게 작위적으로 육백육십육을 합칠 것이면 차라리 아도니감의 자손 육백육십육 명(스 2:13)을 제시하는 편이 나을지 모르겠다.

여기서 육백육십육은 사람의 수로, 게마트리아로 계산할 때 육백육십육이 나와야 하며, 이는 이미 살펴본 것처럼 네로 카이사르 황제를 뜻한다. 육백육십육은 불완전한 인간성을 가진, 잠깐 나타났다 사라지는 제국의 통치자에 불과하다.

여섯째, 짐승의 표를 받은 장막성전의 사람들은 지옥 불로 떨어진다. 그렇다면 장막성전 밖의 사람들은 왕 같은 제사장 노릇을 하는가? 요컨대, 짐승의 표는 장막성전 사람들이 받는 표가 아니다. 공중 권세 잡은 자가 통치하는 제국의 모든 사람이 받는 표다. 성도들은 성령의 인 치심을 받은 자들이다. 담대한 믿음과 구원의 확신을 가지고 날마다 그리스도의 이름을 높이는 존귀한 자녀로 서자.

☰ 보충 설명: 누시엘은 누구인가?

이만희 씨의 초기 저작 《신탄》과 《요한계시록의 진상》에는 사탄을 가리키는 '누시엘'이라는 용어가 자주 등장한다. 이것이 이후의 저작에서는 발견되지 않는다. 사실 누시엘은 성경에 나오지 않는 단어다. 그렇다면 누시엘은 어디서 온 것인가?

이는 통일교에서 가져온 용어다. 통일교 《원리강론》에 따르면, 누시엘은 '계명성'(사 14:12)이라는 뜻으로, 천사장의 자리에 있는 영적 피조물을 말한다.[88] 원래는 '누시엘'이었던 것이 타락 이후에 '루시퍼'로 바뀌었다는 것이다. 이 용어를 통일교 출신인 김건남, 김병희 씨가 이만희 씨를 위해 쓴 책으로 알려진 《신탄》에 그대로 사용하면서부터 누시엘은 《신탄》뿐 아니라 《요한계시록의 진상》에서도 계속해서 사용되었다. 이만희 씨는 《요한계시록의 진상》에서 이사야 14장 12절 이하를 해설하며 하늘에서 떨어진 큰 별이 아침의 아들 계명성이요, 누시엘이라고 주장한다.[89]

'루시퍼'는 라틴어 성경 불가타가 '계명성'(히, 헬렐)을 라틴어로 번역한 단어다. 두음법칙을 적용해 '루가'를 '누가'로 부르는 것처럼 루시퍼를 '누시퍼'로 불렀고, 여기에 보통 천사의 이름이 가브리엘, 미가엘과 같이 '엘'로 끝나는 것에 착안해 《원리강론》에서 누시엘로 번역한 것이다. 루시퍼는 '빛'을 의미하는 '루치'(lux, lucis)와 '가져오다'라는 의미의 '페레'(ferre)가 결합된 단어다.[90] 따라서 누시엘은 신학적 근거가 빈약한, 성경적인 근거가 없는 조악한 단어에 불과하다.

5장

인 맞은
시온산의
14만 4천
_막간 장면 5

(14:1-5)

또 내가 보니
보라 어린양이 시온산에 섰고
그와 함께 십사만 사천이
서 있는데 그들의 이마에는
어린양의 이름과 그 아버지의
이름을 쓴 것이 있더라

≡ 시온산의 14만 4천

14장은 13장에서 짐승의 압도적 위협 아래 교회 공동체가 짐승의 표 받는 것을 끝까지 거부하고 승리한 것을 찬송하는 장엄한 천상의 모습을 보여 준다. 이들은 14만 4천으로, 그 이마에 어린양의 이름과 그 아버지의 이름으로 인 치심을 받은 자들이다(1절). 14만 4천은 실제 수가 아닌 어린양에게 속한 수많은 구원받은 무리, 즉 승리한 교회(church triumphant)를 나타낸다.

이러한 환상은 현세에 고난받으며 치열한 믿음의 싸움을 수행하는 이 땅의 교회(church militant)를 격려하고 응원한다. 짐승의 표를 거부해 비록 정상적인 경제활동이 어려울지라도 믿음의 선한 싸움을 신실하게 수행하면 반드시 천상의 영광을 맛보게 될 것이다!

하지만 신천지는 이 본문이 이 땅에 세워진 자신들의 단체를 설명한다고 주장한다. 본문에서 말하는 시온산은 실제 시온산이 있는 육적인 이스라엘이 아니고, 하나님의 선민이 모인 영계의 하나님의 도성 시온을 말한다고 한다. 영계의 시온산은 7장의 약속대로 창조된 영적 새 이스라엘 열두 지파를 의미한다고 주장한다.[91] 성경에 약속된 시온산이 이 땅에 나타날 것이고, 성도라면 이 땅에 나타날 시온산을 고대

하며 그곳에 가기를 힘써야 한다는 것이다. [92]

≡ 시온산에 선 14만 4천 명과 새 노래 (1-3절)

신천지에 의하면, 어린양과 함께 시온산에 서 있는 14만 4천 명은 영적 제사장들이며(7:1-8), 천사들이 사방의 성읍과 족속 중에서 추수해 모은 알곡 신앙인들이다(렘 3:14-15).

14만 4천은 하나님의 보좌 앞과 네 생물과 장로들 앞에서 새 노래를 부르는데, 이 노래는 구속함을 얻은 14만 4천 명밖에는 배울 자가 없다고 말한다. 그렇다면 이들이 부르는 새 노래는 무엇인가? 신약성경의 예언이 응한 것을 알리는 새 말씀으로, 자신들의 단체를 통해 요한계시록이 현시대에 성취되었다는 소위 '실상계시'를 말한다. 이 노래는 모세의 노래와 같다(참조, 15:3).

이들은 하나님이 출애굽 때 행하신 일을 후세대가 기억할 수 있도록 모세를 통해 친히 노래를 지어 부르게 하셨는데, 신명기 32장에 기록된 말씀이 그 노랫말이라고 주장한다. [93] 줄거리를 요약하면, 이스라엘이 하나님을 버리고 이방 신(사탄)과 하나 되어 그 앞에 분향하고 행음하게 될 것인즉 이 예언의 말씀을 항상 가슴에 새기고 행동을 삼가라는 말씀이다. [94]

마지막 날에도 이와 같은 일이 있을 것이다. 주께서 십자가 고난을 목전에 두고 종말의 징조와 주의 강림에 관해 소상하게 말씀하셨는데(참조, 마 24장), 그 핵심은 초림 예수님이 약속하신 천국 복음이 재림 때 실상으로 나타날 것을 알리는 말씀이다.[95] 이 실상은 첫 장막이 무너지고 새로운 열두 지파가 창설된 배도, 멸망, 구원의 말씀이다. 이제는 새 일을 노래처럼 불러 실상계시를 알려야 한다는 것이다.

신천지는 시온산의 새 노래는 하나님의 보좌와 네 생물과 장로들 앞에서만 배울 수 있는 것이기에 '정통 진리의 말씀'이며, 기성 신학교에서 자칭 '신학'이라는 이름으로 가르치는 '인학'(人學)과 견줄 바가 되지 않는다고 주장한다.[96] 이런 자의적인 이야기를 신학교에서 들을 수 없는 것은 당연하다. 신학교에서는 이런 자의적인 해석을 가르치지도 않는다. 왜냐하면 정통 진리의 말씀에 이런 자의적 해석은 포함되지 않기 때문이다.

'정통'(正統)이란 그 정의상 바른 계통을 말한다. 이는 말씀의 해석이 계속해서 정통 교회를 통해 전달되어 왔음을 뜻한다. 그러나 신천지는 정통 말씀을 갖고 있지 않다. 당대에 교주가 계시받았다고 주장하는 자의적인 해석일 뿐이기 때문이다. 교주로부터 몇 대에 걸쳐 넘어가면서 이 말씀이야말로 변함없는 진리임이 세월을 통해 검증되어야 정통이다. 만약 몇 대에 걸쳐 검증하는데 그 해석이 거짓이고, 실상이 거짓임이 탄로 난다면 그것은 정통이 아니다. 따라서 신천지가 정통 진리라고 주장하려면 적어도 교주 사후 몇 대에 걸쳐 이들이 주장하는 영원한 복음의 새 노래, 즉 실상의 증거가 정확 무오한 성취로 변함없이 입증되어야 한다.

≡ 구속받은 처음 익은 열매 (4-5절)

시온산의 14만 4천 명은 여자와 더불어 더럽히지 않은 자다(4절). 어린양이 어디로 인도하시든지 따라가는 자다. 이들은 실상과 일치하는 현장을 보고 인 맞은 이들이다.[97] 그렇다면 본문의 여자는 누구인가? 그는 마귀의 씨를 받아 마귀의 자식을 생육하는 거짓 목자로, '자칭 선지자'(2:20)라 하면서 우상의 제물을 먹도록 꾀는 '이세벨'이며, 가증한 것들의 어미인 '음녀 바벨론'(17:1-5)이다.[98] 그는 첫 장막뿐 아니라 세상 교회들까지도 이방 귀신을 섬기게 한 거짓 목자요, 멸망자다. 이들이 주장하는 멸망자의 실상은 청지기교육원의 원장이었던 탁성환 씨를 가리킨다.

이들에게 시온산의 14만 4천은 처음 익은 열매다. 이는 예수님이 천국 복음을 심어 2천 년 동안 영적 농사를 지으신 이래 처음 말씀으로 결실하신 성도이기 때문이라는 것이다(렘 31:27 → 마 13:24-30 → 마 13:36-43 → 계 14:1-5 → 계 14:14-16 → 약 1:18 → 계 22:1-2).[99] 이들은 특별히 구별되어 진리의 말씀만을 전하며 지키므로 그 입에 거짓말이 없고 행실에 흠이 없는 자들이다(5절).

≡ 하나님의 보좌가 있는 천상의 교회

이들의 이러한 주장을 검토해 보자. 과연 이들이 주장하는 시온산은 새롭게 창조된 영적 열두 지파인 자신들의 단체일까? 주목할 것은 새 노래가 처음 등장하는 때가 언제인가 하는 것이다. 요한계시록에서 새 노래는 일곱 인봉을 떼기 전인 5장 9절에 처음 등장한다. 신천지에 따르면, 요한계시록 인봉을 떼지 않으면 실상계시의 말씀이 공개되지 않는다. 만약 이들의 주장처럼 새 노래가 실상 교리라면, 인봉을 떼기도 전에 노래를 부르는 것(5:9)은 천국의 기밀 유출이다! 더 나아가 인 뗀 자만 보고 들은 것이 아니라 천국의 모든 이가 알고 있던 공개된 비밀이다.

게다가 새 노래를 부르는 이들은 배도, 멸망의 현장, 즉 첫 장막이 무너지는 현장을 보고 인 맞은 이들이다. 이만희 씨에 따르면, 이전에는 인 치는 일도 없었고 인 맞은 일도 없었다.[100] 그렇다면 당황스러운 결과가 도출된다. 왜냐하면 실상을 보지 않은 현재 신천지에 속한 사람들은 인을 맞을 수 없기 때문이다. 멸망의 현장을 보아야 인 맞을 수 있기 때문이다. 14만 4천은 '땅에서' 속량함 받은 사람이다(3절)! 땅이 첫 장막이라면 당연히 땅에서 속량한 사람들은 첫 장막 사람들이어야 한다. 이렇게 볼 때 시온산에 있는 무리들이 신천지가 주장하는 것처럼 자신들의 단체라고 할 수 있는 명확한 근거가 없다.

음행하는 여자가 탁성환 씨라면, '여자와 더불어 더럽히지 아니한 사람'이라는 말은 탁성환 씨의 거짓 교리에 휘둘리지 않은 사람이다. 그렇다면 생각해 보자. 청지기교육원이 사라진 이후에도 그의 거짓 교리에 휘둘렸을까? 이후에 신천지에 들어간 나머지 신도들은 탁성환 씨의 교리를 알기도 전에 더럽히지 않은 사람들이 아닌가? 그뿐만이 아니다. 기성교회 성도들도 그의 교리에 더럽히지 않은, '여자와 더불어 더럽히지 아니한' 순결한 사람이라는 말이 된다. 그의 교리가 현재의 기성교회를 다 더럽혔고 지금도 더럽히고 있을까? 지금도 탁성환 씨의 교리가 남아 있는가? 그렇지 않다.

본문은 이 땅에서 치열한 영적 전쟁을 수행하고 승리한 성도들이 시온산 천상의 하늘 보좌에서 하나님을 찬양하는 장면을 보여 준다. 영적 시온은 이 땅에 신천지를 통해 드러난 시온이 아니다. 물론 이 땅의 시온은 예루살렘 성전과 다윗 왕궁이 자리 잡았던 언덕이다. 이 시온은 지금 흔적만 남아 있다. 우리가 주목해야 할 것은 시온의 상징성이다.

첫째, 시온은 왕적 의미가 있다. 이는 다윗의 후손으로 오신 메시아가 온 세상을 통치하시는 장소의 의미를 갖는다. 둘째, 시온이 영적 의미를 갖고 있다는 것은 예배의 중심 역할을 한다는 의미다. 아버지께 예배하는 자들은 영과 진리로 예배해야 한다. 천상의 시온산에서 아버지와 어린양의 이름을 이마에 쓴 14만 4천이 예배한다는 것은 하나님께 드려야 할 온전한 예배가 비로소 이들에 의해 온전히 회복됨을 의미한다. 셋째, 피난처로서의 시온이다. 14만 4천은 이 땅에서 환난 중에도 어린양이 어디로 인도하시든지 따라갔고, 속량함을 받아 시온에서 최종적인 안식과 찬송을 올려드린다.

하늘에서 부르는 새 노래는 실상계시가 아니다. 요한계시록에 등장하는 새 노래의 내용은 이렇다. 사람들을 그리스도의 피로 사서 하나님께 드린 것을 찬송하는 내용(5:9), 짐승을 물리치고 승리한 내용(14:2-3), 어린양이 수행하실 최후의 심판과 공의를 찬송하는 내용(15:3-4), 또 메시아의 혼인 잔치를 찬송하는 내용(19:6-7)이다.

이 찬송을 부르는 14만 4천은 이 땅에서 속량함을 받은 자들이다.

속량이란 대가를 지불하고 구원받는 것을 의미한다. 이들은 어린양의 피로 인해 구원받은 사람들인 것이다. 이들이 부르는 새 노래는 구약 시대 성도들이 맛보지 못했던 어린양의 피로 인한 속량함 받은 구원의 노래다!

이들을 '처음 익은 열매'라고 하는 것은 장차 구원받을 사람들 가운데 소수의 선택된 자들을 의미하는 것이 아니다. 처음 익은 열매(헬, 아파르케)는 전체 수확물에 대한 하나님의 주권을 인정하는 행위로, 성경은 종종 이를 구원받은 모든 백성을 포괄하는 의미로 사용한다(렘 2:2-3; 약 1:18). 따라서 여기서 14만 4천은 장차 새 하늘과 새 땅에 들어갈 모든 성도의 열매를 나타낸다.[101]

신천지는 본문의 시온산이 자신들의 단체임을 모르고, 새 노래 실상계시가 배도, 멸망, 구원의 역사인 것을 모르고, 처음 익은 열매가 예수님이 천국 복음을 심어 2천 년 이래 처음 말씀으로 결실하신 성도인 자신들의 단체의 신도임을 모르면 처음 익은 열매가 아니라는 증거라고 주장한다.[102] 이 말은 자신들의 단체가 주장하는 왜곡된 성경 해석을 모르면 자신들의 단체가 인정하는 핵심 멤버가 아니라고 주장하는 것과 같다.

요컨대, 시온산은 하나님의 보좌가 있는 천상의 교회다. 새 노래는 어린양 예수 그리스도의 십자가의 피로 구속된 것을 찬양하는 노래다. 처음 익은 열매는 어린양의 피로 구속받은 성도다. 더 나아가 이들은 그 입에 거짓말이 없는 자들이다. 신천지는 '모략'이라는 이름으로 거짓말을 입에 달고 산다. 그렇다면 이들은 결코 14만 4천이 될 수 없다.

6장

바벨론은
무너졌는가
_막간 장면 5

(14:6-13)

또 보니
다른 천사가 공중에 날아가는데
땅에 거주하는 자들
곧 모든 민족과 종족과 방언과
백성에게 전할
영원한 복음을 가졌더라

≡ 세 천사의 선언

본문에서는 새로운 환상을 알리는 '또 (내가) 보니'라는 장면 전환 도입 정형구와 함께 또 다른 환상이 사도 요한의 눈앞에 펼쳐진다(참조, 12:1, 13:1, 13:11, 14:1, 14). 이는 12장부터 시작된 환상의 다섯 번째 환상이다. 다섯 번째 환상에서는 천상의 찬송과 대조적으로 이 땅에 세 천사가 연달아 등장하며 이 땅에 얼마 남지 않은 심판의 때가 다가옴을 선포한다(6, 8-9절).

첫째 천사는 모든 열방에 전할 영원한 복음을 가지고 공중에 날아간다(6절). 둘째 천사는 그 뒤를 따라 바벨론이 무너졌음을 선포한다(8절). 셋째 천사가 그 뒤를 이어 짐승과 그 우상에게 경배하고 표를 받은 자는 누구든지 밤낮 쉼을 얻지 못할 것이라 선포한다(9-10절). 복음의 선포와 제국의 임박한 멸망이 긴장을 이루며 선포되고 있다.

≡ 영원한 복음의 새 노래 (6절)

천사가 공중에 날아가며 가진 '영원한 복음'은 무엇인가? 신천지에 따르면, 영원한 복음은 성경의 예언이 실상으로 성취된 것을 증거하는 말로, 구체적으로는 요한계시록의 실상을 증거하는 말이다.[103] 쉽게 말하면, 이만희 씨는 요한계시록의 말씀이 자기를 통해 성취되어서 자기가 세운 단체가 시온산이고 새 하늘과 새 땅이라고 주장한다. 이들은 시온산의 첫 열매들이 새 노래로 부르는 영원한 복음을 듣고 믿어야 구원받는 천국 백성이 될 수 있다고까지 주장한다.

그렇다면 본래 본문에서 말하는 영원한 복음이란 무엇일까? 이는 세 천사가 지나가면서 선포한 내용에 담겨 있다. 그 내용은 하나님이 용과 짐승의 세력에 대해 영원히 승리하시고 새롭고 영원한 통치를 가져오신다는 소식이다. 이 소식이 '영원한' 복음인 이유는 이것이 모든 시대에 회개하고 믿는 자들에게 여전히 유효한 생명의 능력이 되기 때문이다.[104]

하지만 신천지의 주장대로 영원한 복음이 새 노래와 같이 교주가 자신들의 단체를 세운 실상의 증거라고 주장하면, 앞서 살펴본 대로 실상의 증거가 나오기 전인 5장 9절부터 새 노래가 존재했다는 자체적인 모순이 발생하게 된다. 처음 익은 열매들이 부를 수 있는 새 노래를 이전에 누군가가 부르고 있었다는 것이다. 결국 여기서의 새 노래, 영원한 복음은 이들 단체의 실상이 아니라는 것이 드러난다.

천사들이 가진 영원한 복음은 아직 이 땅에 복음을 전파할 기회가 남아 있기에 세상의 최종 심판이 임하기 전 기회가 닿는 대로 복음을 증거해 회개하도록 하려는 것임을 알 수 있다(참조, 16:9, 11, 15).

엄밀히 보면, 하늘에 있는 14만 4천이 부르는 새 노래와 영원한 복음은 구별되어야 한다. 새 노래는 천상에 속량함을 받은 승리한 성도들이 부르는 찬송이고, 영원한 복음은 천사가 아직 이 땅에 회개의 기회가 있을 때 돌이켜 구원받을 이들을 위해 증거해야 할 승리의 기쁜 소식이기 때문이다. 그러나 이단 단체는 이 둘을 동일한 것으로 취급한다. 이들이 주장하는 '새 노래로 부르는 영원한 복음'이라는 개념은 본문에 등장하지 않는다.

≡ 바벨론은 무너졌는가? (8절)

천사가 "무너졌도다 무너졌도다 큰 성 바벨론이여(8절)"라고 할 때 바벨론은 무엇인가? 신천지에 의하면, 이는 일곱 머리와 열 뿔 가진 짐승을 타고 있는 음녀와 그의 조직, 즉 오평호 씨와 청지기교육원을 말한다(17:5-7).[105] 그러나 여기서 무너진 것은 제국의 핵심 성읍 로마를 가리킨다. 사실 바벨론의 멸망은 세상 모든 제국의 멸망을 대표한다.

그러나 이들이 기성교회를 아직까지 '바벨론 교회'로 부르는 것은 무슨 까닭인가? 탁성환 씨와 청지기교육원의 거짓 교리를 아직까지 받아먹고 있어서 바벨론 교회인가? 현재의 기성교회는 음녀(탁성환)와 그의 조직 바벨론(청지기교육원)과 아무런 상관이 없다. 그럼에도 바벨론 교회로 부르는 것은 여기서 무너졌다고 하는 바벨론이 아직 무너지지 않고 살아 있다는 주장을 가능하게 만든다.

▤ 짐승의 표 받은 자가 받을 심판 (9-12절)

셋째 천사가 하나님의 진노의 포도주를 마시고 불과 유황으로 고난받을 것이라고 선언하는, 짐승과 그의 우상에게 경배하고 표를 받은 자들은 어디에 있는 누구인가? 신천지는 짐승이 12-13장에서 첫 장막을 삼킨 멸망자인 청지기교육원이요, 우상은 이들이 세운 거짓 목자들이요, 짐승의 표 받은 자들은 첫 장막 성도들이라 주장한다.[106] 이들은 불과 유황으로 밤낮 쉼을 얻지 못하는 심판에 처하게 된다고 한다.

그러나 이들과 달리 멸망의 현장에서 짐승과 우상에게 경배하지도, 표 받지도 않은 이들은 시온산에서 새 노래로 처음 익은 열매가 된 14만 4천이다(참조, 마 24:15-16; 3:4-5, 11:1, 15:2, 17:14).[107] 신천지는 지금이 바로 이 요한계시록의 예언이 응한 실상계시 때이기에 이 사건이 일어난 장소와 사건의 진상을 성경으로 확인해 보아야 하며, 예언이 응하는 때를 살펴보아야 한다고 주장한다.[108]

과연 이러한 해석이 어느 정도의 타당성이 있을까?

첫째, 첫 장막 성도들은 모두 청지기교육원과 이들이 세운 거짓 목자들에게 경배했는가? 결코 그런 일이 없다. 첫 장막 성도들이 청지기교육원을 예배하거나 여기 있는 목사들을 예배의 대상으로 높이고 절한 일은 없다.

둘째, 새 노래를 부르는 처음 익은 열매인 14만 4천은 짐승과 우상에게 표 받지 않은 이들이다. 이들이 첫 장막이 무너지는 현장에서 나온 이들이라고 한다면, 당시 이들의 수가 14만이 넘었을까? 결코 그렇지 않다. 당시 첫 장막의 성도들은 기껏해야 몇천 명 정도였다. 14만 4천의 실상은 정확하지 않다.

셋째, 짐승에게 절하고 표 받은 사람들이 첫 장막 성도들이라면, 불과 유황으로 밤낮 쉼을 얻지 못하는 심판은 첫 장막 사람들만 받게 된다는 논리가 성립한다. 과연 그런가?

넷째, 이들은 자신들이 말하는 실상계시를 통해 사건의 진상을 성경으로 확인해 보아야 한다고 주장한다. 그러나 성경으로 실상계시의 타당성을 확인해 보니 앞뒤가 맞지 않는다. 과연 이들이 주장하는 실상계시는 타당한 실상계시인가, 어설프게 조작한 사건인가? 도리어 신천지는 자신들이 주장하는 실상계시가 과연 진짜 이루어졌는지, 아니면 가짜인지를 성경으로 확인해 보아야 한다.

▤ 자금 이후 주 안에서 죽는 자 (13절)

세 천사의 선언 이후 하늘에서 직접적인 음성이 들린다. "자금 이후로 주 안에서 죽는 자들은 복이 있도다"(13절, 개역한글). '자금'(自今)이란 '지금'이라는 뜻으로, '자금 이후'는 신천지에 따르면 멸망의 기간인 마흔 두 달이 지난 뒤요,[109] 14만 4천이 인 맞은 후를 말한다.[110] 이는 신천지가 설립되어 이 땅에 새로운 천년왕국이 시작된 이후를 말한다.

그렇다면 주 안에서 죽는 자들은 복이 있다는 말은 무슨 뜻인가? 여기서 이만희 씨의 초기 저작《요한계시록의 진상》과 후기 수정 저작《요한계시록의 실상》은 그 진술에 있어 많은 차이가 난다.

《요한계시록의 진상》에서 주 안에 있는 자들에 대한 설명은 주로 흰 무리에 집중된다(7:14).[111] 흰 무리들은 14만 4천의 인 맞은 제사장과는 구별되는데, 천년기가 진행되는 동안 그 수한이 주 안에 들지 못한 세상 거민에 비해 월등하게 길어 그 수한이 나무와 같지만(사 65:20-22) 천 년을 살지 못하고 죽게 된다고 한다. 그렇다 하더라도 주 안에서 죽기 때문에 백보좌 심판(20:11-15) 때 이들은 생명책에 기록된 대로 부활해 영생 무궁의 세계로 들어가는 것이 보장되었다고 주장한다. 그래서 '주 안에 죽은 흰 무리들은 복되다'는 식으로 설명한다.

그러나 《요한계시록의 실상》(2011)으로 오면 그 설명이 매우 혼란스럽게 전개된다.

첫째, 지금 이후 주 안에서 죽는 것은 '죄'가 죽는 것으로 설명이 바뀐다.[112] 13장과 같이 사망이 왕 노릇 할 때는 의가 죽고 죄가 살아 안식이 없었으나, 이제 귀신의 나라 바벨론이 심판을 받았기에 죄가 죽고 의가 살아 안식이 있게 된다는 것이다.[113] 여기서 요한계시록이 말하는 '사망이 왕 노릇 한다'는 표현은 본래 로마서의 말씀이다. 요한계시록 13장은 바다에서 나온 짐승과 땅에서 올라온 짐승이 이 땅에서 사람들을 미혹해 짐승의 표를 받게 하는 장면을 그리고 있다. 짐승이 이 땅을 미혹해 성도들을 핍박하는 것과 사망이 왕 노릇 한다는 진술은 엄밀하게 볼 때 서로 다른 진술이다.

로마서 5장에서 사망이 왕 노릇 하는 것은 짐승 때문이 아니라 한 사람, 곧 아담의 범죄 때문이다(롬 5:12). 더 중요한 것은 한 사람 아담의 범죄로 인해 이 세상에 사망이 들어와 왕 노릇 한 것처럼, 이제는 한 사람 예수 그리스도가 십자가에서 순종하심으로 말미암아 더욱 은

혜와 의의 선물이 넘쳐 생명 안에서 왕 노릇 하는 시대가 시작되었다는 것이다(롬 5:17).

한 사람이 순종하지 아니함으로 많은 사람이 죄인 된 것같이 한 사람이 순종하심으로 많은 사람이 의인이 되는 시대가 시작되었다(롬 5:18). 죄가 사망 안에서 왕 노릇 한 것같이 이제는 은혜도 또한 의로 말미암아 왕 노릇 하여 주 예수 그리스도로 말미암아 영생에 이르게 되었다(롬 5:21). 따라서 바벨론이 심판받아 죄가 죽고 의가 살아난 것이 아니라, 우리 주 예수 그리스도로 말미암아 죄가 죽고 의가 살아난 것이다!

둘째, 신천지는 짐승과 우상에게 경배하지 않고 말씀을 지킨 자는 비록 짐승의 무리에게는 죽임을 당했지만(13:15), 그 행위가 의로우므로 주 안에서 산 자로 인정을 받는다고 말한다. 이들은 육신을 입은 채로 살아서 그리스도와 더불어 왕 노릇 하는 첫째 부활에 참예하게 되고, 혹 육신이 죽는다 해도 영으로는 복을 받는다는 것이다.[114] 여기서 짐승의 무리에게 죽임을 당하는 것은 실제로 죽는 것인가, 아니면 영이 죽는 것인가? 이만희 씨는 그동안 죽음을 꽤 일관되게 영이 죽는 것으로 설명해 왔다. 사데 교회같이 살았다 하나 죽은 것(3:1)은 영이 죽은 것이고,[115] 두 증인의 죽음(11:7) 또한 주께 받은 교권을 박탈당하는 영적 죽음이라고 했다.[116] 짐승에게 사로잡혀 칼에 죽임을 당하는 것 또한 배도한 장막 성도들의 영이 죽는 것이라고 본다(13:10).

신천지에 따르면, 구약 시대의 육적 이스라엘은 육신의 무기로 싸우는 영적 전쟁을 했으나 새 선민이 된 영적 이스라엘은 증거하는 말로 다투는 '영적 전쟁'을 하며, 이때는 육적 무기가 아닌 오직 말씀의

검으로만 죽일 수 있다고 한다.[117]

그렇다면 믿음을 지키고 짐승과 우상의 표 받지 않은 자들이 주 안에서 죽었다면 또한 영적 죽음 아닌가? 그렇다면 이들은 어떤 말씀의 검으로 죽임을 당했기에 죽었을까? 사탄에게도 검이 있는가? 주 안에서 죽었다는 것은 예수님을 믿는 믿음 때문에 영이 죽었다는 것인가? 여기서 이들의 해석은 일관성을 상실하고 모순을 드러낸다. 신천지의 주장대로 우상에게 경배하지 않고 말씀을 지키다가 짐승에게 죽임을 당한 것이 주 안에서 산 자로 인정받는다면 그것은 정확하게 어떤 상태를 말하는 것인가? 설명하기가 난처하다.

여기서 신천지는 갑작스럽게 육이 죽는다는 이야기를 꺼낸다. 육이 죽으면 영으로 살아 부활하고, 육과 영을 다 보존하면 살아서 영생하는 복을 얻는다는 것이다.[118] 하지만 영으로 사는 것은 부활이 아니다. 부활은 그 자체로 육체가 다시 사는 것을 의미하기 때문이다. 여기서 육이 죽는다는 진술은 그동안 영이 죽는 것이 죽음이라고 일관되게 주장했던 이만희 씨의 말과 충돌을 일으킨다.

이처럼 혼란스러운 진술을 덧붙이는 것은 아마도 자신들의 단체 안에 들어온 소위 말하는 14만 4천이 되었다고 여겼던 신도들이 하나둘씩 죽어 나가는 것에 대한 당황스러움을 해결하고 이에 대답하기 위한 것으로 보인다. 14만 4천은 신인합일을 해야 하는데, 신인합일 전에 죽었으면 끝난 것이 아니라 영이 부활했다가 나중에 신인합일할 때 이들도 다시 신인합일을 한다는 식의 위로를 주기 위해서다. 그러나 신인합일은 말 그대로 육체를 가진 성도와 순교자의 영혼이 결합하는 것이기에, 육체가 죽고 영만 부활하면 신인합일의 조건이 성립하지 않는다.

이런 주장을 전개하는 가운데 이단 단체는 갑작스럽게 사망이 생명에게 삼킴 받는 요한계시록 성취 때에 죄로 물든 속사람을 사도 바울처럼 매일 죽이며(참고, 고전 15:31) 주를 위해 일하는 사람은 복되다고 말한다.[119] 주를 위해 날마다 죽는 자는 그 행한 일을 어느 때보다 가치 있게 인정받을 것이라고 한다. 여기서 그들이 주장하는 속사람을 죽인다는 말은 무엇을 의미하는가? 속사람이란 본래 그 사람 내면의 전 존재를 가리키는 말로, 이 땅을 살아가면서 날마다 자기를 부인하고 그리스도를 주로 모시고 사는 자기 부인의 행위이자 성령을 따라 사는 것을 의미한다.

하지만 사망이 생명에게 삼킴 받을 때는 더 이상 자신을 날마다 죽일 필요가 없다. 왜냐하면 더 이상 죄와 사망의 권세가 역사하지 않기 때문이다. 만약 지금이 요한계시록 성취의 때라면 지금도 사망이 생명에게 삼킴 받는 때이고, 그렇다면 천년기로 들어간 새 하늘 새 땅에 있는 신천지에는 더 이상 사망과 죄의 역사가 있어서는 안 된다. 그러나 신천지의 현실은 어떠한가? 여전히 그 안에는 다툼과 미움과 혈기가 있고, 속임과 거짓이 있으며, 병들고 아파 죽는 일이 일어난다. 결국 13절의 해설은 이 모든 혼란을 해결하지 못하고 미봉책으로 급하게 때운 느낌을 줄 뿐이다.

그렇다면 본문이 원래 말하고자 하는 바는 무엇인가? 본문에서 말하는 '주 안에서 죽는 자들'은 일차적으로 소아시아 일곱 교회가 제국의 박해를 받는 중에 생겨난 순교자들을 말한다. 이차적으로는 박해와 어려움 가운데서도 끝까지 신실하게 믿음을 지키다가 자연적인 죽음을 맞이하는 충성된 성도들을 말한다. "그들이 수고를 그치고 쉬리니 이는 그들의 행한 일이 따름이라"(13절)라는 말씀은 이들이 신실하게 하나님의 계명과 예수님에 대한 믿음을 지켰기에, 그 신실함과 인내와 수고가 마침내 열매 맺게 된다는 뜻이다.

7장

알곡과
가라지에 대한
왜곡
_막간 장면 6
(14:14-20)

구름 위에 앉으신 이가
낮을 땅에 휘두르매
땅의 곡식이 거두어지니라

≡ 알곡 추수 (14-16절)

본문은 마지막 때에 일어날 두 종류의 심판을 다룬다. 익은 곡식, 즉 알곡에 대한 추수(14-16절)와 포도송이에 대한 추수(17-18절)다. 신천지는 알곡은 자신들의 단체에 속한 이들을 가리키며, 이들이 추수되어 가는 곳이 시온산인 자신들의 단체라고 주장한다. 반면 포도송이는 가라지요, 배도한 첫 장막 성도들을 가리키며, 이들은 멸망자 짐승인 청지기교육원에 의해 멸망당한다고 주장한다. 이들의 주장을 좀 더 구체적으로 살펴보자.

먼저, 땅의 곡식을 추수하는 부분이다(14-16절). 본문은 흰 구름이 있고 구름 위에 인자와 같은 이가 앉아 계신 장면으로 시작한다. 신천지는 구름 위에 있는 사람의 아들 같은 이는 인자(人子)이신 예수님의 모습을 하고 있는 천사라고 해석한다.

사람의 아들, 곧 '인자 같은 이'는 다니엘 7장 13-14절을 배경으로 한다. 여기서 인자는 종말에 부활, 승천해 하나님께 나아가 세상의 모든 권세와 영광과 나라를 받는다. 이는 분명 승리하신 예수 그리스도를 가리킨다. 본문도 이를 반영하듯 인자 같은 이의 머리에 금 면류관이 있음을 진술한다. '면류관'(헬, 스테파노스)은 경기에서 승리한 자에게 주는 승리와 통치의 주권을 상징한다.[120] 이는 그가 치열한 영적 전쟁에서 승리했음을 선명하게 보여 준다. 따라서 본문의 인자 같은 이는 그리스도를 말한다. 예수님도 지상 사역 중에 자신을 가리켜 '인자'라고 종종 부르셨다.

그렇다면 신천지가 인자 같은 이를 예수 그리스도로 보지 않고, '예수님의 모습을 하고 있는 천사'로 보는 이유는 무엇일까? 이는 추수하는 이가 그리스도가 아닌 교주임을 부각하기 위함이다. 본문에서 인자 같은 이가 흰 구름 위에 앉아 있는 장면은 신천지에게 무엇을 의미할까? 신천지의 비유 해석에 따르면, 구름은 영을 가리키므로 구름 위에 앉아 있는 것은 인자 같은 이가 많은 영계의 천사들을 지휘하는 장면이라는 것이다.[121] '영은 육을 들어 쓴다'는 해석 틀에 따라 영계의 천사들은 육체를 들어 추수하며, 이를 총지휘하는 것이 자신들의 단체의 교주라는 것이다. 이를 초기 저작인 《요한계시록의 진상》은 다음과 같이 해석, 제시한다.

> 흰 구름 위에 앉으신 인자 같은 이는 진리의 말씀을 가지고 와서 전 인류에게 복음을 전해 주실 지상의 사명자, 곧 보혜사 성령이시다.[122]

주의할 것은 이들이 말하는 보혜사는 '은혜로 보호하는 스승'을 뜻하며, 따라서 영이 아니고 사람이다. 보혜사 성령이라는 말은 예수님의 영이 임하신 스승(육체)으로, 곧 교주를 가리킨다. 따라서 알곡 추수 장면은 자칭 보혜사 성령이 종말에 자신들의 단체로 사람들을 끌어 모으기 위해 사명자들을 통해 추수하는 장면을 의미하게 된다.

한편, 천사들이 추수하는 곡식은 지금으로부터 약 2,600년 전 하나님이 예레미야의 입을 빌려 "여호와의 말씀이니라 보라 내가 사람의 씨와 짐승의 씨를 이스라엘 집과 유다 집에 뿌릴 날이 이르리니"(렘 31:27)라고 말씀하신 것이 예수님 초림 때 성취되어 심긴 것이라고 말한다. 이때 뿌리신 사람의 씨는 예수님이 전하신 말씀이고(눅 8:11), 짐승의 씨는 서기관과 바리새인들이 주장한 사탄의 비진리라고 말한다(마 13:25). 예수님은 이 두 가지 씨를 좋은 씨와 가라지로 말씀하셨고, 이것들이 자라면 세상 끝날 추수할 것이라고 말씀하셨다고 주장한다(마 13:24-30, 36-43). 추수 때는 첫 장막이 무너진 후이며, 따라서 본문은 첫 장막이 무너진 후에 일어날 신천지의 알곡 추수를 가리킨다고 한다. [123]

신천지에 의하면, 곡식이 말씀의 씨로 난 성도라면, 추수의 도구인 낫은 성도를 전도하는 하나님의 성경 말씀이고, 나아가 하나님 말씀을 가진 사람이 된다. [124] 따라서 성도가 증거의 말씀을 듣고 따라가는 것이 곧 천사에게 추수되어 가는 것이 된다. 추수되어 가는 곳은 예수님이 임하신 시온산이다(14:1).

그렇다면 이들의 주장을 검토해 보자.

첫째, 구름이 영이라면 구름 위에 앉은 것은 수많은 영계의 천사들을 지휘하는 것일까? 이들의 전형적인 주장에 따르면 영은 구름이고, 구름을 타는 것은 영이 임하는 사건을 가리킨다. 그렇다면 인자 같은 이가 구름 위에 앉았다면 인자 같은 이 위에 수많은 영이 임했다는 말이다. 이렇게 되면 인자는 수많은 영 들린 사람이 된다. 이런 논리로 볼 때, 이들이 인자가 흰 구름 위에 앉아 있는 사건을 인자 같은 이가 많은 천사를 지휘한다고 해석하는 것은 해석의 일관성을 상실하는 일이다. 인자 위에 수많은 영이 임했다는 것은 말이 되지 않는다.

둘째, 천사들이 곡식을 추수하는 것은 예레미야의 입을 통해 예언된 대로 예수님이 뿌리신 말씀을 거두는 사건인가? 포도송이는 짐승의 씨인 가라지를 말하는 것일까? 주목할 것은 예레미야서의 말씀에 따르면 하나님이 사람의 씨만이 아니라 짐승의 씨까지도 뿌리셨다는 사실이다. 왜냐하면 분명 "내가 사람의 씨와 짐승의 씨를 … 뿌리겠다"고 말씀하셨기 때문이다.

여기서 사람의 씨와 짐승의 씨는 무슨 뜻일까? 과연 신천지가 주장하는 대로 알곡과 가라지를 가리키는 것일까? 만약 그렇다면 하나님이 알곡만이 아니라 가라지까지 심으신 분이란 말인가? 하지만 가라지는 밤에 몰래 원수가 심는 것이다(마 13:25). 그렇다면 예레미야서의 말씀과 마태복음의 말씀은 그 의미가 다른 말씀이 된다.

여기서 예레미야서 말씀의 뜻을 보다 명확하게 드러내는 공동번역을 살펴볼 필요가 있다. "앞으로 이런 날이 오리라. 내가 분명히 말해 둔다. 이스라엘 가문과 유다 가문을 사람이나 짐승 할 것 없이 씨를 뿌려 농사짓듯이 불어나게 하리라"(렘 31:27, 공동번역). 이 말씀은 이스라엘이 범죄함으로 인해 패망한 이후 이스라엘과 유다 땅이 황폐해지자 하나님이 남북왕국이 있던 곳에 다시 사람들뿐만 아니라 짐승들도 새로 들어와 살 수 있게 해 주시겠다는 뜻이다.[125] 황폐하게 된 약속의 땅을 회복시키시고, 다시 사람과 짐승이 거주할 수 있도록 해 주시겠다는 약속이다.

여기서 '씨'는 말씀이 아니라 사람 씨앗과 짐승 씨앗으로 새롭게 번성할 후손들을 의미한다. 성경이 씨를 후손으로 비유한 경우는 여러 곳에 등장한다(창 15:3, 16:10, 21:12, 38:9; 수 24:3; 삼하 7:12; 느 9:8; 사 65:9; 렘 31:27).

셋째, 알곡이 추수되는 것은, 직접적으로 말하면, 시온산이라고 주장하는 신천지의 미혹을 받아 넘어가는 것이다. 이들은 2천 년 전에 예수님이 뿌리신 씨가 자라 열매 맺게 되어 추수하는 것이다. 그렇다면 이들은 2천 년 전 예수님께 말씀을 들어서 여기까지 왔는가? 예수님이 하신 말씀이 2천 년간 감추어져 뿌려지지 못해서 신천지의 미혹과 전도로 뿌려진 것인가? 그렇다면 기존 교회에 남는 것은 가라지가 되는 것일까? 그러면 교회에 다니지 않는 이들은 무엇인가? 가라지인가? 이상하게도, 처음 익은 열매가 이미 14만 4천인데, 이미 익은 이들을 제쳐두고 또 추수하는가? 그렇다면 여기서의 추수는 무엇인가? 흰 무리인가? 그렇다면 흰 무리가 알곡인가? 궁금증이 증폭된다.

넷째, 본문에서 추수는 분명 구름 위에 앉으신 이, 곧 인자가 하시는 것으로 나온다. 다른 이가 추수하지 않는다. 추수의 주권은 오직 인자에게만 있음을 의미한다.

다섯째, 신천지의 주장에 따르면, 지금은 예수님이 뿌리신 씨앗을 추수하는 기간이다. 결코 자신을 보혜사라 주장하는 사이비 교주가 자의적인 요한계시록 해석과 비유 풀이를 가지고 엉뚱한 씨를 뿌려 거둔 가라지를 추수할 때가 아니다. 알곡 성도는 오직 예수님이 하신 말씀으로 열매를 맺어야 한다.

☰ 포도 추수 (17-20절)

본문은 알곡 추수와는 다르게 땅의 포도를 거두어 심판하는 내용이다. 신천지에 따르면, 본문의 심판은 두 천사에 의해 이루어진다. 하나는 하늘에 있는 성전에서 낫을 가지고 나온 천사이고, 다른 하나는 제단에서 나온 천사다. 알곡 추수 때 하늘 구름 위에 앉아 영계에서 천사들을 지휘하는 자와는 달리, 이들은 성전과 제단에서 나온 천사로서 추수할 때를 알리는 사명자들을 뜻한다.[126]

그렇다면 본문에 나오는 포도는 무엇인가? 신천지에 의하면, 이는 일곱 금촛대 장막, 즉 첫 장막의 성도들이다(2-3, 6장).[127] 이들이 버려져 심판받는 이유는 짐승에게 표 받고 경배한 배도 행위 때문이다(13장). 이로 인해 이들은 극상품 포도나무가 들포도를 맺고(사 5:4), 참 종자 나무가 이방 포도나무에 접붙임되어(렘 2:21) 들포도와 쓸개 포도를 맺은 것과 같아졌다.[128]

진노의 포도주 틀은 비유한 영적 포도주 틀로 심판하는 '진노의 말씀'을 의미한다. 포도주 틀을 밟는 것은 배도한 이들을 배도의 죄과로 던져 심판받게 하는 것이다. 아울러 멸망자 짐승도 함께 심판받는다.[129]

포도주 틀에서 피가 나서 말 굴레에까지 닿았고 1,600스다디온(약 750리)이나 되는 지역으로 퍼졌다. 그 피가 전국에 퍼져 말 굴레까지 닿는다. 이는 배도한 장막성전과 멸망자 짐승의 교단에 속한 교회가 전국의 지방에 골고루 흩어져 있기 때문이다.[130]

이러한 주장을 검토해 보자.

첫째, 본문에 추수하는 천사가 누구인가 하는 부분이다. 본문의 추수하는 천사를 알곡을 추수하는 천사와 대조해 보면 다음과 같다.

알곡 추수	포도 추수
1. 구름 위에 앉아 금 면류관을 쓰고 낫을 휘두르는 인자 (영계에서 천사들을 지휘하는 자) 2. 성전에서 나온 천사 (낫을 휘둘러 추수하라고 명령하는 자)	1. 성전에서 낫을 가지고 나온 천사 2. 불을 다스리는 제단에서 나온 천사 → 1, 2는 추수할 때를 알리는 사명자들

<추수하는 천사 비교>

하지만 이만희 씨의 초기 저작을 보면 이러한 천사의 구분을 혼동했다. 그는 성전에서 낫을 가지고 나온 인자 같은 이(포도 추수 1)와 알곡 추수 본문에서 흰 구름 위에서 낫을 휘두른 인자(알곡 추수 1)를 동일 인물로 주장한 바 있다.[131]

기존의 입장을 번복한 이유가 무엇일까? 이는 그의 주장이 오류임이 드러나며 요한계시록 해석에 문제가 생기자 보고 들은 실상계시의 해석을 수정한 것이다. 본문을 면밀히 살펴보면 구름 위에 앉아 낫을 휘두르는 천사(알곡 천사 1)는 인자이신 그리스도를 가리키고, 성전에서 나온 천사(알곡 추수 2)는 하나님의 추수 명령을 전달하는 메신저임을 알 수 있다.

포도 추수 본문에서 성전에서 낫을 가지고 나온 천사는 알곡 추수 본문의 성전에서 나온 천사(알곡 추수 2)와는 다른 천사인데, 이는 그가 낫을 가지고 있기 때문이다. 하지만 구름 위에 앉아 낫을 휘두르는 인자 같은 이와는 다르다. 왜냐하면 성전에서 낫을 가지고 나온 천사(포도 추수 1)는 구름 위의 인자(알곡 추수 1)와 달리 금 면류관이 없기 때문이다. 본문의 성전에서 나온 천사는 하나님의 추수 명령을 수행하는 천사일 뿐이다. 이 천사는 불을 다스리는 제단에서 나온 천사로부터 낫을 휘둘러 포도송이를 거두라는 하나님의 명령을 전달받는다.

그렇다면 여기서 불을 다스리는 제단에서 나온 천사는 누구일까? 이만희 씨는 그가 추수할 때를 알리는 사명자들이라고 간단히 언급한다. 여기서 사명자들을 언급하는 것은 자신들의 단체에서 기성교회의 성도들을 미혹하는 추수꾼들을 지칭하기 위함이다. 그러나 이는 단순히 때를 알리는 사명자들이 아니다. 주의할 것은 하나님의 심판을 수행하는 성전에서 예리한 낫을 가지고 나온 천사는 단수형으로, 혼자라는 점이다(17절). 결코 여러 사명자들이 함께 나와 그 명령을 수행하지 않았다.

제단에서 나온 천사는 앞서 순교자들의 기도를 금 향로에 담아 제단에 드리고, 그 응답으로 제단의 불을 담아 땅에 쏟아 하나님의 심판을 수행할 권세를 가졌던 천사일 것이다(8:3-5; 참조, 5:8, 6:9-10). 이 천사는 순교자들의 탄원 기도에 대한 응답을 수행하기 위해 성전에서 나온 낫 가진 천사(포도 추수 1)에게 하나님의 명령을 전달한 것이다. 그는 명령을 전달만 했을 뿐, 실질적인 추수는 성전에서 나온 낫 가진 천사(포도 추수 1)가 수행한다.

둘째, 포도와 관련한 해석이다. 신천지는 본문의 포도를 첫 장막 성도들로 해석한다. 그러다 뒤에 가면 포도(송이)는 가라지라고도 주장하며, 이는 사탄의 씨인 거짓 교리로 결실한 마귀의 아들들로, 초림 예수님이 하나님의 씨를 뿌리고 가신 밭에 마귀가 포도 가라지를 덧뿌려서 함께 자랐다고 주장한다.[132] 신천지의 주장에 따르면, 이 두 가지 씨가 뿌려진 밭은 세상 가운데 있는 예수님의 교회다.[133] 이렇게 비유와 비유를 서로 혼합하다 보니 어느덧 첫 장막이 교회로 슬쩍 바뀌는 일이 벌어졌다. 포도송이가 첫 장막 성도들이라면, 가라지는 첫 장막 안에만 있어야 하지 않을까? 그런데 비유 풀이가 혼동되면서 어느덧 교회에도 가라지가 있는 것으로 바뀐다.

특이한 것은 최근에 나온 《요한계시록의 실상》(2011)에는 포도가 있는 곳이 포도원이라는 초창기 저작의 주장을 슬그머니 뺐다는 점이다. 포도가 첫 장막 성도들이기에, 포도원은 이들이 모인 첫 장막을 가리킨다.[134] 그러다 이것이 후에 가서는 예수님의 교회로 바뀌게 된다.

뒤에 가서 바뀌는 것은 이것만이 아니다. '진노의 포도주 틀'도 그 해석이 바뀐다. 초창기 저작 《요한계시록의 진상》에는 "하나님의 진노를 자초한 바벨론"을 말한다고 주장한다.[135] 그러나 뒤에 가서는 이를 '진노의 말씀'으로 바꾸어 버린다.[136] 이후 알곡을 천국 창고인 시온산에 거두어들이게 되고, 이것을 추수의 완성으로 본다. 만약 추수 완성을 이런 시간 순으로 본다면 신천지는 본문의 마지막 수확 장면에서 알곡 수확이 먼저 일어나고 포도송이 수확이 나중에 일어나는 이유를 설명해야 할 것이다. 이들의 주장과 본문의 수확 순서는 정반대로, 모순되기 때문이다.

셋째, 포도를 추수하는 천사가 심판하는 모습이다. 신천지는 진노의 포도주 틀에 던져 밟는 것을 가라지를 단으로 묶어 불사르는 것으로 보고, 이것을 일곱 머리 열 뿔 가진 짐승, 즉 멸망자의 무리인 청지기교육원에 붙여 심판하는 것으로 본다.[137] 만약 그렇다면 현재 기성교회에는 가라지가 없어야 한다는 논리가 성립한다.

넷째, 신천지가 주장하는 1,600스다디온의 해석이다. 특이한 것은 《요한계시록의 실상》(2011)에는 1,600스다디온 옆에 괄호로 '약 750리'라는 설명을 친절하게 붙였다는 사실이다. 하지만 2005년판 《요한계시록의 실상》에서는 이를 '약 1,000리'라고 주장한 바 있다.[138] 1,000리는 서울에서 부산까지 거리로, 배도한 장막성전과 멸망자 짐승의 교단에 속한 교회가 지방에까지 퍼져 있음을 의미한다.[139] 1,600스다디온에 피가 닿은 것은 첫 장막 성도가 심판받은 소문이 멸망자에 속한 전국 교회 지방에까지 퍼짐을 뜻한다는 것이다.[140]

하지만 개역개정 성경 14장 20절의 난하주에서 밝히는 1스다디온은 그 거리가 약 192m다. 1,600스다디온을 환산하면 약 307.2km가 된다. 이것은 1,000리가 아니라 750리밖에 되지 않는다. 거리로 따져도 서울에서 부산이 아닌, 대구를 조금 지나는 정도까지밖에 되지 않는다.

본문의 의미를 자세히 살피면 장막 성도가 심판받은 소식은 소속

교회에만 알려질 것이 아니다. 왜냐하면 그 피가 말 굴레에까지 닿았기 때문이다. 그 피가 말 굴레에까지 닿았다는 말씀은 포도주 틀에서 나온 피가 말의 머리에까지 찼다는 것으로, 그야말로 피바다가 된 상태를 의미한다.

그러나 첫 장막이 심판받아 멸망한 사건을 기억하는 이는 신천지에 속한 이들 외에는 없다. 기성교회 성도들 중에서는 이런 소식에 대해 전혀 들어 보지 못한 이들이 태반이다. 왜 그럴까? 말 굴레에까지 피가 차지 않았기 때문이다. 따라서 이들의 실상은 본문을 성취한 실상이라기보다 억지로 말씀에 끼워 맞추려고 했다는 느낌을 지울 수 없다. 게다가 계시의 해석도 앞서 살펴본 것처럼 수시로 바뀌지 않는가?

8장

만민이 와서
경배할 곳,
증거장막성전?

(15:1-8)

하나님의 영광과
능력으로 말미암아
성전에 연기가 가득 차매
일곱 천사의 일곱 재앙이
마치기까지는 성전에 능히
들어갈 자가 없더라

≡ 일곱 인, 일곱 나팔, 일곱 대접의 관계

15장은 일곱 대접 재앙이 본격적으로 쏟아지는 16장이 전개되기 전, 천상의 준비 상황을 사전에 보여 주는 서론 역할을 한다. 일곱 대접 재앙은 일곱 인(6장), 일곱 나팔(8-9장)에 이어 이 땅에 쏟아지는 "마지막 재앙"(1절)으로, 이제 일곱 대접 재앙을 끝으로 세상의 악은 최종적으로 파멸할 것이다. 요한계시록의 일곱 인, 일곱 나팔, 일곱 대접은 순환적이면서도 점진적으로 발전하는 순환적 나선형을 이루며 전개되는 특징을 갖는다. 따라서 인, 나팔, 대접을 단순히 연대기적 시간 순으로 나열해 이해할 것이 아니라, 반복적이면서도 점진적으로 발전하는, 나선형적으로 순환하는 가운데 전진하며 강조하는 형태로 이해해야 한다. 특히 일곱 나팔과 일곱 대접 사이의 유사성은 매우 밀접하다.

하지만 신천지는 요한계시록 전 장이 시간 순으로 전개되는 것으로 보고, 일곱 나팔과 대접도 연대기적인 시간 순으로 전개되는 것으로 해석한다. 그러나 요한계시록 자체가 나선형적 순환과 전진을 동시에 보여 주고 있기에 이들의 해석은 연대순으로 어긋나는 일이 일어난다. 먼저 이들의 주장을 살펴보자.

▤ 하늘에 있는 큰 다른 이적 (1절)

본문은 하늘에 있는 크고 이상한 이적을 보도하는 것으로 시작한다. 일곱 천사가 하늘에서 하나님의 진노를 담은 일곱 재앙의 대접을 가지고 있다. 본문은 이것이 마지막 재앙이고, 이것으로 하나님의 진노가 마칠 것이라고 말한다.

여기서 이적이 일어나는 하늘은 어디인가? 본문의 하늘은 증거장막성전, 즉 신천지를 가리킨다. 이들의 설명에 따르면, 이곳은 영계 하나님이 함께하시는 장막으로, 하늘, 그중에서도 처음 하늘 장막이 무너진 후 창조된 곳이므로 새 하늘이라 한다.[141] 천사는 새 하늘, 곧 신천지에서 재앙의 대접을 받는 것이다. 일곱 천사는 받은 재앙을 배도한 첫 장막과 짐승의 보좌인 청지기교육원에 쏟는다. 일곱 대접의 재앙은 배도한 선민뿐 아니라 그들을 멸망시킨 '짐승과 그 보좌'에 동시에 쏟아지기에 이를 '다른 이적'이라고 말한다.[142] 짐승의 보좌에 쏟는다는 것은 이제부터 본격적으로 멸망자의 심판(15-18장)이 시작됨을 알리는 것이라고 주장한다.

신천지의 본문 해석은 이전의 해석과 상당한 모순을 일으킨다. 왜냐하면 첫 장막이 무너지고 난 후 생겨난 것이 증거장막성전, 곧 자신들의 단체이기 때문이다. 이때가 되면 이미 첫 장막은 심판받아 무너지고 사라졌다. 이미 심판받아 무너진 첫 장막에 또다시 재앙을 쏟아봐야 아무 소용없다.

신천지는 본문의 재앙이 첫 장막과 짐승의 보좌에 동시에 쏟아지기에 '다른 이적'이라고 주장한다. 이 이적이 다른 것은 멸망자에 대한 심판이 시작되기 때문이다. 그러나 본래 본문에서 말하는 것은 단순히 '다른 이적'이 아니라 '크고 이상한 다른 이적'이다. 신약성경에서 '이적'(헬, 세메이온)은 단순히 상식을 벗어난 기이하고 놀라운 일이 아니라 이를 통해 무엇인가를 계시하려는 목적을 갖는다. 이적의 의도를 파악하는 것이 중요한 것이다.

그동안 요한계시록에서는 '큰 이적'과 '다른 이적'이 별도로 진술되었다. '큰 이적'은 해를 옷 입은 여자의 등장(12:1)과 땅에서 올라온 짐승이 행한 이적(13:13)을 가리키는 용어로 사용되었고, '다른 이적'은 일곱 머리 열 뿔 난 큰 붉은 용의 등장을 나타내는 용어로 사용되었다(12:3).

그런데 본문에서는 처음으로 '크고 이상한 다른 이적'이 나타나는 것이다. 이것이 크고 이상한(amazing, NRSV; marvelous, NIV) 다른 이적인 이유는 그동안의 인, 나팔 재앙과는 다른 큰 재앙이기 때문이며, 놀랍고도(amazing) 경이로운(marvelous, extremely great) 이유는 마침내 하나님이 이 재앙을 통해 어그러진 세상 가운데 불의를 간과하시지 않고 하나님의 언약적 정의를 신실하게 바로 세우실 것이기 때문이다. 또한 이전 것과는 다른 재앙인 이유는 이것이 최종적인 '마지막 재앙'이기 때문이다. 이 재앙 이후에는 더 이상의 추가적인 재앙이 없을 것이고 이것으로 모든 재앙이 끝날 것이기에 이전의 재앙과는 '다른 재앙'이 될 것이다.

≡ 유리 바다와 짐승의 무리를 이긴 자들 (2절)

짐승과 그의 우상과 그의 이름의 수를 이기고 벗어난 자들이 유리 바다 가에 모였다. 이에 대한 신천지의 설명은 다음과 같다.

본문의 짐승은 세상(바다)에서 나와 사탄(용)에게 권세를 받은 목자, 곧 청지기교육원이요, 우상은 땅에서 올라온 짐승, 곧 오평호 씨가 그를 위해 만든 거짓 목자이며, 그 이름의 수 육백육십육은 멸망자가 된 일곱 금촛대 장막 출신의 목자(땅에서 올라온 짐승)인 오평호 씨를 가리킨다.[143] 이들은 하늘 첫 장막에 들어가 성도들의 이마나 오른손에 표한 자들이다. 이들과 싸워 승리한 이긴 자들은 짐승의 무리가 배도한 첫 장막에 들어와서 행한 일을 직접 목격한 산 증인들이며, 장막에서 여자가 낳은 아이(이만희)와 하나 된 형제들이다(12:11). 이들은 어린양의 피와 증거하는 말로써 짐승을 이기고 배도한 일곱 사자가 빼앗은 것을 회복한 이긴 자들로, 신천지에 속한 이들을 말한다.

이들이 불 섞인 유리 바다에 있는 이유는 무엇일까? 불 섞인 유리 바다의 실체는 무엇인가? 모세는 구약 시대에 유리 바다를 상징하는 놋대야를 만든 바 있다(왕상 7:23-26). 이는 제사장이 직무를 이행하기 전 물에 수족을 씻어 정결하게 하기 위한 도구였다. 영계 하늘의 유리 바다는 우리의 속사람을 씻어 정결하게 하는 '하나님의 성경 말씀'을 의미한다.

따라서 이긴 자들이 하나님의 보좌 앞에 있는 유리 바다 가에 모인 것은 그들이 모인 곳에 하나님의 장막이 함께하고 있음을 말하며, 이 처소를 14장 1절에서는 시온산이라 했다. 즉 '유리 바다 가'는 신천지를 말하는 것이다. 더 나아가 이들 단체는 요한계시록 성취 때 영생을 얻는 길은 본문의 이긴 자들과 하나가 되는 것이고, 신천지의 가르침과 이들이 주장하는 실상의 인물을 믿는 자가 되어야 한다고 주장한다.

이와 같은 주장을 검토해 보자.

첫째, 신천지는 본문의 이긴 자들이 첫 장막 사람들이라고 한다. 그렇다면 유리 바다에 모인 이긴 자들은 첫 장막 출신들로 구성되어 있어야 한다는 논리가 성립한다. 지금 신천지 안에 첫 장막 출신들이 얼마나 될까? 그리 많지 않은 이들과 대부분 첫 장막이 아닌 기성교회 출신인 신천지를 과연 이긴 자들이라 할 수 있을까?

둘째, 본문의 우상은 짐승 오평호 씨가 그를 위해 만든 거짓 목자들인가? 본문에서 우상은 단수인데, 그렇다면 우상은 오평호 씨가 세운 대표 거짓 목자 한 사람이어야 하지 않을까?

셋째, 이들은 앞서 두루뭉술하게 언급했던 이름의 수 육백육십육이 멸망자이자 첫 장막 출신의 목자(땅에서 올라온 짐승)인 오평호 씨를 말한다고 한다. 하지만 앞서 언급했듯이 육백육십육이란 사람의 수를 게마트리아 식으로 나타낸 것으로, 그 이름 안에 숫자가 포함된 헬라어나 히브리어만 가능하다. 게마트리아 식으로 풀 때 그 이름의 수는 '네로 카이사르'다. 오평호 씨는 그 이름 자체로 숫자를 가지지 않는다.

오평호 씨를 육백육십육으로 규정하면 난처한 점이 생긴다. 육백육십육은 오평호 씨가 있을 때만 받는 짐승의 표로, 그가 없는 오늘날에는 그 표를 받지 않는다. 이는 오직 소수의 첫 장막 출신 사람들만 받는 표가 된다. 따라서 본문의 우상과 그 이름의 수를 이기고 벗어난 자들은 오직 오평호 씨가 받게 하려는 짐승의 수를 이긴 자들만이 모인 모임으로 전락한다.

넷째, 본문은 '불 섞인' 유리 바다를 말하고 있지, 단순히 유리 바다를 말하는 것이 아니다. 원래 하나님의 보좌 앞에 있던 바다는 수정 같은 유리 바다였다(4:6; 참조, 겔 1:22; 창 1:7). 그러나 본문의 유리 바다에는 불이 섞여 있다. 단순한 유리 바다와는 분명 다른 모습이다. 그렇다면 본문의 불 섞인 유리 바다는 무엇을 의미하는가? 불은 심판의 이미지를 담고 있으며(참조, 19:20, 20:10, 14, 15, 21:8), 유리 바다에 불이 섞인 것은 이 땅을 향한 하나님의 최종적인 진노가 하늘에 쌓여 있고, 이것이 일곱 대접으로 대기하고 있음을 보여 준다.

무슨 말인가? 이 땅을 향한 하나님의 심판이 아직 끝나지 않았고, 이 땅에 하나님의 최종적인 공의가 실현될 진노의 심판이 대기 중임을 보여 준다. 하나님의 심판이 아직 완결되지 않은 이유 중 하나는 하나님이 아직 기회가 있을 때 이 땅의 사람들이 회개하고 하나님께 돌아와 하나님께 영광 돌리는 백성이 되기를 원하시기 때문이다(16:9, 11).

다섯째, 요한계시록 성취 때에 영생을 얻는 길은 본문의 이긴 자들, 곧 첫 장막 사람들과 함께하며 하나가 되는 것인가? 이들과 함께하며 하나 되는 것이 어떻게 영생을 줄 수 있는가? 이들은 죄 사함의 문제를 해결할 수 없다. 더 나아가 영생을 얻으려면 이단 교주의 요한계시록 해석과 그가 제시하는 실상의 인물도 믿어야 하는가? 지금까지 밝혀진 오류만도 일일이 열거할 수 없을 정도인데 이것을 믿고 얻는 영생이란 무엇일까? 그 단체 안에서 인정받는 것인가?

영생은 예수 그리스도로 말미암지 않고는 절대 얻을 수 없다(요 14:6). 왜냐하면 영생은 유일하신 하나님과 그분이 보내신 자 예수 그리스도를 아는 것이기 때문이다(요 17:3). 이 시대의 소위 말하는 보혜사, 또는 약속한 목자를 아는 것이 아니다.

≣ 모세의 노래와 어린양의 노래 (3절)

유리 바다 가에 이긴 성도들이 하나님의 거문고를 가지고 모세의 노래, 어린양의 노래를 부른다. 이들이 가진 거문고는 무엇인가? 신천지에 따르면, 거문고는 성경책이며 노래는 성경 말씀이다.[144] 그중에서도 모세의 노래는 구약성경의 말씀을, 어린양의 노래는 신약성경의 말씀을 가리킨다.[145]

이들은 이러한 신구약 성경에는 마지막 때인 요한계시록 성취 때까지 하나님이 비유로 봉해 두셨다가 장래에 이루실 천국 비밀이 기록되어 있다고 말한다. 신천지에 의하면, 하나님은 모세오경과 다니엘서와 같은 예언서에 많은 이상을 보이셨으나 듣고, 보고, 깨닫는 마음은 주시지 않고(신 29:4) 마지막 때까지 봉해 두라고 하셨다(단 12장). 선지자들과 선견자들의 눈을 감기고 잠들게 하는 신을 부으셔서 '모든 묵시'가 봉한 책의 말이 되게 하셨다(사 29:9-13). 그 후 초림 예수님이 감추인 비밀을 드러내기는 하셨으나 다만 하나님의 뜻대로 비유로만 말씀하셨고(마 13:34-35), 때가 되면 모든 것을 밝히 일러 주리라고

약속하셨다(요 16:25). [146]

이제는 약속한 때가 되었고 신구약 성경을 통달한 약속한 목자(이만희)가 성경 66권의 결론과 같은 요한계시록을 밝히 해석해 주는 때가 되었다. 모세의 노래와 어린양의 노래가 유리 바다 가에서 나오는 것은 그곳에 하나님의 책을 받은 목자(이만희)가 있기 때문이다(10:10-11). 신천지는 신구약 성경의 예언을 해석하는 동시에 그 실상까지 증거하는 곳은 오직 유리 바다에 열린 증거장막성전뿐이라고 주장한다. [147]

이들의 주장을 검토해 보자.

거문고는 성경책이고, 모세의 노래는 구약, 어린양의 노래는 신약의 말씀인가? 거문고는 하나님을 찬양하는 악기임에도 불구하고 이를 단순히 성경책이라고 해석하는 성경적 근거는 명확하지 않다. 이들은 거문고가 성경책이라고 했다가 뒤에 가서 바벨론의 거문고를 보고는 멸망자의 '주석'이라고 슬쩍 바꾼다. [148] 14장에서는 하늘에서 들리는 거문고 타는 자들이 거문고 타는 것 같은 소리(14:2)를 단순히 듣기 좋은 소리로만 해석한다. [149]

본문의 거문고는 '하나님의 거문고'로, 이는 '~의'가 '목적'의 의미를 지녀 '하나님을 위한 거문고'라는 뜻이다. 이는 하나님을 찬양하기 위한 거문고라는 의미다. 요한계시록에서 거문고는 24장로(5:8)와 14만 4천이 하나님을 찬양할 때 사용되는 악기로(14:2), 여기서도 하나님의 영광을 찬양하기 위해 사용된다.

본문에서 모세의 노래와 어린양의 노래는 별도의 구약과 신약의 말씀을 의미하지 않는다. 이 노래는 바로 다음에 나오는 3-4절의 찬양을 말한다. 또한 본문을 주의 깊게 살펴보면 "모세의 노래, 어린양의 노래"로 되어 있다. 이는 '모세의 노래, 즉 어린양의 노래'와 같은 뜻이다. 모세의 노래와 어린양의 노래가 갖는 공통된 특징을 강조하려는 것이다. 이 노래는 출애굽의 승리를 모형으로 삼아 어린양의 승리를 찬양하는 노래라는 공통점과 연결점을 갖는다. 이 관점으로 3-4절의 노래 가사를 보아야 그 의미가 파악된다.

사실 신천지가 모세의 노래와 어린양의 노래를 통해 말하는 핵심 주장은 이를 통해 교주가 요한계시록의 감추인 비밀을 해석해 주었다는 것이다. 사실 그러려면 모세의 노래와 어린양의 노래만 불러서는 안 된다. 요한계시록을 해석하는 말씀인 새 노래를 불러야만 한다.[150]

이들이 유리 바다 가에서 책 받은 목자가 신구약 성경을 통달하고 6천 년 동안 감추었던 만나, 즉 요한계시록의 말씀을 가르친다고 주장하기 위해 인용한 성경 말씀들은 언뜻 볼 때 그럴듯하지만 자세히 보면 근거가 상당히 빈약하다는 것을 알 수 있다.

첫째, 하나님이 그분의 백성에게 듣고, 보고, 깨닫는 마음을 주시지 않았다는 신명기 말씀을 보자. 여기서 "깨닫는 마음과 보는 눈과 듣는 귀"(신 29:4)는 하나님이 광야에서 베푸신 "큰 시험과 이적과 큰 기사"(신 29:3)를 말한다. 이들이 주장하는 것처럼 모세오경의 말씀이나 다니엘서의 말씀이 아니다.

둘째, 하나님이 마지막 때까지 봉해 두라고 하신 말씀(단 12:4)은 비유로 된 천국 비밀, 또는 요한계시록 말씀이 아니라 다니엘서의 말씀이다. 다니엘서에서 봉하는 행위는 비밀을 유지하기 위한 방법을 말하는 것이 아니라, 이제는 더 이상 변경될 수 없는 하나님이 성취하실 역사 계획으로 공식적인 승인을 받았다는 뜻이다.[151] 그러니 이 말씀을 잘 간직하고 보존하라는 뜻이다. 여기서 다니엘이 받은 하나님의 역사 계획은 헬라 제국을 이룩한 알렉산더대왕의 사후 갈라진 남방 애굽을 중심으로 한 프톨레미 왕조와 북방의 시리아를 중심으로 한 셀류커스 왕조의 대결 구도에 관한 것이다.[152] 특히 마지막 북방의 왕으로 여겨지는 안티오커스 4세에 관한 내용이 자세히 전개되고 있다.

봉함하고 간직하라는 표현은 다니엘 8장 26절에도 나오는데, 이는 다니엘이 장차 이스라엘 백성이 안티오커스 시대에 겪게 될 환난의 내용을 환상으로 본 것을 간직하라는 말씀이다. 따라서 여기서 봉함하라는 것은 신천지가 주장하는 것같이 감추어진 비유 말씀이 아니다.

셋째, 하나님이 '모든 묵시'가 봉한 책의 말이 되게 하셨다는 근거로 사용되는 이사야 29장 9-13절은 모든 시대의 선지자들의 예언에 해당하는 말씀이 아니다. 이는 이스라엘이 타락한 이사야 선지자 시대의 선지자들을 지칭하는 말씀이다. 그 당시의 백성은 입술로는 하나님을 공경하고 가까이한다고 하지만 마음은 하나님에게서 멀리 떠나 있었다(사 29:13).

본문을 꼼꼼히 살피면, 하나님의 계시가 봉해졌다고 말하지 않음을 알 수 있다. 단, 본문은 계시가 타락한 이스라엘 백성에게는 봉한 책의 말처럼 되었다는 식의 비유적 표현을 사용한다. 당시 이스라엘 백성 가운데 글을 아는 자들에게 이 말씀을 주면 "말씀이 봉해졌으니 읽지 못하겠다"라며 영적 인지력이 현저하게 떨어진 상태를 보여 주었다. 따라서 본문은 실제로 봉인된 말씀을 전제하는 것이 아니라, 이사야 시대의 타락한 이스라엘이 무지하고 깨달음 없음을 비유하는 표현일 뿐이다.[153]

넷째, 예수님은 감추인 비밀을 드러내시기는 했으나 다만 하나님의 뜻대로 비유로만 말씀하셨다는 주장 또한 근거가 빈약하다. 예수님이 오직 비유로만 말씀하셨고, 비유가 아니면 말씀하시지 않았다고 주장하는 마태복음 13장 34-35절은 예수님이 천국 비유를 가르치시던 날에만, 곧 13장에만 해당한다. 예수님은 그날 비유의 가르침을 마치신 후 비유 말고 평범하고 쉬운 설교로 가르치셨다(마 13:53). 또한 비유는 비밀하게 감추는 것이 아니다. 비유(헬, 파라볼레)라는 말 자체도 '곁에'(헬, 파라) '던져 두어'(헬, 발로) 쉽게 이해하게 하려는 수사 방식을 의미한다. 비유는 이해를 쉽게 하기 위한 것이다. 심지어는 바리새인과 서기관들도 예수님의 비유가 무슨 뜻인지 한 번에 듣고 알 정도였다(마 21:45-46).

다섯째, 예수님이 때가 되면 비유로 말한 것을 밝히 일러 주겠다고 약속하신 것(요 16:25)은 새 요한을 통해서 알려 주겠다고 하신 것이 아니다. 예수님이 밝히 일러 주시는 내용은 십자가에 못 박히고 돌아가시는 내용이고, 이것을 밝히 알리시는 때는 제자들과 함께 있을 바로 그때를 말한다(요 16:29-30).

이렇게 하나하나 살펴보면, 신천지가 성경이 감추인 말씀이고 이것을 이단 교주를 통해 자신들의 단체에서 선포한다고 해석하는 15장의 해석이 얼마나 근거가 빈약하고 자의적인지가 금방 드러난다. 게다가 이들이 주장하는 실상도 서로 모순되고 정확하지 않다.

☰ 만국이 와서 경배할 곳 (4절)

본래 4절은 3절과 함께 모세의 노래, 곧 어린양의 노래를 이루는 내용이다. 하지만 신천지는 이 구절이 자신들의 단체에 만국이 모여 자신들의 교주를 경배할 비전으로 해석한다. 만국이 와서 경배할 곳은 유리 바다 가에 열린 증거장막성전, 즉 자신들의 단체라는 것이다. 이들의 주장에 따르면, 여기에는 이긴 자가 있고, 짐승과 그 우상과 그의 이름의 수를 이기고 벗어난 자들이 있다.[154] 이곳에는 거룩한 성 새 예루살렘이 임하고, 영생하는 양식이 나오며, 비로소 죽음이 끝나고 영생이 시작된다.[155] 이곳은 만국이 모이는 곳으로, 지구촌의 모든 사람이 나아와 증거장막성전에서 예배하게 된다.

이러한 주장을 검토해 보자.

첫째, 유리 바다 가에 증거장막성전이 열릴 수 있는가? 왜냐하면 종말에 완성될 새 하늘과 새 땅에는 성전이 없을 것이기 때문이다 (21:22). 이때는 하나님과 어린양이 친히 성전이 되어 주신다. 그리고 여기에는 증거장막성전이 아니라 새 예루살렘이 하늘에서부터 내려온다. 그렇다면 증거장막은 어디에 자리해야 하는가? 성경에서 '장막'은 임시 거처로, 광야에 있었다.

둘째, 이들은 이곳이 이긴 자와 짐승과 우상과 그 이름(오평호)의 수를 이기고 벗어난 자들이 있는 곳이라고 한다. 언뜻 보기에는 이곳의 주요 구성원들이 자칭 이긴 자와 첫 장막에서 나온 이들처럼 보인다. 그러나 오늘날 이런 주장을 하는 신천지를 보면 첫 장막에서 나온 사람들은 거의 발견할 수 없다. 대부분이 기성교회에서 미혹받아 왜곡되고 독성 있는 성경 공부를 통해 나온 이들이다.

셋째, 신천지에 의하면 이곳은 영생이 처음으로 시작되는 곳이다. 그렇다면 지금 이들 단체에는 영생을 맛보고 있는 이들이 있는가? 영생을 누리며 죽지 않을 것처럼 선전했던 지파장 중에 늙고 병들어 죽는 이들이 생겨나고, 심지어 예수님의 영이 임해 신인합일했다고 주장하는 교주조차도 갈수록 늙고 병들어 가고 있다.

▤ 증거장막성전과 진노의 대접 (5-8절)

본문은 '이 일 후에' 하늘에 증거장막성전이 열린다고 진술한다. 신천지는 '이 일 후에'를 첫 장막에서 짐승의 표 받기를 거부하고 나온 이긴 자들이 유리 바다 가에 나와 모세의 노래와 어린양의 노래를 부른 뒤로 해석한다.[156] 노래의 핵심 내용은 이들이 본 요한계시록의 실상 (13-14장), 즉 '배도하고 멸망당한 사실'이다.[157]

증거장막성전이 세워진 원인은 첫 장막이 배도해 멸망받아 없어졌기 때문이다. 하나님의 나라와 백성이 없어졌기에 새로운 나라와 백성을 세운 것이다. 무너진 첫 장막이 처음 하늘이라면 다시 세워진 증거장막성전은 새 하늘이다. 육으로 돌아간 첫 장막 성도가 땅이라면 새로 창조된 증거장막성전의 성도는 새 땅이다. 그래서 증거장막성전이라 주장하는 자신들의 단체와 성도들이 새 하늘과 새 땅이라고 주장한다.[158] 이토록 중요한 증거장막성전이기에 이 성전은 예수님이 2천 년 전 미리 이름까지 지어 놓으신(?) 약속한 성전이라고 말한다.[159]

왜 새롭게 세워진 성전을 '증거장막성전'이라고 하는가? 이는 장막성전에서 일어난 배도와 멸망의 일을 목격한 산 중인들이 이곳에서 실상을 증거하기 때문(증거장막)이요, 하나님이 함께하시는 거룩한 교회(성전)이기 때문이다.[160] 따라서 증거장막성전이 나타나려면 먼저 이긴 자가 출현해야 한다. 이긴 자가 나타나려면 그가 싸워야 할 짐승 니골라당이 있어야 하고, 니골라당이 출현하려면 그들이 멸망시킬 일곱 금촛대(첫) 장막이 있어야 한다.[161]

이들은 이러한 증거장막성전은 성경에서 약속하지 않은 지구촌 모든 교회와는 감히 비교할 수 없는 '참 정통'이라 주장한다.[162] 신천지는 자칭 정통과 참 정통을 구분할 것을 주장한다. 참된 정통 교회가 되려면 성경대로 짐승과 그의 우상과 그의 이름의 수를 이긴 자들이 그곳에 모여 있어야 하며, 모세의 노래와 어린양의 노래가 나와야 한다는 것이다.[163]

이들의 주장에 따르면, 증거장막성전이라고 하면서 첫 장막이 어디인지, 멸망자 짐승이 무엇인지도 모른다면 가짜다. '증거장막'이라는 이름이 뜻하는 것처럼 요한계시록의 배도, 멸망의 실상을 성경과 함께 육하원칙으로 증거하지 못하면 아무리 스스로 정통을 외쳐도 가짜에 불과하다. 자신들의 단체가 정통 큰 교단에 속하지 않았다고 하여 오직 하나님과 예수님께 속한 증거장막성전을 이단이라 하는 사람은 성

경의 '성' 자도 모르는 자요, 계시록의 '계' 자도 모르는 자다. [164]

중거장막성전에서 천사가 받은 금 대접 일곱은 일곱 사람, 곧 일곱 사명자를 가리킨다. 중거장막성전의 일곱 사명자를 금 대접으로 택한 이유는 배도와 멸망 사건을 현장에서 직접 목격한 자들이기 때문이다. [165]

천사들이 일곱 금 대접을 받자 성전에 연기가 가득 차서 일곱 재앙이 마치기까지는 능히 들어갈 수 없었다. 여기서 연기는 사탄의 비진리와는 반대되는 것으로(참조, 9:2), 배도자와 멸망자를 심판하는 진노의 말씀을 가리킨다. 더 나아가 짐승의 표 받은 자들은 연기를 쐬어야, 즉 진노의 말씀을 모두 들은 후에야 짐승의 교단에서 나와 증거장막성전으로 나올 수 있다.

이들의 주장을 검토해 보자.

첫째, '이 일 후에'라는 표현이다. 신천지의 주장에 따르면, '이 일'이란 배도, 멸망의 사건이 일어난 마흔두 달 후를 가리킨다. 이 일이 일어나고 이긴 자들이 유리 바다, 곧 자신들의 단체에 와서 배도와 멸망의 실상을 증거하기 때문이다. '이 일 후에'가 배도, 멸망의 사건 이후 마흔두 달 후라면 사실 바벨론이 무너진 때이고, 첫 장막이 없어진 때다. 첫 장막이 무너지고 증거장막성전이 나왔다면 더 이상 일곱 대접을 쏟아부을 필요가 없는 때다.

주의하라. 요한계시록에서 "이 일 후에"는 시간의 흐름을 표현하는 것이 아니라 환상 장면의 전환을 가리킬 때 사용하는 표현이다(참조, 4:1, 7:1, 9, 18:1, 19:1).

둘째, 증거장막성전은 유재열 씨의 첫 장막에서 일어났다고 주장하는 배도와 멸망 사건을 목격했던 증인들이 와서 그 이야기를 해 주는 또 다른 단체다. 이들은 참된 증거장막성전이라면 반드시 배도와 멸망의 실상을 가져야 하며, 그러려면 이긴 자, 짐승 니골라당, 첫 장막이 있어야 한다고 주장한다. 쉽게 말하면, 자신들의 단체가 주장하는, 이전 단체(첫 장막)에서 이탈해서 새로 세운 또 다른 신천지(새 하늘 새 땅)의 설립 이야기를 가지고 있어야 참된 증거장막이요, 참 정통이라는 말이다.

여기서 우리는 본문이 의미하는 "증거 장막"(5절)과 참 '정통'이 무엇인지를 제대로 이해해야 한다. 본문이 말하는 '증거'란 원래 하나님이 언약궤 안에 두셨던 십계명 돌판을 가리킨다(출 25:16, 21; 신 10:1-2; 왕상 8:9; 대하 5:10). 증거는 성막의 핵심 요소이고, 증거를 보관한 장막은 광야 시대의 성막으로, 하나님의 증거, 곧 언약이 담겨 있는 성소, 또는 성전의 의미를 가지며, 이는 하늘 성전을 모형으로 제작된 것이다 (출 25:40, 26:30; 행 7:44; 히 8:5).

요한계시록에서 하나님의 증거는 십계명으로 대표되는 옛 언약이 아니다. 이는 하나님의 어린양이 십자가에서 그분의 피를 통해 맺으신 새 언약을 가리킨다. 새 언약은 예수님의 증거(12:17, 19:10)요, 예수님의 복음이다. 따라서 참된 증거장막은 예수님의 피로 맺은 새 언약의 증거를 갖고 있어야 한다. 이것이 있어야 참된 증거장막이고, 참된 정통이다. 신천지는 배도, 언약의 증거가 있어야 참된 정통이라고 하지만, 이것은 예수님의 피로 말미암은 새 언약과 아무 관련이 없는 자의적인, 자신들의 단체의 형성 이야기일 뿐이다.

정통이란 사전적인 의미로 '전통의 바른 계통'이란 뜻이다. 전통이란 어떤 집단이나 공동체에서 과거로부터 이어 내려오는 바람직한 사상이나 관습, 행동 양식 등이 계통을 이루어 현재까지 전해진 것인데, 이를 바른 계통을 이루어 전해 준 것이 정통이다.[166] 전통(tradition)을 영어 어원으로 분석하면 '세대를 건너서(trans=over) 전해 준 것(di=give)'이란 뜻이다. 이를 바르게 전해 준 것이 곧 정통이다. 영어 어원으로 '정통'(orthodox)은 '바른(ortho) 말씀, 견해, 또는 찬양(doxa)'이란 뜻이다.

따라서 정통은 두 가지 요소를 전제한다. 하나는 여러 세대를 거쳐 전해 내려와야 한다. 또 하나는 전해 준 말씀이 바른 언약에 기초한 말씀이어야 한다. 즉 예수님의 피로 말미암은 복음의 새 언약이 온전히 전달되어야 바른 정통이다. 오늘날 소위 말하는 정통 교단들인 장로교, 감리교, 침례교, 성결교 등이 이런 바른 정통을 수백 년간 전달하고 있다.

다음과 같은 이유로 신천지는 정통이 될 수 없다. 이단 교주가 당대에 세운 단체이기에 아직 자신들의 사상을 다음 세대에 전달해 줄 세월이 지나지 않았다. 겨우 몇십 년 정도가 되었을 뿐이다. 또한 이들이 전해 준 사상은 예수 그리스도의 피로 말미암은 바른 새 언약이 아니다. 교주가 전임자를 배도자로 규정하고 그곳에 있던 자들을 규합해 자신들의 단체를 설립한 것이 참된 요한계시록 해석이라 주장하며 사람들을 미혹하는 이단적 사상일 뿐이다. 따라서 이들의 증거장막성전을 이단이라 하는 사람은 성경과 요한계시록의 참된 의미를 바르게 아는 사람이다.

셋째, 일곱 대접은 지상의 사람인가, 말씀인가? 계시받은 교주가 대접의 해석에서 이중성을 보인다. 최근 저작에서는 이를 일곱 사명자로 제안하지만, 이전 저작에서는 분명하게 "이 대접은 성경"이라고 선언한다.[167] 대접을 쏟는다는 것은 심판의 말씀을 짐승의 표 받은 자들에게 쏟아 그들이 배도자임을 선언하는 행위로 본다. 요한계시록에서 말하는 이 장엄한 일곱 대접의 심판이 겨우 배도자들에게 가서 "너는 이런 잘못을 했으니 배도자다"라고 낙인찍는 행위일까? 이는 요한계시록 해석을 너무 자의적으로 축소하는 것이다.

신천지는 최근 저작에서 대접을 사람으로 수정하고, 보좌에서 나오는 연기가 멸망자를 심판하는 진노의 말씀이라고 주장한다.[168] 하지만 본문의 연기는 하나님의 영광과 능력의 임재를 상징한다. 하나님의 거룩한 영광으로 사람이 능히 들어갈 수 없을 정도의 위엄이 있었다(출 40:34-35; 왕상 8:10-12; 사 6:1-4; 겔 10:2-4). 일곱 재앙이 마치기까지 들어갈 수 없었던 것은 하나님의 거룩한 임재가 또한 공의로움을 요구하기 때문이다. 하나님의 공의로운 심판이 모두 실행되기까지 이를 견뎌 낼 자가 없었다.

금 대접은 사람도 아니고 말씀도 아니다. 요한계시록에서 금 대접은 성도들의 기도를 담는 용기다(5:8). 천사들이 대접을 사용해 하나님께 기도를 올려 드렸으며, 이제는 이 기도에 대한 응답으로 이 대접에 하나님의 진노를 담아 심판으로 내려오는 것이다(참조, 8:3-5).

넷째, 성전에 들어갈 자가 없다는 말은 짐승의 표 받은 배도자들이 증거장막성전에 들어갈 수 없다는 뜻인가?[169] 신천지의 언약 노정에 따르면, 짐승의 표 받은 배도자는 멸망당해야 한다. 멸망이란 단순히 영만 죽는 것이 아니다. 완전히 다 망하고 끝나는 것이다. 그러나 신천지는 이미 죽은 짐승의 표 받은 자들은 일곱 대접에 담긴 진노의 말씀을 모두 들은 후에야 짐승의 교단에서 증거장막성전으로 나올 수 있게 된다고 주장한다.[170] 만약 이렇게 된다면 이 말씀은 일곱 대접 재앙이 아니라 일곱 대접 생명이 되어야 할 것이다.

본문에서 성전에 들어갈 자가 없다는 것은 그 누구도 하나님의 거룩하고 영광스러운 임재 앞에 설 자가 없다는 뜻이다. 심지어 하늘의 천사라도 말이다. 이런 하나님의 영광을 짐승의 표 받은 자가 갈 수 없다는 것 정도로 축소하는 것은 하나님의 말씀을 자의적으로 해석해 가감하는 행위다.

다섯째, 일곱 재앙의 의미다. 일곱이란 보통 재앙의 일곱 배를 의미한다. 본문에서의 일곱 대접은 새 언약을 저버리는 자들에게 임하는 일곱 배의 재앙을 의미한다.

하지만 신천지는 일곱 재앙인 이유가 신천지를 설립한 1984년 3월부터 1991년 3월까지 7년간 멸망자를 심판하기 때문이라고 주장한다. 배도자를 심판하는 마흔두 달의 갑절인 82개월, 7년인 것이다. 이는 바벨론에게 임할 갑절의 재앙을 자의적으로 끌어와 해석한 까닭이다(참조, 18:6).

그러나 이는 성경적 근거뿐 아니라 실상의 근거도 명확하지 않다. 멸망자의 사무실이 문을 닫은 것이 1991년 3월이란 증거가 어디 있는가? 청지기교육원 사무실이 1991년 3월에 닫은 것이 공식적인 증거로 남았는가, 아니면 자의적으로 꿰맞춘 실상인가?

9장

첫째-넷째 대접과 진노를 받는 자들

(16:1-9)

또 내가 들으니 성전에서
큰 음성이 나서
일곱 천사에게 말하되
너희는 가서 하나님의 진노의
일곱 대접을 땅에 쏟으라 하더라

≣ 일곱 대접 천사의 실상

16장에 펼쳐지는 일곱 대접 심판은 이 세상을 향한 하나님의 마지막 재앙이다. 이로써 세상을 향한 모든 심판이 끝난다. 이런 면에서 일곱 대접 심판은 최종적인 특성을 갖는다. 따라서 대접 재앙은 그 구조에 있어서 일곱 나팔 심판과 유사하지만, 심판의 강도나 피해 대상 범위, 그리고 회개 기회의 유무에 있어서 차이가 있다.[171]

하지만 신천지는 일곱 대접 심판이 배도한 유재열 씨의 첫 장막을 심판하는 것이라고 주장한다.[172] 일곱 천사는 증거장막성전, 곧 자신들의 단체에서 나온 사명자들로 네 생물로부터 일곱 대접을 받은 자들이라고 한다. 일곱 대접에는 하나님의 진노하신 말씀이 담겨 있고, 이것을 첫 장막에 쏟는 것이 일곱 대접의 심판인 것이다.

그렇다면 이들이 주장하는 일곱 천사의 실상은 누구인가? 이들은 이만희, 홍종효, 지ㅇ섭, 이종호, 양을규, 김대원, 심재권 씨다. 만약 이들이 일곱 천사의 실상이라면 이들은 다음과 같은 요한계시록의 실상을 이루어야 한다. 다음 도표를 보라.[173]

일곱 대접 천사	요한계시록의 내용(16장)	실상
첫째 대접 천사	악하고 독한 종기가 짐승의 표 받고 우상에게 경배하는 자들에게 남(2절)	이만희
둘째 대접 천사	바다가 피로 변하고 모든 생물이 죽음(3절)	홍종효
셋째 대접 천사	강과 물 근원이 피가 됨(4절)	지ㅇ섭
넷째 대접 천사	해가 권세를 받아 사람들을 태움(8-9절)	이종호
다섯째 대접 천사	어둠으로 사람들이 아파 자기 혀를 깨물고, 고통과 종기로 말미암아 하나님을 비방하고 회개하지 않음(10-11절)	양을규
여섯째 대접 천사	유브라데강이 말라 동방의 왕들이 오는 길이 예비되고, 세 영들이 아마겟돈으로 왕들을 모음(12-16절)	김대원
일곱째 대접 천사	큰 지진으로 섬과 산이 사라지고, 큰 우박이 내림(17-21절)	심재권

<일곱 대접 천사의 실상>

　여기서 이만희 씨는 다시 첫째 대접을 붓는 천사로 나온다. 우리는 앞서 그가 6장의 흰 말이요, 첫째 나팔 부는 천사요, 대접을 붓는 천사로 등장한 것을 본 바 있다. 그런데 여기서 다시 첫째 대접으로 등장한다. 이만희 씨는 새 요한도 되고, 흰 말도 되고, 나팔 부는 천사와 대접 붓는 천사도 된다. 아무리 실상이 있다고 하지만 웅대한 요한계시록의 사건이 이렇게 한 사람의 집중적인 겹치기 출연 실상으로 이루어지는 것이 맞을까?

　하지만 그동안 이들이 주장해 온 네 말, 일곱 나팔, 일곱 뿔 등에 나온 실상 인물들을 검토해 보면 이처럼 겹치기 실상으로 출연하는 이들이 쨰 있음을 발견할 수 있다. 다음 표를 대조해 보자.

네 말(6:2-8)	일곱 뿔(5:6)	일곱 나팔 (8-9장, 11:15-19)	일곱 대접(16장)
흰 말-이만희	홍종효	홍종효	이만희
붉은 말-신문배	신문배	이창호	홍종효
검은 말-신상훈	박영진	박영진	지○섭
청황색 말-이찬선	이종호	이정환	이종호
	이찬선	장희문	양을규
	장희문	문옥순	김대원
	이창호	이만희	심재권

이 실상 인물들 중에서 겹치기 출연을 하는 이들을 정리하면 다음과 같다. [174]

실상 이름	요한계시록 예언
홍종효	일곱 뿔, 일곱 나팔, 일곱 대접, 두 증인
신문배	일곱 뿔, 네 말
박영진	일곱 뿔, 일곱 나팔
이종호	일곱 뿔, 일곱 대접
이찬선	일곱 뿔, 네 말
장희문	일곱 뿔, 일곱 나팔
이창호	일곱 뿔, 일곱 나팔

이렇게 볼 때 요한계시록의 실상은 급하게 채워 넣은 느낌을 지울 수 없다. 이는 대접 실상에 나오는 인물을 조금만 면밀히 살펴봐도 드러난다.

일곱 대접 중 둘째 대접인 홍종효 씨는 이만희 씨와 함께 신천지 중거장막성전을 1984년 함께 시작했다. 하지만 1987년 서로 갈라졌는데 어떻게 배도한 그가 일곱 뿔, 일곱 나팔, 일곱 대접, 두 증인이 될 수 있을까?

셋째 대접인 지ㅇ섭 씨는 엄밀히 말하면 일곱 대접에 들어갈 자격이 되지 않는다. 왜냐하면 진노의 대접을 쏟는 자는 첫 장막에서 나온 일곱 천사이어야 하기 때문이다.[175] 하지만 지ㅇ섭 씨는 첫 장막에 몸담기는 했으나 첫 장막의 일곱 천사는 아니다.[176]

일곱째 대접인 심재권 씨는 후에 1984년 장막성전을 이탈해서 무지개증거장막성전을 세운 자다. 더 이상 이만희 씨가 세운 증거장막성전에 있는 자가 아니다. 이종호 씨도 1984년에 이탈했고, 김대원 씨는 1986년 이탈했다.[177] 이후 이들은 생명책이라 주장하는 신천지 명단에도 나타나지 않는다. 이들은 생명책에서 지워진 자들이다. 그런데 어떻게 이들이 이런 역할을 감당할 수 있을까?

▥ 첫째 대접과 악독한 헌데 (1-2절)

첫째 천사가 대접을 땅에 쏟는다. 신천시에 따르면, 여기서 땅은 제국의 통치 아래 살아가는 세상이 아니라, 멸망자에게 경배하고 표 받은 첫 장막 성도를 말한다.[178] 대접이 땅에 부어지자 악하고 독한 종기가 난다. 여기서 악은 하나님의 언약을 버리고 멸망자의 교리를 인정하고 이것으로 예배한 것을 말하며, 독은 독사의 독처럼 사람의 영을 죽이는 사탄의 교법을 뜻한다고 한다.[179] 악하고 독한 헌데(종기; 2절, 개역한글)가 난다는 것은 진노의 대접의 말씀에 의해 드러나 부인할 수 없게 된다는 의미다.[180]

이러한 이들의 주장을 검토해 보자.

첫째, 첫째 천사(이만희)가 일곱 대접을 첫 장막 성도에게 쏟는 것이 가능한가? 왜냐하면 이때는 이미 첫 장막이 심판받아 무너진 후이기에, 이들이 더 이상 진노의 대접을 받을 필요가 없기 때문이다. 땅(신천지)이 사라졌는데 어디에 대접을 쏟는다는 말인가?

둘째, 악하고 독한 종기가 나는 것은 신천지의 말씀이 부어질 때 생긴다. 이 종기는 멸망자의 교리를 인정하고 이것으로 예배한 것이다. 하지만 이 땅에서 짐승에게 표 받은 첫 장막 사람들은 이미 짐승의 표를 받을 때 교리를 인정하고 예배한 이들이다. 종기가 나야 할 것 같으면 그때 났어야 한다.

결국 이러한 해석들은 첫 장막에 하나님의 진노가 쏟아지고 멸망하게 되었다는 것을 무리하게 강조하며 해석하다 보니 생긴 오류들이다.

원래 첫째 대접의 악하고 독한 종기는 애굽의 10가지 재앙 중 여섯째인 악성 종기를 연상하게 한다. 애굽에 이런 종기가 난 이유는 이들이 여전히 애굽의 우상을 경배하고, 하나님의 말씀에 불순종하며, 하나님의 백성을 핍박했기 때문이다. 신명기에서 악성 종기는 하나님의 말씀을 거역하고 다른 신을 섬길 때 생겼다(신 28:14-15, 35).

마찬가지로 여기서의 종기는 제국에서 지상에서 전투하는 중인 된 교회의 증언과 복음을 거부하고, 도리어 우상을 숭배하며 하나님의 백성을 핍박했던 이들에게 내려진 하나님의 심판이다. 특히 여기서 '종기'를 가리키는 헬라어 단어 '헬코스'는 전염으로 감염되는 종기를 의미한다.[181] 좀처럼 낫지 않는 종기로 고통당하는 이들은 필사적으로 우상을 의지하며 하나님을 비방하지만, 결국 이들의 수고가 헛되이 끝날 것을 예고한다.

≣ 둘째 대접과 피같이 된 바다 (3절)

둘째 천사가 그 대접을 땅에 쏟자 바다가 피같이 변해 그 가운데 생물이 모두 죽는다. 이것은 어떤 뜻일까? 신천지에 따르면, 바다는 세상이요, 나아가 사탄이 주관하는 멸망자들인 청지기교육원이고, 바다 가운데 사는 생물은 짐승에 속한 장막 성도를 포함한 세상 교인을 말한다.[182] 이들은 바닷물은 바다 생물에게 생명과 같은 것처럼, 본문의 바닷물은 세상 교인들이 영적 식수로 삼고 있는 거짓 목자(짐승)의 교리라고 말한다.[183] 바다가 피같이 되는 것은 거짓 목자의 교리가 비진리로 드러났다는 뜻이다.[184] 멸망자 짐승이 심판을 받으니 짐승의 교리와 교법도 죽게 되고 교인들 속에 있던 비진리도 함께 죽게 된다.[185]

이들은 12장 15절 이하에서 짐승이 하늘 장막에 들어가 용의 교리를 바닷물처럼 토해 홍수처럼 배도한 성도의 영을 쓸어가 죽임을 당하게 했으나, 이제는 하나님이 홍수를 냈던 장본인인 짐승을 심판하신다고 주장한다.

이러한 주장을 검토해 보자.

먼저, 바다가 세상이자 멸망자인 청지기교육원이라는 주장이다. 이러한 주장은 분명 초창기 주장과는 다소 차이가 난다. 왜냐하면 초창기 저작에서는 바다도 역시 땅이요, 짐승에게 속한 첫 장막이라고 주장하기 때문이다.[186] 그런데 이들은 나중에 첫 장막과 더불어 세상 교인을 덧붙인다. 대접 재앙의 피해가 모든 생물의 죽음으로 확장되는데, 이것을 첫 장막 성도들에게만 국한하는 것이 모순을 일으켜 세상의 모든 교인으로 수정했을 것으로 여겨진다.

하지만 이런 확장은 '과연 신천지의 둘째 천사(홍종효)가 멸망자 짐승을 심판해 그의 교리가 비진리로 온 세상에 드러났는가?' 하는 의문을 갖게 한다. 둘째 천사의 활동으로 짐승의 교리와 교법이 죽고 교인들 속에 비진리, 즉 기존 기독교 세계의 교리가 비진리로 드러났다. 이것이 바로 이들이 말하는 죽음의 의미다. 짐승이 심판을 받아 짐승의 교리와 교법도 죽고 교인들 속에 있던 비진리도 함께 죽었다면, 신천지의 교리가 살아났을까?

엄밀히 말할 때 청지기교육원이 가르쳤던 내용은 교리가 아니다. 청지기로서 교회를 어떻게 잘 섬길까를 가르친 일종의 신앙 훈련이었다. 일곱 뿔 중 하나인 원세호 목사가 집필한 《청지기론》의 내용을 보면 교리가 아닌 신앙 훈련 교재임을 알 수 있다.

다른 한편, 정통 교회의 입장에서 볼 때는 교인들 속에 있는 거짓 교리가 죽으면 구원받게 되는 것 아닌가? 아이러니한 것은, 진노의 대접을 쏟아부었던 둘째 천사(홍종효)는 신천지가 생긴 지 3년 후 증거장막 성전(신천지)을 이탈한다는 사실이다.

12장 15절 이하에서 짐승이 바닷물처럼 토하여 쓸어버린 대상은 배도한 성도인가, 거짓 목자 유재열 씨인가? 홍수를 낸 장본인이 청지기교육원이면 유재열 씨는 청지기교육원인 짐승의 홍수로 쓸려간 것인가?

본래 요한계시록에서 바다는 제국의 활동 무대였다. 제국의 해상 무역은 막강한 해군력을 바탕으로 온 세계의 부와 사치를 빨아들이고 있었다. 또한 바다에서 잡은 수산물은 식탁을 풍성하게 해 주었다. 그런데 그런 바다가 피로 변하고, 온 해양이 피비린내로 가득 차게 되면서 해상 무역과 수산업이 커다란 타격을 받게 된다. 이는 전 지구적인 대재앙이다.

이러한 재앙 이면에는 좀 더 심원한 의미가 있다. 바다에 대접을 쏟아붓는 것은 바다에서 나온 짐승의 근거지를 타격하는 것이기 때문이다(참조, 13:1). 바다는 혼돈과 공허의 장소로 짐승의 활동 무대요, 본부였다. 이곳이 피로 변해 누구도 살 수 없게 황폐화된 것은 바다 짐승이 그동안 무고한 의인들로부터 흘렸던 피를 이들의 활동 본거지에 쏟아붓는 효과가 있다.

≡ 셋째 대접과 피가 된 강과 물 근원 (4-7절)

셋째 천사가 대접을 강과 물 근원에 쏟자 피로 변한다(4절). 이를 보고 물을 차지한 천사는 성도들과 선지자들의 피를 흘리게 한 자들에게 이 피를 마시게 하신 것이 합당하다고 말한다(6절).

신천지는 물 근원과 강을 철저히 영적인 것으로 해석한다. 이들에 따르면, 물 근원은 사탄이 준 보좌에 앉아 거짓 교리를 말하는 멸망자의 거짓 목자, 곧 청지기교육원 소속의 목자들이고, 강은 그 보좌에서 나오는 교리를 받아 전하는 전도자들을 의미한다.[187] 셋째 천사가 대접을 부어 진노의 하나님 말씀으로 물 근원을 심판하니 그들이 전하는 교리가 짐승의 피, 곧 비진리로 드러났다는 뜻이다.[188]

더 나아가 짐승의 무리에게 피 물을 마시게 하는 것은 짐승의 무리에게 이들이 생명수 말씀이라 주장하는 교리가 마시지 못하는 짐승의 피와 같은 비진리임을 증거하는 것이라고 말한다.[189] 듣기 싫지만 귀에 들리니 마시기 싫은 피 물을 억지로 들어 먹는 형국이다.

이러한 주장을 검토해 보자.

청지기교육원에 전도자들이 있었는가? 이들의 주장대로 여기에 청지기교육원의 진리를 사방으로 흩어져 가르치는 전도자들은 없었다. 더욱 흥미로운 것은 신천지의 교주나 신천지가 청지기교육원을 방문해 이들이 가르치는 것이 비진리임을 증거하고, 알게 하고, 억지로 깨닫게 한 역사가 없었다는 것이다.

셋째 대접까지의 해석을 보면, 여기에 등장하는 대접 재앙은 결국 동일한 재앙이라는 생각을 갖게 된다. 멸망자 청지기교육원의 비진리를 드러내는 것이다. 비진리를 드러내는 것이 이들이 믿고 있는 바가 잘못된 것임을 깨닫게 해 결국 자신들의 단체로 돌이키도록 하는 것이라면, 이것을 과연 재앙이라고 할 수 있을까? 요한계시록의 장엄한 수사와는 달리 그 실체가 너무 부실한 느낌이 든다. 이러한 해석은 이어지는 대접 재앙의 해석에서도 거의 유사하다. 이렇게 볼 때 일곱 가지 대접 재앙은 결국 한 가지 사실, 즉 짐승의 진리가 비진리임을 드러내게 하는 동일한 사실을 약간씩 다르게 말한 것에 불과한 것으로 축소된다.

본문이 말하는 물 근원과 강에 진노의 대접을 쏟는 것은 성도들과 선지자들의 피를 흘리게 한 제국에 대한 하나님의 공의로운 심판의 일환이다. 애굽의 중심부를 흐르는 나일강이 피로 변해 제국의 중추적인 기능이 마비되며 일대 혼란이 왔던 것처럼, 피의 심판은 로마 제국의 심장부를 흐르는 테베레강(총 길이 406km)을 연상시킨다. 이 강이 피로 변하면 제국이 자랑하는 경제, 정치, 문화, 사회의 모든 근간이 뿌리부터 흔들리게 될 것이다.

다른 한편, 물 근원과 강은 에덴동산을 연상시키고(창 2:10, 14), 성전이 종말에 완전히 회복될 때 성전 문지방에서 흘러나오는 물 근원을 연상시키기도 한다(겔 47:1-12). 이는 이 땅에서 의인들의 피를 흘리게 한 거짓 성전, 거짓 제국의 신전들이 완전히 무너짐을 상징한다. 제국 안에 살아가는 성도들을 핍박하고 그들의 피를 흘리게 한 죄에 대한 하나님의 공의로운 심판으로 이 땅에 내려지는 것이다.

☰ 넷째 대접과 사람을 태우는 해 (8-9절)

넷째 대접은 해에 쏟아진다. 그러자 해가 권세를 받아 사람들이 불로 태워진다. 하지만 이들은 회개하기는커녕 하나님의 이름을 비방하며 하나님께 영광을 돌리지 않는다.

신천지의 해석에 따르면, 여기서의 '해'는 영적인 해로, 말씀의 빛을 비추는 목자를 의미한다. 영적 해에는 두 종류가 있는데 선민의 장막을 인도하는 소속의 참 목자가 있고, 다른 하나는 이방 장막을 주관하는 사탄과 그 소속 목자가 있다.[190] 여기서 사탄 소속의 해 같은 목자는 청지기교육원의 탁성환 목사를 의미한다. 본문의 대접 재앙으로 부어지는 해는 사탄 편에 있는 짐승(청지기교육원)에 속한 거짓 목자다.[191] 진노의 대접을 해 같은 목자인 탁성환 씨에게 쏟아 그의 비진리를 드러내는 것이다. 사람을 태우는 해의 불은 거짓 목자가 화가 나서 배도한 선민들에게 쏟아붓는 진노의 말을 의미한다.[192] 짐승은 하나님의 진노가 쏟아지자 회개는커녕, 사로잡은 장막 성도를 그의 교리로 더욱 괴롭힌다.[193]

하지만 이러한 해석은 실상을 더욱 조악하게 만들 뿐이다. 하늘에 속한 신천지가 그 진노의 말씀을 탁성환 목사에게 전해 비진리를 드러낸 적이 있는가? 그렇다면 몇 년 몇 월 몇 시에 그를 만나 비진리를 드러냈는가? 탁성환 목사가 첫 장막 성도들에게 화가 나서 진노의 말을 쏟아부은 적이 있는가? 그렇다면 무슨 말을 쏟아부었는가? 게다가 이때는 마흔두 달 후 첫 장막이 무너지고 용, 즉 청지기교육원이 쫓겨난 후다. 진노의 말을 쏟아부으려 해도 쏟을 대상이 사라진 때다.

요한계시록에서 해의 불로 심판하는 넷째 심판은 최종 심판을 앞
둔 마지막 경고의 성격을 갖는다. 최종적인 심판이 닥칠 때 바벨론이
불에 살라질 것이고, 하나님의 원수들은 최후에 영원히 타는 불에 던
져질 것이다(19:20, 20:10, 14-15, 21:8). 이런 예비적인 불 심판은 최후의
심판 전에 한 사람이라도 회개하고 그리스도께 돌아오라는 경고이기
도 하다.

10장

다섯째-일곱째
대접과
진노를 받는 자들

(16:10-21)

또 무게가 한 달란트나 되는
큰 우박이 하늘로부터
사람들에게 내리매 사람들이
그 우박의 재앙 때문에
하나님을 비방하니
그 재앙이 심히 큼이러라

≣ 다섯째 대접과 짐승의 나라와 보좌 (10-11절)

이어지는 다섯째 대접 심판부터 일곱째 심판까지를 살펴보도록 하자. 다섯째 대접은 짐승의 보좌에 쏟아진다. 그러자 그 나라가 곧 어두워지며 사람들이 아파서 자기 혀를 깨물며 아픈 것과 종기로 인해 고통스러워한다. 그러나 여전히 회개하지 않고 하늘의 하나님을 비방한다.

신천지의 해석에 따르면, 대접이 쏟아지는 짐승의 보좌와 나라는 악령이 임한 거짓 목자, 곧 청지기교육원의 목자이며, 이들이 연합해 모인 본거지인 청지기교육원 본부를 말한다. 당시 청지기교육원 본부, 곧 사무실은 서울특별시 강남구 반포본동 817번지 G동 303호에 있었다.[194] 그렇다면 다섯째 대접은 이곳 사무실에 떨어진 것인가? 그렇다면 신천지에 속한 다섯째 대접 천사 양을규 씨가 이곳에 와서 진노의 대접(말씀)을 쏟아부었는가? 만약 사실이라면 이것은 주목할 만한 심판의 실상이 될 것이다. 하지만 이것이 이들 단체에는 명확한 실상으로 제시되지 않는다. 도리어 최근 들어서는 이런 실상의 인물들은 가르치지 않고 대략적으로만 말하는 형국이다.

신천지에 의하면, 다섯째 대접이 떨어진 결과, 나라 곧 청지기교육원이 어두워진다. 이는 멸망자의 교리가 비진리로 판명되어 더 이상은 진리(빛)라고 주장할 수 없다는 뜻이다.[195] 멸망자에 속한 성도는 자신의 혀를 깨물고 아픈 것과 종기로 말미암아 하나님을 비방한다. 이들은 여기서 아픈 것과 종기는 청지기교육원의 거짓 교리를 알게 되고 그 흠이 세상에 드러났기에 생긴 근심과 마음의 상처라고 말한다.[196]

만약 이것이 실상으로 드러난다면 청지기교육원은 신천지가 와서 전한 진노의 말씀으로 인해 온 세상에 비진리로 드러나, 더 이상 말씀을 전하지 못하고 문을 닫아야 한다. 게다가 첫 장막 성도들은 청지기교육원으로부터 교육받은 것이 비진리임을 깨닫고 혀를 깨물 정도로 근심하고 마음에 상처를 받아야 한다. 그렇다면 무엇인가 큰 소요가 일어나야 한다. 이들이 이렇게 근심하고 상처받았다는 증거나 증언은 무엇인가? 이것은 단지 이들 단체의 자의적인 해석과 주장일 뿐이다. 게다가 이들의 해석에 따르면, 이 일이 일어나는 마흔두 달 후에는 더 이상 짐승(청지기교육원)이 존속할 수 없는, 멸망당한 후가 된다.[197]

다섯째 짐승의 보좌를 설명하면서 이만희 씨는 청지기교육원이 사탄의 조직체로 요한계시록 2장에서 말하는 사탄의 회요, 니골라당이며, 8-9장의 하늘에서 떨어진 쑥이라는 별의 무리이고, 9장과 같이 결박한 네 천사의 마병대에 속한 자들로, 입에서 불과 연기와 유황이 나오고 꼬리에 머리가 있는 말들이며, 13장에서는 육백육십육 표를 받게 한 일곱 머리와 열 뿔 가진 짐승이며, 17-18장에서는 귀신의 나라 바벨론이라고 한다.[198] 청지기교육원을 처음부터 끝까지 지속해서 부각하는 것이다.

당시 서울특별시 강남구 반포본동 817번지 G동 303호에 자리 잡은 사무실이 사탄의 보좌요, 나라라는 것은 쉽게 납득하기 어려운 초라한 실상이다. 게다가 멸망자는 마흔두 달 후 이미 끝나야 하는데, 계속해서 요한계시록의 해석을 청지기교육원에 집중시키고 있다. 이렇게 되면 이들의 요한계시록 해석은 시간 순서가 아니라 처음부터 끝까지 청지기교육원을 중심으로 전개되는 이야기가 된다. 마치 이들의 해석이 청지기교육원 멸망 역사인 것 같은 인상을 준다.

본문의 흑암 재앙은 원래 애굽의 아홉 번째 흑암 재앙을 반영한다. 흑암 재앙은 태양신 '라'(Ra)를 신으로 떠받들어 섬기는 애굽 제국에, 제국이 의지하던 신이 철저히 짓밟히고 무력화되었음을 선언한 재앙이다. 이처럼 흑암의 심판은 구약성경에서 말하는 '여호와의 날'에 나타날 특징이다(암 5:20; 삼상 2:9; 사 8:22; 욜 2:2, 10, 31). 어둠의 재앙으로 겪는 심각한 고통은 장차 구원에서 영원히 배제될 때 겪는 영원한 심판의 고통을 선취적으로 예고하는 강력한 경고이기도 하다(참조, 마 8:12, 13:42, 50, 22:13, 24:51, 25:30; 14:10-11, 20:13-15).

이러한 재앙이 짐승의 왕좌에 쏟아졌다는 것은 태양의 아들이자 신의 아들로 숭배받던 제국 통치자의 기세등등한 권세가 하나님의 능력으로 무력화되고 고통 가운데 처하게 됨을 선취적으로 예고하는 것이다. 이것이 선취적인 예고인 이유는 이제 곧 제국 바벨론이 하나님의 최후 심판 아래 완전히 궤멸될 것이기 때문이다.

▤ 여섯째 대접과 유브라데와 아마겟돈 전쟁 (12-16절)

여섯째 대접이 큰 강 유브라데에 쏟아진다. 그러자 강물이 말라 동방에서 오는 왕들의 길이 준비된다. 이때 개구리 같은 세 더러운 영이 용의 입과 짐승의 입과 거짓 선지자의 입에서 나와 천하 왕들에게 가서 큰 전쟁을 위해 아마겟돈이라 하는 곳으로 왕들을 모은다.

본문이 말하는 유브라데강은 무엇일까? 신천지에 따르면, 유브라데의 실상은 용에게 속한 일곱 머리와 열 뿔 가진 짐승으로 상징되는 멸망자, 즉 청지기교육원의 활동 본부(서울특별시 강남구 반포본동 817번지 G동 303호)를 말한다.[199] 강물은 청지기교육원의 거짓 목자들이 진리라고 주장하는 거짓 교리를 뜻한다.[200] 강물이 말랐다는 것은 이들의 교리가 비진리임이 드러나 더 이상 사람들의 입에 오르지 않게 되어 없어진다는 뜻이다.[201]

동방에서 오는 왕들의 길이 예비된 것은 무엇을 의미할까? 신천지에 따르면, 동방은 하나님의 역사로 봉인된 말씀이 계시되어 온 천하에 선포되는 곳, 즉 자신들의 단체를 말한다. 이들은 동방에서 오는 왕들은 자신들의 단체에 속한 왕 같은 하나님의 제사장이 될 사람들이라고 말한다. 청지기교육원의 목자들의 교리가 비진리로 드러나자 이들을 사로잡고 있던 멸망자들에게서 벗어나 하나님이 임하신 증거장막성전으로 나아온다고 주장한다(15:5).[202]

개구리 같은 세 더러운 영이 나오는 용과 짐승과 거짓 선지자는 사탄의 영이 임한 음녀로 비유된 목자로, 멸망자들의 우두머리 목자로 일컫는 탁성환 목사를 가리킨다.[203] 귀신의 영이 입에서 나오는 이유는 악한 영은 말을 통해 활동하기 때문이다. 탁성환 씨의 입을 통해 역사하는 귀신의 영은 청지기교육원 마귀 소속의 목자들을 전쟁터로 모은다. 이곳의 이름은 '아마겟돈'이다. 이는 하늘 첫 장막을 가리켰으나, 첫 장막이 무너진 후 지금은 새로운 하나님의 나라 신천지증거장막성전(약칭 '신천지')이 영적 전쟁터가 되었다.[204] 여기서 벌어지는 전쟁은 육적 전투가 아닌 교리 전쟁이다.

우리는 지금까지 그랬던 것처럼 실상의 반복을 본다. 지금까지 대접 재앙의 실상은 줄기차게 청지기교육원의 비진리가 드러난 사건이라는 것이다. 과연 이들의 주장이 타당한지 검토해 보자.

유브라데강이 멸망자의 활동 본부인 근거가 명확하지 않다. 이들이 제시한 근거는 우선 강물은 말씀을 의미하기에 유브라데강은 목자들이 있는 곳이고, 그곳이 네 천사와 마병대 이만 만이 나온 곳이기에 멸망시키는 이들이 모인 곳이라는 것이다(9:14). 유브라데강이 마른 것은 강물(말씀, 교리)이 말랐기에 이들이 주장하는 교리가 말라 버려 비진리임이 드러난다는 것이다.

강물이 마른 이유는 신천지가 갖고 있는 진노의 말씀으로 멸망자들을 심판했기 때문이다. 이 역할을 수행한 천사는 여섯째 천사의 실상인 김대원 씨여야 할 것이다. 그렇다면 김대원 씨는 청지기교육원 본부에 가서 말씀을 전했는가? 지금까지의 해석에 따르면, 첫째 천사부터 여섯째 천사까지 차례로 서울특별시 강남구 반포본동 817번지 G동 303호에 자리한 청지기교육원을 방문해 진리의 말씀을 선포해 이들의 비진리를 드러내야 했다. 과연 이러한 실상이 있는가?

실제로 청지기교육원의 교재를 집필한 원세호 목사의 간증에 따르면, 첫째 천사 이만희는 청지기교육원과 접촉한 적이 없다.[205] 첫째 천사도 청지기교육원을 방문한 적이 없는데 어떻게 나머지 천사들이 방문했겠는가?

신천지가 주장하는 실상이 정확하려면 멸망의 기간인 1980년부터 1984년 사이에 청지기교육원과 싸우며 대접 재앙을 쏟아부어야 한다. 하지만 첫째 대접을 부었다는 이만희 씨는 정작 1980년 10월부터 1981년 2월까지 성북구치소에 수감되었고, 그 후 2년 6개월은 선고유예로 아무 일도 할 수 없었다. 그렇다면 그는 청지기교육원 소속 일곱 머리 목자들과 싸운 일도, 싸울 일도 없었다는 논리가 성립한다.

한편, 자신들의 단체에서 오는 왕의 방향도 주목할 필요가 있다. 이들은 하나님의 제사장이 될 사람들이 동방에서 온다고 했다가, 다시 청지기교육원의 목자들의 진리가 비진리로 드러나자 청지기교육원을 벗어나 자신들의 단체로 나아간다고 주장한다. 동방에서 오는 왕들은 동방에서부터 마른 유브라데를 건너온다. 그런데 신천지는 다시 이들이 동방으로 가는 것처럼 설명한다. 이는 실상을 끼워 맞추기 위해 본문을 해석하다 보니 오가는 것이 정확하게 표현되지 못한 것이다. 이들의 관심은 오로지 청지기교육원이 거짓이고 비진리임이 드러나는 실상이다.

여섯째 대접을 쏟을 때 개구리 같은 더러운 영이 목자들의 우두머리인 탁성환 목사에게서 나오는가? 즉 신천지가 청지기교육원에 가서 말씀을 선포하자 귀신의 영이 탁성환 목사의 입을 통해 역사한다는 것인가? 더 나아가 신천지와 싸우기 위해 천하의 왕들을 아마겟돈으로 모으는가(16절)? 하지만 탁성환 목사는 신천지와 싸우기 위해 목자들을 모은 적이 없다. 과연 신천지는 청지기교육원과 교리 전쟁을 했는가? 실상의 연도상 교리 전쟁은 벌어질 수 있다. 만약 교리 전쟁의 진검승부가 펼쳐진다면 이들은 상당히 당황할 것이다. 왜냐하면 이들이 급조한 어설픈 실상의 앞뒤가 맞지 않다는 것이 더욱 명확하게 드러나기 때문이다.

실제로 천안기독교총연합회에서 신천지 측에 공개 토론을 요구한 적이 있다. 하지만 이들은 이런저런 핑계로 공개 토론을 피하면서, 도리어 자신들의 단체 신도들에게는 내부적으로 기성교회가 교리 및 성경 해석에 자신이 없어서 응하지 않은 것이라 주장했다.[206] 거듭되는 천안기독교총연합회의 요구에 이들은 황당한 토론 조건을 내세웠다. 진리 토론을 하자고 하고서는 절대로 성경을 봐서는 안 된다는 어이없는 조건을 내건 것이다.[207] 결국은 이런저런 트집과 억지 주장을 반복하다가 공개 토론은 무산되고 말았다.[208]

본문의 바른 이해를 위해 우리는 여기서 유브라데가 갖고 있는 1세기 로마 제국의 지리적, 시대적 배경을 알아 둘 필요가 있다. 유브라데 강은 본문이 말하는 것처럼 '큰 강'이다. 유브라데가 로마 제국의 동쪽 경계를 가르며 무려 2,680km에 걸쳐 흐르기 때문이다. 유브라데 동편에는 로마 제국을 노리는 호전적인 파르디아 기병대가 있었다. 따라서 유브라데는 로마 제국 동쪽에 있는 파르디아인의 침입을 막아 주는 자연스러운 경계선 역할을 했다. 만약 유브라데가 마른다면 파르디아 기병대가 파죽지세로 제국을 침범할 것이다. 이는 제국의 위기를 초래한다.

'개구리 같은 더러운 영'은 애굽 신화에서 나일강의 신으로 알려진 개구리 모양의 헤케트를 연상시킨다. 레위기의 정결 규정에 따르면 개구리는 가증한 생물로, 시끄럽게 울어 대는 소리는 거짓말과 헛된 말을 하는 특성을 나타내는 것으로 보았다. '더러운 영'은 성경에서 귀신을 부르는 통상적인 호칭이다. 따라서 '개구리 같은 더러운 영'은 거짓말하는 악의 삼위일체의 악한 귀신의 영으로, 이 영들이 동방에서 오는 왕들을 미혹해 아마겟돈으로 전쟁하도록 부추기는 것이다(16절).

동방에서 왕 같은 제사장들이 오는 것이 아니라, 파르디아의 기병대와 같은 호전적인 동방의 왕들이 악한 영들의 거짓 유혹을 받아 헛된 전쟁을 위해 모이는 역사인 것이다.

▤ 일곱째 대접과 세 갈래로 갈라지는 큰 성 바벨론 (17-21절)

마침내 일곱째 대접이 공중(공기; 17절, 개역한글)에 쏟아지자 큰 지진이 나서 바벨론성이 세 갈래로 갈라지고, 만국의 성들도 무너지며, 하늘에서는 무게가 한 달란트나 되는 큰 우박이 사람들에게 내린다. 신천지가 주장하는 본문의 해석과 그 실상은 다음과 같다.

공기는 풍문을 말한다. 일곱째 대접이 공기에 부어져서 진노의 말씀에 대한 소문을 퍼뜨려 말세에 나타난 배도와 멸망의 진상이 세상에 널리 알려지게 된다는 것이다.[209] 풍문은 입에서 입으로 전해져 널리 퍼지기에 그 파급 효과가 어느 대접을 쏟을 때보다 크다고 주장한다.[210] 배도와 멸망의 소문이 퍼진 후 증거장막성전에 임하신 하나님은 "이제 되었다"라고 말씀하신다(17절).

이때 인류 역사상 가장 큰 지진이 일어나는데, 이는 멸망자 청지기교육원에 속해 영적으로 잠이 든 성도들의 마음이 심판의 말씀과 진노와 멸망자들의 조직체인 청지기교육원이 무너지는 소문을 듣고 흔들리는 것을 말한다. 멸망자의 말을 듣고 자신들이 속한 교단이 구원이 있는 안전한 정통이라고 믿었다가 사탄이 역사하는 처소임을 알게 되었으니 마음이 크게 동요될 수밖에 없다는 것이다.[211]

이 지진으로 큰 성 바벨론이 세 갈래로 갈라진다. 신천지에 의하면, 세 갈래는 배도자, 멸망자, 구원자의 처소다.[212] 즉 배도자 유재열 씨의 첫 장막, 짐승의 나라 바벨론인 오평호 씨의 청지기교육원, 그리고 진노의 말씀을 듣고 깨달아 나온 자들이 모인 증거장막성전, 즉 신천지다. 이때 바벨론과 함께 무너지는 만국의 성과 각 섬과 산악은 세상 가운데 있는 교회들을 말한다.[213]

일곱째 대접 심판에는 또 한 가지 남은 형벌이 있다. 무게가 한 달란트(약 100근)나 나가는 우박 재앙이다. 모세 때의 우박이 실제 불 섞인 우박이라면, 본문의 우박은 영적인 것으로 진노의 말씀을 대언하는 목자, 곧 이만희 씨를 가리킨다. 우박의 무게 한 달란트는 100근, 곧 60kg으로 진노의 말씀을 담은 목자 이만희 씨의 몸무게를 가리킨다.[214] 하늘에서 내리는 이 우박은 앞서 본 "피 섞인 우박"(8:7), '하나님의 성전에 있던 큰 우박'(11:19)과 동일한 우박이다. 이 우박이 하늘로부터 사람들에게 내리는 것은 하나님께 심판권을 받은 목자(증인)인 교주가 첫 장막에서 나와 배도자와 멸망자의 악한 행위를 쳐서 증거한다는 뜻이다.[215]

13장에서는 짐승(청지기교육원)이 첫 장막을 멸망시켰으나, 본 장에서는 증거장막성전 성도(신천지)가 짐승의 나라(청지기교육원)를 무너뜨린다. 이때 천하 모든 종교는 이 증거장막성전을 인도하는 약속한 목자 이만희 씨가 통치하게 된다. 종교 통합이 일어나는 것이다.

이들의 주장을 검토해 보자.

첫째, 만약 이들의 주장대로 공기가 풍문이라면 배도, 멸망의 진상이 한국 교회에 파다하게 퍼진 일이 없다. 만약 이것이 파다하게 퍼졌다면 교계 신문에 났어야 할 것이고, 신학교에서도 이 사건을 가르쳐야 했을 것이다. 배도, 멸망의 진상을 아는 한국 교회 교인들이 별로 없는 것은 이단 교주가 자의적으로 고안해 낸 거짓 교리이고, 이것을 오직 미혹된 사람들에게만, 비유 풀이 성경 공부를 통해 비밀리에 공부하게 한 후에야 알려 주기 때문이다. 오히려 최근 들어 이들의 이단적 행위가 언론에 보도되면서 이들의 가르침이 거짓 교리임을 알리는 풍문들이 많이 돌 뿐이다.

본문에서 '공기'(헬, 아에르)는 일차적으로는 지표면 위에 있는 대기(air)를 말한다. 하지만 하늘과 땅의 중간 지대(헬, 메수라네마; midheaven)를 의미하기도 한다(14:6). 즉 재앙이 공기에 쏟아진다는 것은 사탄이 공중 권세를 잡던 활동 무대(엡 2:2)를 마저 빼앗기게 되고, 온 세상이 피할 수 없는 광범위한 영역에 하나님의 재앙이 임한다는 뜻이다.

누구도 이 재앙을 피해 갈 수 없을 정도로 그 범위가 넓다. 이것을 세상의 풍문, 소문으로 해석하는 것은 자의적 해석에 불과하다.

둘째, 역사상 유례없던 큰 지진이 사람들의 마음을 뒤흔들어 놓는 것이라면, 이 정도의 지진은 대부분의 사람들이 다 기억하고 있어야 정상이다. 그러나 배도, 멸망의 진상으로 마음이 흔들리는 충격을 받고 이를 기억하고 있는 사람이 거의 없다. 큰 지진이 정말 일어난 것이라면 왜 기억하는 이가 없는가? 혹시 "늑대가 나타났다"고 외쳤던 양치기 소년처럼 큰 지진이 일어났다고 홀로 외친 소리는 아니었는가?

본문은 분명 이 땅에 물리적인 대격변이 일어날 것을 말하고 있고, 이는 새 하늘과 새 땅이 창조되기 전 온 세상이 창조 이전의 혼돈과 공허의 역창조로 돌아갈 것을 묘사하는 표현이다. 그래서 이 땅의 섬과 산악도 다 사라지게 된다(20절). 교회가 없어지는 것이 아니다. 도리어 이 땅의 교회들은 아직 건재하다! 이처럼 거대한 지진과 같은 대격변이 일어나는 것은 성경의 일관된 진술이기도 하다. 성경은 종말에 무시무시한 지진과 함께 땅이 진동하고 격변할 것을 지속해서 예고하고 있다(학 2:6; 슥 14:4; 히 12:26-27).[216]

셋째, 실상의 관점에서 볼 때 일곱째 천사가 부은 대접으로 큰 성 바벨론이 세 갈래로 갈라진 적이 없다. 마흔두 달 후면 이미 장막성전이 없어졌는데, 어떻게 여기서 세 파로 갈라질 수 있겠는가? 만약 이것이 사실이라면 멸망자의 큰 성 바벨론(청지기교육원)이 그 안에서 세 분파로 갈라져 오평호 씨를 따르는 이들, 유재열 씨를 따르는 이들, 이만희 씨를 따르는 이들로 나뉘어야 한다는 말이다. 하지만 이런 일이 일어난 적은 없다. 앞서 언급했듯이 이만희 씨는 청지기교육원에 나타난 적이 없다.

넷째, 첫 장막은 세 갈래가 아닌 여러 갈래로 나뉘었다. 일곱째 대접을 부은 천사의 실상은 심재권 씨다. 그런데 일곱째 대접을 부은 그도 첫 장막에서 갈라져 나갔다는 사실을 아는가? 첫 장막 붕괴 후 심재권 씨는 무지개증거장막성전으로, 두 증인 중 하나이자 일곱 뿔 중 하나이며 둘째 나팔인 동시에 둘째 대접 천사 홍종효 씨는 증거장막성전으로 갈라져 나갔다. 또 첫 장막에 있던 정창례 씨는 성남장막성전 등으로 갈라져 나갔고, 이때 이만희 씨도 신천지예수교 증거장막성전으로 갈라져 나갔다.

다섯째, 우박의 한 달란트는 100근, 곧 대언의 목자의 몸무게인 60kg이 아니다. 구약 시대 한 달란트는 약 34kg, 신약 시대 갈릴리 지역에서는 약 20.4kg, 국제 해상 무역의 기준이었던 두로식 표준 도량형의 경우 약 45kg, 100파운드(NIV, NRSV) 정도 된다. 아무리 봐도 한 달란트는 60kg이 될 수 없다. 이렇게 무거운 우박이 내리는 이 땅에 커다란 고통과 타격을 가하시기 위한 하나님의 진노다. 여기서의 우박은 실제 우박이다. 애굽의 우박은 비유가 아니라 실제 우박이다. 이는 이만희 씨도 올바로 인식했다. 그는 애굽의 우박은 실제 불 섞인 하늘에서 내린 우박으로 확신한다.[217] 그런데 갑자기 여기서 우박이 비유이고, 이것이 이만희 씨를 가리킨다고 바뀐 것은 해석의 일관성에 맞지 않는다. 우박의 무게가 60kg이라서? 살펴본 것처럼 우박의 무게는 실제 60kg이 아니라 그보다 적은 무게다. 애굽의 우박이 실제라면 요한계시록의 우박도 실제여야 한다. 반면 애굽의 우박이 비유라면 요한계시록의 우박도 비유여야 한다.

여섯째, 우박이 대언의 목자 이만희 씨라면 그가 사람들에게 재앙으로 내리는 상황이 발생한다(21절). 대언의 목자가 재앙이 되고, 그 재앙으로 사람들이 하나님을 비방하는 기이한(?) 역사가 일어난다.

일곱째, 증거장막성전(신천지)은 멸망자 짐승의 나라(청지기교육원)를 무너뜨리는가? 신천지는 청지기교육원을 무너뜨린 적이 없다.

여덟째, 짐승의 나라 청지기교육원이 무너지면 종교가 통합될까? 왜냐하면 신천지에 의하면, 짐승의 나라 청지기교육원이 무너지면 하나님이 임하시고, 하나님의 영이 임하신 약속한 목자가 모든 종교를 통치하게 되기 때문이다. 하지만 아직까지 종교가 통합될 기미가 전혀 보이지 않는다. 그렇다면 청지기교육원이 아직 무너지지 않은 것인가, 아니면 모든 종교를 통치한다는 종교 통합의 주장이 허구인가? 이들은 종교를 통합한다고 매일 보여 주기식 행사를 개최하지만, 실제로 종교가 통합되고 교리가 통합되고 경전이 통합되는 일은 아직 일어나지 않았다.

요컨대, 일곱째 대접 재앙은 마지막 최후의 심판을 예고하는 강력한 재앙으로, 바벨론의 종말을 보여 준다. 이는 세상 제국의 멸망을 보여 주는 것이다. 결국 성도의 최후 희망은 예수 그리스도밖에 없음을 보여 준다.

2부

악의 최종적인 심판과 멸망은 무엇인가

11장

음녀와 포도주의 왜곡된 해석

(17:1-6)

또 내가 보매 이 여자가
성도들의 피와 예수의 증인들의
피에 취한지라
내가 그 여자를 보고
놀랍게 여기고
크게 놀랍게 여기니

≡ 많은 물 위에 앉은 큰 음녀가 받을 심판 (1-2절)

17장은 일곱 금 대접을 쏟아 배도자와 멸망자를 심판한 일곱 천사 중 하나가 요한에게 와서 많은 물 위에 앉은 큰 음녀가 받을 심판을 보여 주겠다는 말씀으로 시작한다(1절). 따라서 이만희 씨는 본문의 사건을 시간 순서상 일곱 금 대접 재앙 후 일어나는 음녀의 심판 이야기로 해석한다.[1]

본문에 등장하는 많은 물 위에 앉은 큰 음녀는 누구인가? 신천지에 따르면, 사탄의 씨, 즉 비진리를 받으며 사탄과 교제한 거짓 목자를 말한다.[2] 그녀는 양의 옷을 입었으나 실상은 양을 늑탈하는 이리와 같은 멸망자로, 많은 물 위에 앉아 있는 것(1절)은 많은 사람을 다스리는 것을 뜻한다고 말한다.[3] 바다에서 나온 짐승이 그녀를 '큰 음녀'라고 이야기하는 것은 사탄에게 속한 목자 중 가장 큰 자이기 때문이다.[4] 그녀의 실상은 전국의 청지기, 즉 목자를 길러 내는 청지기교육원의 원장인 탁성환 목사다. 음녀가 앉은 많은 물, 곧 백성과 무리와 열국과 방언들은 바다 짐승(탁성환 목사)이 하늘 장막, 곧 첫 장막에 들어가 성도들과 싸워 이김으로 다스리게 된 무리들, 곧 첫 장막 성도들이다.[5]

이들은 음녀가 더불어 음행한 "땅의 임금들"은 음녀에게 속한 거짓 일곱 목자를 비롯한 각 교단 목자이고, 그 음행의 포도주에 취한 "땅에 사는 자들"은 '그 교인들'을 가리킨다고 해석한다.[6] 여기서 "음행의 포도주"는 참 포도주 같은 예수님의 말씀에 귀신의 교리가 섞인 것이라고 말한다. 음녀 탁성환이 가르치는 교리에 사탄의 교리가 섞여 많은 목자와 성도를 취하게 한 것이다. 이런 음녀의 포도주는 악령의 포도주요, 뱀의 독인 주석(注釋)이다.[7]

여기서 좀 이상한 점을 발견하게 된다. 그것은 음녀가 앉은 물을 많은 사람들, 즉 바벨론에 속한 교인들이라고 했다가, 잠시 후에는 첫 장막 성도들이라고도 했다가, 다시 청지기교육원에 속한 각 교단 목자와 교인들이라고도 한다. 주장의 일관성이 없이 서로 다른 주장들이 뒤섞여 있는 것이다. 이런 경우는 분명 이전 요한계시록 주석에서 변개한 내용이 뒤섞여 편집되었기 때문이다.

이만희 씨의 가장 최근 저작인 《요한계시록의 실상》(2011)에서 그는 음녀가 앉은 많은 물을 '바다에서 나온 짐승(탁성환)이 하늘 장막(첫 장막)에 들어가 성도들과 싸워 이김으로 다스리게 된 무리'라고 해석한다.[8] 그러나 1985년에 펴낸 그의 초기 저작 《요한계시록의 진상》에서는 여러 교회와 다른 교리를 가르치는 교회들, 즉 바벨론 교회들을 가리킨다고 진술한다.[9] 이후 1988년에 낸 《요한계시록의 진상 2》에서는 많은 물이 '일곱 머리와 열 뿔 가진 짐승', 곧 청지기교육원을 가리키는 것으로 말한다.[10] 이후 나온 《천국비밀 계시》나 《요한계시록의 실상》(2005)에는 이러한 서로 다른 해석들이 혼재되어 있다.[11] 어떻게 계시를 받아 적을수록 헷갈릴까? 본인이 말한 것도 헷갈린다면 그는 정말 새 요한이 맞는가?

신천지는 음녀를 해석하며 탁성환 목사의 존재를 상당히 부각한다. 이는 그가 청지기교육원의 원장으로 있었기 때문이다. 신천지에서 발간한 《종교세계의 관심사》에는 청지기교육원의 조직이 소개되어 있다. 원장이 탁성환 목사, 부원장이 김정두 목사, 사무국장이 김봉관 목사, 총무국장이 오평호 목사, 서무국장이 한의택 목사, 전임강사가 원세호 목사다.[12] 참고로 탁명환 소장은 청지기교육원 소속이 아니고 국제종교문제연구소 소속이다.[13]

탁성환 씨는 과연 음녀인가? 이들이 주장하는 것처럼 탁성환 씨는 과연 사탄에게 속한 목자 중 가장 큰 거짓 목자이고, 각 교단 목자와 교인들이 그의 가르침을 받았는가? 또한 그의 교리는 뱀의 독이 섞인 주석이고 사탄의 교리가 들어 있는가? 그러나 탁성환 목사는 장로교 통합 측 대림중앙교회를 담임했지만, 교단의 총회장을 지낸 바가 없다. 또한 주석이나 책을 집필한 적도 없다. 그런 그가 가르치는 것이 사탄의 교리요, 뱀의 독이라고 하는 주석인 이유가 무엇인가? 그가 가르치는 교리가 무엇인가? 탁성환 목사의 교리가 기성교회나 교단에서 회자되거나 문제가 된 적은 없다. 기억할 것은 청지기교육원의 교재는 원세호 목사가 주로 집필했다는 사실이다.

그렇다면 음녀 바벨론이 취한 포도주란 무엇일까? 본문이 말하는 "음행의 포도주"는 탁성환 씨의 주석을 가리키는 것이 아니다. "음행의 포도주"(the wine of her adulteries, NIV)는 '포도주'를 '음행'과 동일시하는 내용의 소유격 용법이다.[14]

이만희 씨의 요한계시록 14장 4절 해석에 따르면, 신천지의 14만 4천은 음녀(탁성환)와 더불어 더럽히지 않은 자들이다.[15] 그렇다면 이들은 탁성환 씨의 교리에 미혹되지 않고 더럽히지 않은 이들이고, 탁성환 씨가 청지기교육원을 통해 이삭교회 정화운동을 할 때 휩쓸리지 않았다가 나온 이들이 되어야 한다. 그러나 신천지가 14만 4천이 되기 훨씬 전인 1985년, 즉 신천지가 소수의 인원으로 시작한 지 얼마 되지 않아 그는 별세했다.

이렇게 맞지 않는 실상을 탁성환 씨로 한 것은 탁성환 목사가 청지기교육원의 원장이라는 이유로, 왠지 실상을 성급하게 끼워 맞추었다는 느낌을 지울 수 없다. 놀라운 것은, 이만희 씨가 쓴 요한계시록 해설서가 새로 나오면서 음녀의 실상이 계속해서 바뀌어 왔다는 점이다.

처음 펴낸 《요한계시록의 진상》(1985)에서는 "첫 장막 당회장" 오평호 씨라고 주장했다.[16] 그랬던 것이 《요한계시록의 진상 2》(1988)에서는 자기가 만든 주석으로 거짓 목자들을 낳은 "어떤 신학 총장의 지위에 있는 인물"로 바꾼다.[17] 이후 개정된 《요한계시록의 실상》(1993)에서는 총회장 백동섭으로 바뀐다. 이는 짐승의 표를 받게 하는 목사 안수식 때 안수를 주는 것이 공식적으로 노회장이라는 사실이 발각되면서 이를 부각하기 위해 수정한 것이다. 그러나 정작 신천지 내부에서는 백동섭 씨의 존재에 대해 제대로 알려진 바가 없다. 그랬던 것을 《천국비밀 계시》(1998)와 최근 개정된 《요한계시록의 실상》(2005) 이후에는 원장, 또는 청지기교육원의 원장인 탁성환 목사로 바꾸어 주장한다.[18]

게다가 이들은 전에 땅이 첫 장막이요, 땅에 거하는 자들을 첫 장막 성도라고 주장했던 것을 여기서는 필요에 따라 땅의 임금들을 각 교단 목자로, 땅에 사는 자들을 각 교단 교인으로 주장한다.[19] 이는 땅이 각 교단이라는 주장이다. 이러한 주장은 자기모순을 그대로 드러낸다.

본래 17-20장은 요한계시록에서 제1환상인 일곱 촛대(교회) 환상 (2-3장)과 제2환상, 곧 일곱 인, 나팔, 대접 환상(4-16장)에 이은 제3환상으로, 악의 최종적인 심판과 멸망을 보여 준다. 제3환상은 크게 음녀 바벨론의 멸망(17:1-19:10), 짐승과 거짓 선지자의 멸망(19:11-21), 용의 심판(20:1-10), 그리고 불신자 심판(20:11-15)으로 구성된다. 그중에서 17장은 음녀 바벨론에 대한 서론적 묘사를 다루는 부분이다. 본격적인 심판과 멸망은 18장에서 다룬다.

엄밀히 보면, 음녀 바벨론은 앞서 일곱 번째 대접 재앙을 통해 세 갈래로 갈라지며 멸망한 바 있다(16:19). 여기서 음녀의 패망이 다시 나오는 것은 앞서 간단히 기술했던 음녀의 심판과 멸망을 확대해서 자세히 보여 주려는 것이다. 따라서 본문의 전개는 시간 순이 아니라 앞선 사건을 확대해 보여 주는, 중요한 사건으로의 확대 장면 전환이라 할 수 있다. 일곱 대접을 쏟아부었던 일곱 천사 중 하나가 요한에게 "이리로 오라"고 하는 것은 조금 전에 본 음녀 바벨론이 무너지는 장면을 좀 더 확대해 상세하게 보여 주기 위함이다.

"많은 물" 위에 앉았다는 표현은 바벨론을 "많은 물가에 살면서 재물이 많은 자"로 묘사한 예레미야 51장 13절을 반영한다. 고대 바벨론은 도심 한가운데 운하를 설치해 유프라테스강을 끌어들였고 주변에 관개수로를 설치해 풍성한 물을 기반으로 한 농경 산업이 발달했다.

고대 도시 로마는 바벨론과 같이 도시 중앙으로 테베레강이 들어왔고, 이를 기반으로 더 활발한 무역과 교류를 통해 번영을 구가했다. 본문에서 "많은 물" 위에 앉았다는 것은 로마가 통치하던 수많은 "백성과 무리와 열국과 방언들"을 다스리고 통제하고 있었음을 의미한다(17:15). 그러나 로마는 제국의 힘과 부와 사치로 제국의 통치 아래 있는 수많은 무리와 열국과 백성을 미혹해 이들과 더불어 음행하고, 이들에게 우상 숭배의 죄에 취하게 하고, 성도들의 피에 취하게 했다(2절).

≣ 큰 음녀의 비밀 (3-6절)

천사는 음녀가 받을 심판을 보여 주려고 사도 요한을 광야로 데리고 간다(3절). 음녀는 일곱 머리와 열 뿔 가진 짐승을 타고, 온갖 보석으로 꾸몄으며, 그 이마에는 "큰 바벨론", "땅의 음녀들과 가증한 것들의 어미"라는 이름이 기록되었다(5절). 이 여자는 성도들의 피와 예수님의 증인들의 피에 취해 있었다(6절).

신천지가 해석하는 이 여자의 모습이 의미하는 바는 무엇일까? 첫째, 사도 요한이 간 광야는 마귀의 시험이 있는 곳을 상징한다고 말한다.[20] 예수님도 광야에서 마귀에게 시험을 받으셨고, 출애굽한 이스라엘 백성도 광야에서 시험받았다는 것이다(히 3:8). 둘째, 음녀가 짐승을 타고 있는 모습을 살펴보자. 그녀는 일곱 머리와 열 뿔 가진 붉은 빛 짐승을 탔는데, 그 짐승의 몸에는 하나님을 모독하는 이름들이 가득

했다. 신천지에 따르면, 앞서 음녀는 많은 물 위에 앉았다고 진술했는데(1절), 그렇다면 그녀가 앉은 물이 곧 짐승이라는 말과 같다.[21] 이 짐승은 12-13장에서 본 하늘 장막을 삼킨 멸망자로, 그 실체는 용, 곧 옛 뱀이라고 하는 사탄이(12:9, 20:2) 들어 쓰는 거짓 목자들이라고 한다.[22] 큰 음녀가 이들을 타고 있다는 것은 그가 일곱 머리를 다스리는 자로 총원장에 해당하며, 청지기교육원의 원장인 탁성환 목사를 가리킨다.

이들은 음녀의 이름이 '땅의 음녀와 가증한 것들의 어미'라는 것은 그가 사탄의 씨인 사탄의 교리로 목자들과 교인들을 양육한 스승임을 말해 준다고 주장한다.[23] 이들의 주장에 따르면, 큰 음녀가 입고 있는 자주 빛과 붉은 빛 옷은 용의 교리, 즉 사탄의 교리를 가리킨다.[24] 음녀는 사탄의 교리로 마음의 옷을 입고 사탄과 같은 사상을 가지고 있다. 또한 음녀가 자신을 꾸미는 데 사용한 금과 진주와 보석은 용에게 받은 각종 교리와 교법으로, 음녀는 이것들을 마치 각종 귀한 보석인 양 귀하게 여기며 자랑삼는다.[25] 이는 천국 보화인 하나님 말씀과 대조된다(마 13:44-46). 금이 용에게 받은 교리이니, 음녀가 손에 든 '금잔'은 그의 교리로 만든 그릇, 즉 '주석'을 의미한다.[26] 그 안에는 가증한 물건과 음행의 더러운 것들이 가득하다고 했는데, 그것은 하나님의 씨가 아닌 용의 씨, 곧 사탄의 교리와 교법을 말한다.[27]

이 큰 음녀에 관한 비밀은 요한계시록에 나타난 3가지 비밀 중 하나다. 즉 배도의 비밀인 일곱 별과 일곱 금 촛대(1:20), 구원의 비밀인 일곱째 나팔(10:7)과 함께 마지막 멸망의 비밀로, 수많은 목자와 신학 박사들도 깨닫지 못했던 것이다.[28]

음녀가 성도들과 예수님의 피에 취한 것은 무슨 의미일까? 신천지는 음녀가 마신 '성도들과 예수님의 증인들의 피'는 이들이 피 흘려 전해 준 '하나님과 예수님의 말씀'을 상징하며, 이들의 피에 취했다는 것은 음녀가 진리의 말씀을 듣고 마치 술 취한 것처럼 정신을 잃어 마음의 중심이 흔들린다는 뜻이라고 해석한다.[29] 그렇다고 음녀가 회개하고 돌아오지는 않는다.

이들의 해석을 검토해 보자.

첫째, 요한이 간 광야는 시험의 장소인가? 만약 광야가 시험의 장소라면, 광야로 간 사람은 시험을 받아야 한다. 예수님도 시험받으셨고 이스라엘 백성도 시험받았다면, 사도 요한도 마땅히 시험받아야 한다. 하지만 요한은 광야에서 시험받지 않고 큰 음녀를 본다. 이는 광야가 시험을 위한 장소가 아니라 다른 의미를 가진 장소임을 뜻한다. 여기서 광야는 큰 성읍 바벨론이 무너져 광야처럼 황량해진 모습을 나타내는 황폐함의 장소로 사용된다(참조, 21:1-2, 9-10; 마 12:43).

둘째, 음녀는 일곱 머리 짐승을 탄 탁성환 목사인가? 만약 음녀가 일곱 머리 목자를 타야 한다면, 그녀는 탁성환 씨가 아닌 다른 목자여야 한다. 왜? 이미 일곱 머리의 실상을 청지기교육원의 목사들로 밝혔고, 그중 하나가 탁성환 목사이기 때문이다. 만약 큰 음녀가 일곱 머리 짐승을 타려면 큰 음녀는 원장 말고 더 높은 직위의 누군가가 되어야 한다.

실상에만 오류가 있는 것이 아니다. 이만희 씨는 음녀가 앉은 많은 물이 곧 짐승과 같다고 하는데, 이를 자세히 살펴보면 분명 다르다. 많은 물은 분명 17장 15절에서 "백성과 무리와 열국과 방언들"이라고 밝힌다. 이 표현은 바벨론이 "많은 물가에 살면서 재물이 많은 자"(렘 51:13)로 묘사된 것을 반영한다. 바벨론이 유브라데강에서 나오는 운하와 수로를 기반으로 무역과 상업을 활성화하며 제국의 통치 아래 있는 수많은 나라와 백성으로부터 많은 재물을 축적했던 것을 나타낸다.

반면, 음녀가 탄 일곱 머리 열 뿔 난 짐승은 앞서 등장한 큰 붉은 용과 동일한 짐승이다(12:3). 용이 가진 일곱 머리 열 뿔은 제국과 주변 속국들이 가진 정치적 권세로, 용은 이 권세로 하나님의 백성을 박해했다. 짐승의 몸에는 하나님을 모독하는 이름들, 즉 신성 모독 하는 이름들이 가득했다. 이는 자기 자신을 '신의 아들'이자 온 세상의 '구원자'요, '주인'으로 부르는 이름들을 말한다.

신천지에 의하면, 음녀가 입고 있는 자주 빛과 붉은 빛 옷, 그리고 그녀가 치장한 금, 진주, 각종 보석은 용에게 받은 각종 교리와 교법이다. 그녀가 손에 든 금잔은 교리로 만든 주석이다. 주석이란 무엇인가? 성경을 해설한 책이 주석이다. 탁성환 씨는 주석을 쓴 적이 없다. 그러나 이만희 씨는 요한계시록에 관한 주석을 많이 썼다. 그가 해석이 맞지 않거나 실상이 맞지 않으면 그 내용을 수정 보완하면서 주석을 낸 것은, 그만큼 자신의 해석에 오류가 있음을 인정한 것으로 볼 수 있다. 요한계시록에 관한 책만 해도 《요한계시록의 진상》(1985), 《요한계시록 완전해설》(1986), 《요한계시록의 진상 2》(1988), 《천국비밀 계시》(1998), 《요한계시록의 실상》(2005), 《천지창조》(2007), 《요한계시록의 실상》(2011) 등 7종에 이른다. 이렇게 볼 때 손에 금잔을 갖고 있는 것은 탁성환 씨가 아니라 여러 요한계시록 책을 저술한 이만희 씨라 할 수 있다.

이런 책들에서 일관되게 주장하는 요한계시록 해석 원칙은 배도, 멸망, 구원으로 이어지는 소위 '언약 노정' 공식이다. 이는 이단 교주를 약속의 새 목자로 만들고 보혜사로 믿게 하는, 전형적으로 신천지에서 즐겨 쓰는 공식으로, 정통 교단에서는 가르치지 않는다. 가르치지 않아서 이 비밀을 깨닫지 못하고 이 비밀이 감추어져 있는 것일까, 아니면 정통 교단 몰래 가르치는 독성 있는 교리일까?

기억할 것은 성경은 절대 배도, 멸망, 구원을 가르치지 않는다는 사실이다. 그도 그럴 것이 '배도'의 핵심 내용이 무엇인가? 배도자가 유재열 씨와 그의 첫 장막이라는 사실이다. 생각해 보라. 신천지가 배도자였다고 주장하는 황당한 주장을 어느 정통 신학교와 목회자가 가르치겠는가? 이것은 이단 단체가 자신의 정통성을 억지로 강변하기 위한 이단적 신학 장치에 불과하다. '멸망'의 핵심 내용은 무엇인가? 오평호 씨와 청지기교육원이 와서 장막성전을 무너뜨렸다는 것이다. 이것은 정통 신학자와 목회자가 알 필요도 없고, 가르칠 필요도 없는 내용이다. 게다가 '구원'의 비밀은 결국 신천지와 그 단체의 대표인 이만희 총회장이 구원자라는 것인데, 이러한 주장은 예수 그리스도가 아닌 사람을 구원자로 주장하는 적그리스도적 이단 사설에 불과하다.

하나님은 모든 사람이 구원을 받으며 진리를 아는 데 이르기를 원하신다(딤전 2:4). 그래서 설사 불순종해도 언약적 신실하심으로 끝까지 붙드시고, 마침내 구원해 주신다. 그리고 천하 만민에게 예수 그리스도 말고 구원 얻을 만한 다른 이름을 우리에게 주신 일이 없다(행 4:12). 성경은 창조, 타락, 구속을 가르친다. 핵심 내용은 "하나님은 이 세상을 선하게 창조하셨지만 사람은 불순종하고 타락했다. 수없이 많은 회개의 부르심에도 거부했던 인류를 향해 하나님은 마침내 최종 구원자이신 예수 그리스도를 보내 우리를 구원하셨다"라는 것이다. 따라서 창조, 타락, 구속의 핵심은 예수 그리스도다.[30]

본문의 음녀가 옷 입고 치장한 것이 사탄의 말씀이고, 교리이고, 주석이라면 성도들과 증인들의 피 또한 이들이 피 흘려 전해 준 말씀일까? 자세히 살펴보면, 피 흘려 전해 준 말씀이라는 것은 논리적인 비약이다. 왜냐하면 비유에서 피와 피 흘려 전해 준 말씀은 엄연히 다른 두 대상이기 때문이다. 하지만 이만희 씨의 주장대로라면 피도 말씀, 피 흘려 전해 준 말씀도 결국 말씀이다. 그럼 피 흘려 전해 준 말씀은 '말씀을 흘려서 전해 준 말씀'(?)이라는 말인가?

만약 이만희 씨의 해석대로 옷이 말씀을 의미한다면, 성도들은 음녀와는 다른 정결한 세마포 옷을 입어야 할 것이다. 그러나 본문은 성도가 세마포와 같이 정결한 옷을 입는 것은 말씀을 옷 입는 것이 아니라 옳은 행실을 상징한다고 진술한다(19:8). 이렇게 볼 때 신천지의 해석은 자의적 해석임이 드러난다.

음녀가 붉은 옷을 입고 보석으로 장식한 모습은 본래 제국의 사치스러운 모습을 묘사한다. 자주 빛과 붉은 빛 염료는 매우 귀한 염색 재료로, 이런 빛깔을 한 옷감은 대표적인 사치품으로(18:12, 16), 황제와

원로원, 귀족들이 즐겨 입었다. 음녀의 화려함과 사치는 제국 백성을 매료했고, 우상 숭배로 미혹하게 하는 무기가 되었다.

그렇다면 성도들의 피와 예수님의 증인들의 피는 무엇인가? 이는 말 그대로 예수 그리스도를 주로 시인하고 증거하다 핍박당하고 순교한 이들이 흘린 피를 말한다. 성도들은 제국의 통치 아래 때로 짐승 가죽에 뒤덮이고, 개에게 물려 찢기기도 하며, 십자가에 못 박히고, 불길 속에 던져져 밤을 밝게 비추기 위한 용도로 태워지는 등 온갖 극심한 고난을 겪었다.[31] 이 모든 고난의 배후에 바로 음녀 바벨론이 있었다. 그녀는 성도들을 핍박하고 죽이는 일에 탐닉해 그들이 흘린 피에 취해 있었던 것이다.

12장

첫 장막을
무너뜨린 짐승?

(17:7-13)

네가 본 짐승은 전에 있었다가
지금은 없으나
장차 무저갱으로부터 올라와
멸망으로 들어갈 자니
땅에 사는 자들로서
창세 이후로 그 이름이
생명책에 기록되지 못한 자들이
이전에 있었다가 지금은 없으나
장차 나올 짐승을 보고
놀랍게 여기리라

≣ 일곱 머리의 비밀 (7-11절)

본문은 천사가 요한에게 음녀가 탄 일곱 머리와 열 뿔 가진 짐승의 비밀을 알려 주는 내용이다(7절). 먼저 신천지가 주장하는 일곱 머리의 비밀을 살펴보자.

일곱 머리 열 뿔 달린 짐승이 무저갱에서 올라오자 창세 이후로 그 이름이 생명책에 기록되지 못한 자들이 이를 보고 놀란다(8절; 참조, 13:8).

신천지에 따르면, 여기서 "창세 이후"란 첫 장막, 곧 자신들의 단체가 세워지기 이전의 배도자의 장막이 이 땅에 창조된 이후를 말한다.[32] 또한 생명책(3:5)은 영계의 천국이 임한 이긴 자(3:12)가 인도하는 교회, 즉 자신들의 단체의 교적부를 뜻한다.[33]

본문에 따르면, 일곱 머리는 여자가 앉은 일곱 산이요, 또 일곱 왕이다(9-10절). 신천지의 주장에 따르면, 짐승의 일곱 머리는 용(사탄)에게 권세를 받은(13:2) 일곱 우두머리 된 자, 곧 청지기교육원 소속의 일곱 목사를, 일곱 산은 흙으로 지음 받은 사람들이 많이 모인 일곱 교회, 즉 일곱 목사가 각각 목회하는 교회를, 일곱 왕은 성도를 치리하는 일곱 목자를 의미한다.[34]

그런데 일곱 왕 중 다섯은 망하였고 하나는 있고 다른 하나는 아직 이르지 아니하였으나 이르면 반드시 잠시 동안 머무르리라고 한다(10절). 신천지는 이를 멸망자인 일곱 목자의 출현 노정을 의미한다고 해석한다.

다섯은 망하였다는 것은 멸망자에 소속된 일곱 목자들 중 다섯이 이미 첫 장막을 무너뜨리는 사역을 하다 멸망당했다는 것이다. 전에 있었다가 지금 없어진 (땅) 짐승은 여덟째 왕이 되었는데, 일곱 중에 속한 자요 장차 멸망으로 들어갈 자라고 한다(11절). 신천지에 의하면, 이 멸망자는 땅에서 올라온 짐승, 즉 장막 출신 거짓 목자인 오평호 목사이며, 이방 목자 일곱 명에 합세해 첫 장막을 무너뜨린 존재로 본다. 그가 여덟째 왕이 된 것은 일곱 멸망자를 제치고 마지막에 실권을 잡는 목자이기 때문이다.[35]

이들의 주장을 검토해 보자.

첫째, 이들이 창세 이후의 생명책이 첫 장막 이후 시작된 자신들의 단체의 교적부라고 하는 주장에 대해서 살펴보자. 이에 대한 반증, 즉 성경적 주장은 앞서(13:8) 살펴보았거니와, 핵심을 요약하면 다음과 같다.[36] 생명책은 구약 시대(시 69:28)에도, 사도 바울 시대에도 있었기에(빌 4:3) 한낱 지교회의 교적부가 생명책이 될 수 없다. 또한 '창세'란 헬라어로 직역하면 '우주'(cosmos)의 시작을 의미하는 말이지, 한 개별 단체의 시작을 의미하는 것이 아니다.

음녀가 탄 짐승의 일곱 머리가 일곱 산이고 일곱 왕이라는 말은 무슨 뜻일까? 신천지는 이것이 첫 장막을 삼키기 위한 조직과 목자들로, 청지기교육원과 이 조직을 이끄는 목자들과 그들이 섬겼던 교회들을 상징하는 것으로 본다. 이들이 섬겼던 교회는 다음과 같다. 탁명환 목사는 역곡국종교회를, 탁성환 목사는 대림중앙교회를, 한의택 목사는 강남중앙교회를, 김정두 목사는 대두중앙교회를, 김봉관 목사는 태백대성교회를, 백동섭 목사는 소사중앙교회를, 원세호 목사는 보광교회를 섬겼다. 이들의 주장에 따르면, 원세호 목사만 침례교이고, 나머지는 장로교라고 한다.

하지만 이는 로마 제국의 모습을 상징적으로 나타낸 것이다. 로마는 로물루스 형제가 로마의 일곱 언덕(카피톨리노, 퀴리날레, 비미날레, 에스퀼리노, 첼리오, 아벤티노, 팔라티노 등) 위에 세운 나라다.[37] 로마는 '일곱 언덕의 도시'로 불렸다.[38] 주후 71년경 아시아에서 주조된 한 동전은 이를 상징적으로 보여 준다. 동전에 새겨진 부조를 보면 여신 로마가 일곱 언덕에 기대어 앉아 있고, 그녀의 앞발은 테베레강을 향해 뻗어 있다. 즉 이런 표현은 로마인이라면 누구나 상상할 수 있었던 여신 로마의 전형적 신화다.

둘째, '일곱 왕 중 다섯은 망하였고 하나는 있고 다른 하나는 아직 이르지 아니하였다'(10절)라는 진술의 실상은 과연 존재할까? 이들이 주장하는 실상대로라면 일곱 머리라 주장하는 이들 중에 다섯이 멸망당해 죽어야 했다. 이들 단체는 다섯 머리 중 어떤 이는 벼락에 맞아 죽고, 어떤 이는 칼에 맞아 죽고, 어떤 이는 교통사고로 죽고, 어떤 이는 병들어 죽었다고 한다. 그러나 이러한 죽음은 사후 예언에 불과하다. 이들 중에는 2004년에 죽은 이도 있다. 즉 본문의 사건 당시에는 죽지 않고 멀쩡하게 살아 있어 멸망당하지 않았던 것이다. 더 놀라운 것은, 멸망자라고 불리는 오평호 목사가 그때뿐만 아니라 짐승이 멸망당하

고 난 이후에도 지금까지 살아 있다는 사실이다.[39]

그렇다면 아직 이르지 아니한 장차 올 자의 실상은 무엇일까? 이러한 실상을 집요하게 물어보면 이들은 답하지 못한다. 왜? 실질적인 실상이 없기 때문이다. 하나 더 생각해 보자. 짐승이 올라오는 무저갱의 실상은 무엇일까(8절)? 이들은 이것에 대해서도 침묵한다. 뚜렷하게 제시할 것이 없기 때문이다.

여기의 일곱 왕은 본래 로마 제국을 통치했던 왕들을 상징한다. 이는 기준점을 어디로 삼느냐에 따라 실질적인 왕들의 이름이 달라진다. 로마 제국의 통치 순서에 따른 황제를 나열하면 다음과 같다. 1대 카이사르(주전 44년), 2대 아우구스투스(주전 31-주후 14년), 3대 티베리우스(주후 14-37년), 4대 칼리굴라(주후 37-41년), 5대 클라우디우스(주후 41-54년), 6대 네로(주후 54-68년), 7대 갈바(주후 68-69년), 8대 오토(주후 69년), 9대 비텔리우스(주후 69년), 10대 베스파시아누스(주후 69-79년), 11대 티투스(주후 79년-81년), 12대 도미티아누스(주후 81-96년)다. 참고로 요한계시록이 기록된 시대는 도미티아누스 황제가 재위한 95년경이다.

만약 로마 공화정을 종식시키고 제국의 기초를 놓았던 카이사르를 1대로 계산하면 다섯 왕은 클라우디우스까지고, 아직 이르지 않은 왕은 네로가 된다. 만약 로마 제국의 공식적인 초대 황제인 아우구스투스를 1대로 계산하면 다섯째는 네로, 여섯째는 갈바 또는 베스파시아누스가 된다. 이는 네로 사후인 69년에 한 해 동안 연달아 바뀐 4명의 황제(갈바, 오토, 비텔리우스, 베스파시아누스)를 어느 정도까지 인정하느냐에 따라 달라진다.

만약 1대 카이사르를 기준으로 했을 때 1년도 통치하지 못한 3명의 황제(갈바, 오토, 비텔리우스)를 인정하지 않으면 여덟째는 예루살렘성을 함락시킨 티투스가 된다. 만약 2대 아우구스투스를 기준으로 했을 때 앞의 3명의 황제를 인정하지 않으면 여덟째는 요한계시록이 기록되었던 시대에 교회를 핍박했던 도미티아누스가 된다. 중요한 것은 이 왕들은 반기독교적 통치자 또는 제국을 대표한다는 것이다.

셋째, 신천지는 전에 있었다가 지금 없어진 짐승이 여덟째 왕, 오평호 씨라 한다. 그가 일곱 중에 속했다는 것은 청지기교육원 소속 목자로 있었다는 뜻이고, 그가 여덟째 왕이 된다는 것은 그가 첫 장막을 무너뜨리고 이삭교회를 세우는 주도적인 역할을 했기 때문이다.

하지만 여기서 여덟째 왕이 일곱 중에 속한 자라는 것은 일곱 중에 하나가 여덟째 왕으로 나온다는 뜻이 아니다. 여기서 일곱은 완전함을 상징하며 제국을 통치하는 황제 중 하나로 여덟 번째 황제로 등극한다는 뜻이다. 이렇게 볼 때 일곱 통치자가 다 지나간 후에 여덟째 통치자가 올 것인데, 그가 일곱에 속한 것은 일곱 머리 짐승의 악한 특징들을 모두 갖고 있기 때문이다.

≡ 열 뿔의 비밀 (12-13절)

열 뿔은 누구인가? 요한계시록은 열 뿔이 열 왕이며, 아직 나라를 얻지 못했지만 짐승과 더불어 임금처럼 한동안 권세를 받을 것으로 말한다. 열 왕은 한뜻을 가지고 자기가 받은 권세를 짐승에게 양도한다(13절).

신천지에 따르면, 뿔은 힘을 상징하는 부위로, 그 실체는 장막 출신의 멸망자(여덟째 왕)인 오평호 씨에게 속한 '권세자 10명', 즉 이삭교회의 장로 10명을 말한다. 열 뿔이 나라를 얻지 못했다는 것은 당회장 목사처럼 직접 목회하는 담임 교회가 없다는 뜻이요, 일시적인 권세를 받는다는 것은 목자에 준하는 치리권을 가진다는 의미라고 한다.[40]

요약하면, 열 뿔의 실상은 오평호 목사가 목회하던 교회의 열 장로이고, 이들이 나라를 얻지 못한 것은 목회할 교회를 얻지 못한 채 치리할 권한만 얻은 것을 말한다.

만약 이들의 해석대로 일곱 왕이 목사라면, 권세를 얻지 못한 열 뿔도 목사가 되어야 한다. 치리권만 얻은 장로는 장로일 뿐 목사가 아니다. 이들의 해석에 따르면, 왕은 목사를 상징하며, 따라서 권세를 얻지 못했기에 목회할 교회가 없는 목사를 가리킨다고 해야 들어맞는다.

신천지는 열 뿔은 한뜻이 되어 권세를 짐승에게 양도하는데(13절), 이는 '음녀를 몰락시키는 것'을 의미한다고 해석한다.[41]

원래 요한계시록 문맥에서는 어떤 뜻일까? 열 왕은 제국으로부터 공식적인 통치 지역과 권한과 '왕' 칭호를 받지 못한 통치자들이다. 열 왕은 문자적 10명이 아니라 '많음'과 '큼'을 상징하는 상징 수다.

열 왕이 한뜻이 된다는 것은 한 목적(one purpose, NIV)을 가진다는 말이다. 이들이 하나가 된 목적은 신천지의 주장처럼 음녀를 몰락시키기 위한 것이 아니다. 14절에 명시하는 것처럼, 악의 세력이 힘을 합해 '어린양과 더불어 싸우기 위함'이다. 왜? 그가 바로 세상의 참된 주인이시고 만왕의 왕이시기 때문이다.

13장

음녀의 멸망과
신천지의
주 재림의 유월절

(17:14-18)

그들이 어린양과 더불어
싸우려니와
어린양은 만주의 주시요
만왕의 왕이시므로
그들을 이기실 터이요
또 그와 함께 있는 자들
곧 부르심을 받고 택하심을 받은
진실한 자들도 이기리로다

≡ 예수님과 이기는 자들 (14-15절)

신천지가 본문의 제목을 "주 재림의 유월절"로 붙인 것은 어린양이 짐 승에게 사로잡혀 있는 백성을 빼내시는 한편, 음녀가 멸망하는 것이 마치 출애굽 때 유월절의 역사와 유사하다고 보기 때문이다.[42] 과연 이것을 유월절의 역사에 빗대는 것이 타당한지 검토해 보도록 하자.

예수님과 함께 있는 자들, 곧 부르심을 받고 빼내심(14절, 개역한글) 을 받은 진실한 자들은 언제, 어디에서, 어디로 빼내심을 받고, 누구와 싸워 이기는 자들일까(14절)?

신천지에 따르면, 이들은 요한계시록 성취 때 이단 교주가 보고 들 었다는 실상 말씀을 전해 마귀에게 미혹 받은 만국 가운데 영계 하나 님 나라가 임한 '증거장막성전', 곧 자신들의 단체로 부름 받아 빼내심 을 얻은 자들이다.[43] 여기서 만국은 음녀가 앉은 물로, 곧 첫 장막 성도 들을 가리킨다. 이들은 영이신 예수님께 부르심을 입고 택하심을 얻 은 진실한 자들로, 큰 음녀(탁성환)와 일곱 머리 열 뿔 짐승(청지기교육 원)을 이기고 하나님이 임하신 증거장막성전, 곧 자신들의 단체로 나 오게 된다.[44]

주목할 것은 악령인 용이 음녀를 타고, 음녀는 짐승을 탔던 것처럼,

다시 오시는 예수님은 새 요한을 대행자와 대언자로 삼고 그를 타고 그 위에서 역사하신다고 주장한다는 점이다(1:2).[45] 이는 자칭 새 요한, 보혜사라 주장하는 교주를 말한다. 그에게는 예수님의 영이 타고 있고, 예수님의 영이 임한 그가 곧 "영이신 예수"가 된다고 주장한다.[46] 이단 교주가 짐승의 무리, 곧 바벨론 거짓 목자들이라 하는 청지기교 육원에 사로잡혀 있는 첫 장막 백성을 빼낸다(18:4).

신천지가 이 사건을 "주 재림의 유월절"이라 부르는 이유가 여기 있다. '유월'(踰越)이란 '넘을 유' 자에 '넘을 월' 자로, '넘어간다'는 뜻이다. 구약에서 유월절은 하나님이 모세를 통해 애굽 왕 바로에게 시달리던 이스라엘 백성을 구출하실 때 마지막으로 애굽의 모든 장자를 치신 사건에서 유래했다. 죽음의 사신이 애굽 전역을 덮칠 때 양의 피를 문설주에 바른 이스라엘 백성의 집은 그냥 넘어갔다. 그래서 이스라엘 백성은 이 사건을 기념하며 유월절로 지킨다.

신천지의 주장에 따르면, 구약 시대에는 모세가 이스라엘 백성에게 어린양의 피와 고기를 먹여 유월시켰고, 초림 때에는 서기관과 바리새인들에게 포로가 되어 있던 이스라엘 백성(마 23장)을 유월절 양이 되신 예수님이 자신의 살과 피, 곧 말씀을 먹여 유월시키셨다.[47] 예수님이 새 언약을 세우시던 날 밤에 '하나님 나라가 이루어지기까지' 유월절을 '다시는 먹지 아니하리라'고 말씀하셨다(눅 22:14-20)고 한다. 이는 주께서 2천 년 후 선택한 약속의 목자에게 임하여 하나님의 나라를 이 땅에 이루실 때 참된 어린양의 피, 곧 예수님의 피와 살을 먹는 유월절이 다시 있게 됨을 예고하셨다는 것이다. 이는 유월절 양식인 어린양의 살과 피, 즉 예수님의 말씀을 증거하는 대언자, 즉 신천지 교주의 말씀을 먹고 유월하는 것을 의미한다.

신천지 교주가 선포하는 말씀의 핵심은 무엇인가? 기존 교회(바벨론)에 있으면 영이 죽으니, 약속의 목자라 주장하는 신천지 교주의 말씀을 듣고 빨리 교회에서 빠져나와 유월하여 자신들의 단체에 들어오라는 것이다. 이것이 이들이 주장하는 주 재림의 유월절이다!

그렇다면 이들이 주장하는 바를 검토해 보자.

첫째, 빼내심을 얻었다는 것이 무엇을 의미하는지 살펴볼 필요가 있다. 언뜻 볼 때 '빼내심'이란 곤궁 가운데서 탈출한 것과 같은, 출애굽의 심상과 부합하는 의미를 전달하는 단어 같다. 그러나 본문의 빼내심은 개역개정 성경이나 새번역 성경과 같은 성경에서는 모두 '택하심'으로 바꾸어 번역했다. 이것은 영어 성경도 마찬가지다. 대부분의 역본이 '택하심을 입었다'라는 의미의 'chosen'이란 단어를 사용한다. 헬라어 원문도 '택하심을 얻은'이라는 의미의 '에클렉토이'를 사용한다. 따라서 어린양과 함께 있는 자들은 부르심과 택하심을 받은 이들이지 빼내심을 받은 이들이 아니다. 만약 이들이 빼내심을 받으면 어린양과 더불어 싸울 수 없다. 빼내기 바쁜데 무슨 싸움인가? 따라서 본문은 주 재림의 유월절을 주장하는 근거 본문이 되지 못한다.

설사 빼내심의 뜻이 맞다고 억지 주장하더라도 이 주장을 지지하기 어려운 점이 생긴다. 그것은 빼내심이 있으려면 첫 장막 성도들이 청지기교육원 소속이 되었다가 여기서 신천지 단체로 빼내심을 받아야 하는데, 실상에서 신천지가 청지기교육원에 소속된 성도를 빼내간 적이 없다.

둘째, 구약의 유월절은 모세가 이스라엘 백성에게 어린양의 피와 고기를 먹여 유월시킨 것이 아니다. 이스라엘 백성은 어린양의 피를 먹지 않았다. 피를 문설주에 발랐을 뿐이다. 단 고기는 집안사람들과 함께 먹었고 누룩 없는 무교병과 쓴 나물을 먹었다. 유월절의 역사가 일어난 것은 어린양의 피가 부르심 받고 택하심 받은 진실된 하나님의 백성임을 표시했기 때문이다. 천사가 그 표를 보고 넘어간 것은 전적인 하나님의 은혜. 유월의 역사는 도리어 예수 그리스도의 피로 우리의 죄와 허물을 덮어 주시고, 용서하시고, 의롭다 하시는 '칭의' 역사의 그림자가 된다.[48]

셋째, 신약에서 예수님이 유월절 양이 되어(고전 5:7) 예수님의 살과 피인 말씀을 먹여 유월시키신 것이 아니다(요 6:51-54). 여기서 예수님의 살과 피는 말씀을 의미하는 것이 아니라, 유월절 양과 같이 자신의 생명을 희생적, 대속적 죽음을 통해 내어 줌을 의미한다. 인자의 살과 피를 먹는다는 것은 예수 그리스도가 십자가에서 피 흘리고 살을 찢기며 치르신 대속적 죽음을 믿음으로 받아들이는 것을 의미한다. 우리는 예수 그리스도의 죽음을 믿음으로 받아들이는 행위, 즉 살과 피를 먹는 행위를 통해 구원받는다.

넷째, 예수님은 십자가를 지시기 전날 밤 유월절 만찬을 제자들과 드시고는 "이 유월절이 하나님의 나라에서 이루기까지 다시 먹지 아니하리라"(눅 22:16)라고 말씀하셨다. 이는 나중에 예수님의 영이 임하셨다고 주장하는 교주가 선포한 말씀을 듣고 기존 교회에서 빠져나와 신천지로 미혹되어 가는 역사를 말하는 것이 아니다. 이는 나중에 부활, 승천하신 예수님이 종말의 완성을 이루시기 위해 이 땅에 다시 오실 때 베푸실 어린양의 혼인 잔치를 말한다.[49]

다섯째, 예수님의 영이 임하신 자는 교주가 아니다. 예수님의 영은 곧 성령이 임하신 자를 말하고, 성령이 임하신 자는 예수님을 주라 시인해야 한다(고전 12:3). 성령은 오직 예수님이 하신 말씀을 생각나게 하고 예수 그리스도만을 증언하고 기억하게 하시는 분이지, 자기가 곧 재림 예수라고 허풍을 떨어 믿게 하시는 분이 아니다. 이는 2천 년 전이 땅에 오셔서 십자가에 죽으시고 부활, 승천하신 예수 그리스도가 곧 지금도 나와 함께하시며 살아 역사하시는, 내 인생의 주인이시자 온 세상의 주인이심을 시인하는 것을 말한다(참조, 마 28:20).

반면, 신천지 교주는 자신에게 성령이 임하셨으니 자신이 곧 재림주이고 그런 자기를 믿으라고 미혹한다. 이는 삼위일체 신론 가운데 왜곡된 이해인 전형적인 양태론적 이단이 갖는 특징이다.[50]

여섯째, 예수님이 재림하실 때는 유월이 있어 신천지로 빠져나가는 것이 아니다. 주 재림 때는 부활, 승천하신 예수님이 그대로 다시 오시고, 모든 택하심 받은 신자들이 공중에서 그분을 맞이하게 된다(살전 4:17).

일곱째, 여기 부르심 받고 택하심 받은 신자들의 중요한 특징이 있다. 그것은 그들이 거짓 증거 하지 않고 "진실한 자들"이라는 점이다(14절). 이는 '모략'이라는 거짓 교리를 통해 거짓말을 수시로, 밥 먹듯 해 속임수로 성도들을 포섭하려는 신천지의 성도들을 단호하게 배제한다. 이런 식으로 거짓말하는 자는 "결코" 하나님의 나라에 들어올 수 없다(21:27). 이들이 주장하는 '모략'은 거짓말을 해도 된다는 교리가 아니다.[51] 이들이 인용하는 로마서 3장 7절, "그러나 나의 거짓말로 하나님의 참되심이 더 풍성하여 그의 영광이 되었다면 어찌 내가 죄인처럼 심판을 받으리요"라는 구절은 거짓말을 해도 된다는 뜻이 아니라 당시 로마 교회를 미혹했던 유대인들의 거짓 논리를 소개한 것이다.[52] 사도 바울은 이런 주장을 하는 사람은 "정죄받는 것이 마땅하니라"라고 단호하게 배격했다(롬 3:8).

☰ 음녀가 받는 심판 (16-18절)

음녀의 심판은 어떻게 이루어질까? 놀랍게도 열 뿔과 짐승이 음녀를 미워해 망하게 하고, 벌거벗게 하고, 그 살을 먹고 불로 아주 살라 버림으로 이루어진다(16절). 그렇다면 음녀를 벌거벗게 하고 그 살을 먹고 불로 아주 사른다는 말은 무슨 뜻일까?

신천지에 따르면, 음녀의 옷은 음녀의 행실을, 음녀의 살과 피는 음녀의 교리를 의미한다.[53] '벌거벗게 한다'는 것은 음녀가 땅의 임금들과 땅에 거하는 자들과 더불어 음행한 '수치를 드러낸다'는 의미요, 그 '살을 먹고 불로 사르는 것'은 음녀, 곧 탁성환 씨의 교리를 영의 양식으로 배부르게 먹고는 돌아서서 잘못되었다며 말씀의 불로 심판한다는 뜻이라고 한다.[54] 이들은 하나님이 음녀를 심판하려는 마음을 열 뿔과 짐승에게 불어넣어 주서서, 음녀를 심판하시고 그 나라까지 짐승에게 넘겨주셨다고 주장한다(17절).⁵⁵ 결국 짐승이 음녀를 이용하고는 배신했다는 것이다.⁵⁶ 그 결과 생명책에 기록되지 못한 신천지 밖의 첫 장막 사람들은 음녀의 나라를 빼앗은 짐승을 기이히 여길 것이나(17:8), 유황 불 못에 던져져 처벌받게 된다.⁵⁷

이러한 주장을 검토해 보자.

첫째, 해석의 일관성 문제다. 이만희 씨는 본문에서 음녀의 옷을 '음녀의 행실'로 해석한다. 하지만 우리는 앞서 음녀가 입은 옷이 '용의 교리'라는 신천지의 주장을 살펴보았다.⁵⁸ 옷이 교리도 되고 행실도 되는가? 여기서 우리는 신천지가 갖는 특징적인 해석의 자의성을 또다시 보게 된다. 자의적이라는 것은 그때그때 상황에 따라 다르게 해석하는 것을 의미한다. 그러나 해석이 바른 해석이 되려면 일관성을 갖추어야 한다.

둘째, 열 뿔과 짐승이 음녀를 불로 사른다는 것이 있을 수 있는가? 실상으로 따지자면 장막교회 장로들(열 뿔)과 청지기교육원(짐승)이 탁성환 목사를 직위 해제하고 그를 배신하고 불살라야 한다.

이만희 씨의 초창기 저서 《요한계시록의 진상》(1985)에서는 이를 좀 더 선명하게 진술한다. 음녀(탁성환)는 원장으로 일곱 머리의 두목이고, 짐승은 일곱 머리 가운데 하나인 총무국장(오평호)이고, 열 뿔은 일곱 머리가 안수해 세운 열 사람의 장로들이다.⁵⁹ 그런데 공교롭게도 조직 자체에 내분이 일어나 세력 다툼이 벌어진다. 이때 청지기교육원과 열 장로의 세력을 업고 들어와 첫 장막 성도를 지배해 자기 소유로 삼고 당회장의 자리에 앉은 오평호 씨가 열 장로의 힘을 의탁해 본부(용)의 명령에 저항하여 자기 뜻대로 실권을 행사한다.[60] 이는 총회의 지시에 정면으로 맞선 것으로, 총회의 기능이 무력화되고 존립 자체가 유명무실해졌다. 총회를 이끌던 음녀가 짐승의 세력에 밀려 망한 것이다. 벌거벗게 하는 것은 총회를 이끌던 음녀 탁성환 씨의 치부(약점)를 드러내어 모두가 알도록 소문을 퍼뜨린 것을 의미한다.[61]

하지만 이 일은 현실에서 일어나지 않았다. 오평호 씨와 탁성환 씨가 싸워서 청지기교육원이 분열되고 그 기능이 정지된 적이 없다. 게다가 여기서 이만희 씨는 청지기교육원을 총회와 동일시하는 오류를 범하고 있다. 교단의 총회와 하나의 사설 훈련 기관인 청지기교육원은 그 성격이 다르다. 게다가 탁성환 목사는 총회장을 지낸 적이 없다. 단, 청지기교육원의 원장 역할을 했을 뿐이다. 탁성환 씨의 치부를 드러내는 것도 거짓이다. 오평호 씨가 그의 어떤 점을 약점 삼아 드러냈단 말인가?

이만희 씨는 초창기 저서에서 짐승이 음녀를 불사른 이유가 '조직 자체 내분으로 인한 세력 다툼'이라고 했던 것을 바꾸어 최근 저작《요한계시록의 실상》(2011)에서는 '음녀의 교리를 영의 양식으로 삼아 먹고는 이것이 잘못되었다며 말씀의 불로 심판했기' 때문이라고 한다.[62] 그렇다면 오평호 씨와 열 장로는 이미 말씀의 분별력을 가진 부르심을 받고 택하심을 받은 진실한 성도들이란 말인가? 그런 성도들이 어떻게 멸망자의 무리가 될 수 있는가?

셋째, 하나님은 짐승에게 음녀를 심판하려는 마음을 불어넣으셨는가? 이런 해석에 따르면 하나님은 짐승을 일꾼으로 삼으셨다는 말이 된다. 하나님이 짐승을 일꾼 삼으시려고 그에게 '미움과 망하게 하는 마음'을 주셨는가? 하나님은 미움도 주시고 파멸시킬 마음도 주시는가? 이는 하나님의 역사를 왜곡하는 것이다.

본문은 하나님이 짐승에게 이런 마음을 주셨다고 말하지 않는다. 미움과 파멸시킬 마음은 음녀 스스로가 가진 것이다. 이는 악의 자기 파괴적 특징을 보여 준다. 하나님이 개입하신 것은 악의 자기 파괴적 역사를 막지 않으시고 그렇게 되도록 허락하신 것뿐이다(17절).

넷째, 짐승(오평호)은 열 뿔(이삭교회 열 장로)과 함께 청지기교육원에 들어와서 음녀(탁성환)를 이용하고는 배신했는가? 그런 적이 없다. 청지기교육원의 교재를 집필하고 전임강사를 역임하고 설립 멤버였던 원세호 목사의 간증에 따르면, 오평호 목사는 이삭교회 열 장로와 함께 청지기교육원에 들어온 것이 아니다. 개인적으로 자신이 개종했음을 밝히며 청지기교육원 운동을 위해 합류한 것이다. 그리고 이후 그 안에 서로를 배신하고, 험담하고, 제명시키는 등의 일은 없었다. 따라서 생명책에 기록되지 못한 신천지 밖의 첫 장막 사람들은 음녀(탁성환)의 나라(청지기교육원)를 빼앗은 일을 기이히 여길 기회조차도 없었다.

다섯째, 유황불에 던져져 처벌받는 실상은 무엇인가? 모든 것을 비유로 푸는 이 단체에게 유황불은 실제 불이 아니다. 그렇다면 유황불에 던져지는 실상은 무엇을 의미할까? 이에 관해서는 18장에서 좀 더 자세히 다루겠다.

열 뿔과 짐승이 음녀를 벌거벗기고 그녀의 살을 먹고 불태우는 장면은 하나님이 구약 시대 바벨론에게 음탕한 이스라엘 성읍을 파멸시키게 하실 때를 연상시킨다. "내가 너를 향하여 질투하리니 그들이 분내어 네 코와 귀를 깎아 버리고 남은 자를 칼로 엎드러뜨리며 네 자녀를 빼앗고 그 남은 자를 불에 사르며 또 네 옷을 벗기며 네 장식품을 빼앗을지라 ⋯ 그들이 미워하는 마음으로 네게 행하여 네 모든 수고한 것을 빼앗고 너를 벌거벗은 몸으로 두어서 네 음행의 벗은 몸 곧 네 음란하며 행음하던 것을 드러낼 것이라"(겔 23:25-29). 바벨론은 이스라엘을 파멸시키는 데 쓰임 받지만 결국 그의 교만으로 패망했다.

이처럼 악은 스스로의 악을 통제하지 못하고 자기 파괴적 결말을 초래하게 되는데, 본문의 음녀와 짐승도 이 같은 운명을 맞이한다. 음녀는 자기를 따랐던 열 뿔과 짐승에게 멸망당하고, 짐승은 만국을 동원해 승리하지 못할 전쟁을 일으키다 패망하게 된다(19:11-21, 20:7-10).

14장

귀신의 처소, 바벨론에서 나오라

(18:1-8)

힘찬 음성으로 외쳐 이르되
무너졌도다 무너졌도다
큰 성 바벨론이여 귀신의 처소와
각종 더러운 영이 모이는 곳과
각종 더럽고 가증한 새들이
모이는 곳이 되었도다

≣ 귀신의 처소 바벨론 (1-3절)

18장은 만국을 미혹한 바벨론이 심판을 받아 없어지는 장면으로, 17장에 서론적으로 진술했던 음녀 바벨론의 패망을 좀 더 구체적으로 확대해 자세히 보여 준다. 본문은 바벨론의 심판이 임박했으므로 "거기서 나오라!"라는 하늘의 권고를 통해 현재 바벨론의 통치 아래 고난당하는 성도들로 하여금 끝까지 인내하며 믿음으로 분투할 것을 격려하는 말씀이다.

하지만 신천지는 18장이 음녀의 심판 후에 잇달아 일어나는 사건이라 주장한다. 음녀 바벨론의 모든 것이 사라지는, 이 땅 육계 바벨론에 속한 상고(상인, 개역한글)와 만국의 애통과 비극적인 결말을 보여 준다는 것이다.

본문은 "이 일 후에"로 시작한다. 신천지는 이를 16-17장 사건 다음에 성취되는 말씀이라 주장한다.[63] 다른 천사가 하늘에서 내려와서 힘찬 음성으로 바벨론이 무너졌다고 선포한다.

여기서 바벨론은 이방 바벨론을 빗대어 비유한 영적 바벨론으로, 17장 3-5절에서 본 음녀이며, 나아가 음녀가 앉은 일곱 머리와 열 뿔 가진 짐승의 조직, 즉 청지기교육원을 가리킨다.[64] 바벨론은 귀신의 처소이며 각종 더러운 영과 각종 더럽고 가증한 새들이 모이는 곳이 되었다(2절). 여기서 더럽고 가증한 새는 비둘기 같은 성령과 반대되는 악령들이다. 한마디로, 바벨론(청지기교육원)은 악령들의 집합소라는 것이다.[65]

바벨론의 '음행의 포도주'는 만국을 무너뜨리는데(3절), 이는 바벨론의 목자인 탁성환 씨가 악령과 교제해 받은 교리, 곧 주석을 말한다.[66] 따라서 음행의 포도주로 만국을 무너뜨렸다는 뜻은 탁성환 씨의 교리로 이 땅 모든 교회를 영적으로 무너뜨렸다는 뜻이다.

음녀 바벨론의 사치로 치부한 땅의 상인들은 누구일까? 영적인 매매가 진주처럼 귀한 말씀을 듣고 전하는 것이기에 영적인 상인은 전도자를 의미하며, 여기서는 음녀(탁성환)에게 속한 전도자를 의미한다.[67]

이러한 신천지의 주장을 검토해 보자.

첫째, "이 일 후에"는 시간적인 연속성을 의미하는 것이 아니라, 장면의 전환을 의미하는 표현이다. 따라서 본문은 17장 사건 이후 새롭게 펼쳐지는 사건을 보여 주는 것이 아니라, 17장에서 음녀 바벨론이 멸망하는 사건 중에 자세히 살펴볼 부분을 확대해 보여 주는 역할을 한다. 시간상으로 이후의 다른 사건이 아니라, 17장의 사건 중 중요한 부분을 확대해 보여 주는 것이다.

둘째, 이 땅의 상인들은 음녀(탁성환)에게 속한 전도자인가? 주목해야 할 것은 음녀의 실상이 계속해서 바뀌었기에 상인들의 실상도 더불어 계속해서 바뀌었다는 사실이다. 이만희 씨의 초기 저작 《요한계시록의 진상》에서 음녀는 첫 장막 당회장이었고, 따라서 상고는 첫 장막에 속한 첫 장막의 거짓 선지자들이며 목회자들로 주장한다.[68] 최근 저작인 《요한계시록의 실상》(2011)에서는 음녀(탁성환) 아래 있는 전도자들로 바꾼다. 탁성환 소속의 전도자들이 과연 있었을까? 상인들이 전도자들이라고 한다면 그 실상이 누구인지를 밝혀야 할 것이다.

본문에서 상인은 당시 로마를 중심으로 교역했던 수많은 무역 상인을 말한다. 당시 로마 제국은 전 세계의 엄청난 부를 가져가고 있었다. 제국은 당대 최고의 사치력(the power of her luxury)을 갖고 있었다 (3절).

셋째, 땅의 상인들뿐만 아니라 땅의 왕들도 음행하며 치부했다(3절). 앞서 땅의 왕들은 첫 장막 출신의 열 장로라는 것을 살펴보았다.[69] 그렇다면 열 장로는 열 뿔로, 나중에 짐승과 합세해 음녀를 죽이는데 땅의 왕들이 어떻게 음녀로 인하여 치부할 수 있는가? 논리적으로 맞지 않는다.

넷째, 탁성환 목사는 자신의 주석으로 교회를 가르치고 무너뜨렸는가? 앞서 언급한 것처럼, 탁성환 씨는 주석을 집필한 적이 없다. 한 가지 주목할 것은 교리와 주석은 성격상 전혀 다르다는 것이다. 신학의 영역에서 교리는 조직신학에 속한 영역이고, 주석은 성서신학에 속한 영역이다. 교리는 성경을 보는 체계를 진술한 것으로 크게 계시론, 신론, 인간론, 기독론, 구원론, 교회론, 종말론 등으로 나뉜다. 대부분의 교리서나 조직신학 책은 이러한 주제에 따라 기술된다. 반면 주석은 성경의 역사적, 언어적 배경을 자세히 조사하고 낱말이나 문장의 뜻을 쉽게 풀어 해설하는 것으로, 보통 책별로 기술된다.

만약 이만희 씨의 주장대로 탁성환 씨가 주석을 가르쳤다면 어떤 주석인지를 밝혀야 할 것이다. 요한계시록 주석인가, 요한복음 주석인가, 복음서 주석인가?

☰ 바벨론에서 나오는 백성 (4-8절)

본문에는 하늘로부터 "내 백성아, 거기서 나와 그의 죄에 참여하지 말고 그가 받을 재앙들을 받지 말라"(4절)라는 음성이 나온다. 이 음성은 "바벨론의 죄가 하늘에 사무쳤기에 그 행위대로 갑절을 갚아 심판할 것이라"라고 말한다.

신천지는 예수님의 영이 니골라당이 침노한 첫 장막의 새 요한을 찾아가 대언자와 대행자로 삼으시고 그와 함께 음녀의 나라 바벨론에 가서 사로잡힌 백성을 빼내신다고 해석한다.[70] 여기서 바벨론은 청지기교육원에 소속된 모든 교회를 가리킨다. 신천지는 청지기교육원을 일개 사설 기관으로 생각하지 않는다. 모든 한국 교회 목회자를 의무적으로 양성하는 대표성이 있는 곳으로 오해하고 있으며, 거기 소속되지 않고 교육을 받지 않으면 목회를 못하는 불이익을 당하는 것으로 여긴다.

신천지에게 요한계시록 성취 때 하나님의 백성이 바벨론에서 나와 가야 할 곳은 어디인가? 이는 하나님과 예수님이 임하신 구원의 산 시온, 즉 자신들의 단체다(14:1).[71]

음녀는 자신이 여왕으로 앉은 자요, 과부가 아니기에 결코 애통함을 당하지 아니하리라고 말한다(7절). 여기서 여왕이라 함은 '모든 목자 위에 가장 높은 자'란 뜻이요, 과부가 아니라 함은 '신랑 되신 예수님의 영이 함께하신다'는 거짓말로 위장한다는 뜻이다.[72] 이만희 씨의 주장에 따르면, 음녀의 신랑은 그의 육체를 처소로 삼고 있는 귀신, 곧 악령들이며, 이들은 첫 장막에 행한 대로 사망과 애통과 흉년을 겪고 말씀의 불로 심판을 받게 될 것이다.[73]

이들의 주장을 검토해 보자.

첫째, 바벨론에서 나오라는 것은 무슨 의미일까? 신천지의 주장처럼, 청지기교육원에서 나오라는 뜻일까? 주지할 것은 여기서 "나오라"라는 명령은 단순히 도시를 벗어나는 차원을 의미하는 것이 아니라, 바벨론의 음란하고 더러운 문화적 영향력 가운데서 나와 자신을 거룩하게 지키라는 의미다.[74]

이 말씀은 우선적으로 소아시아 일곱 교회에 주어졌다. 물리적 거리로 보면 소아시아는 로마가 위치한 이탈리아반도에서 벗어난 지역에 있기에, 이미 바벨론으로 상징되는 로마에서 벗어난 상태다. 따라서 여기서 '나오라'라는 말은 물리적 거리로 벗어나라는 것이 아니라 죄와 음란한 문화의 영향력에서 벗어나라는 뜻이다.

둘째, 청지기교육원은 모든 목자가 의무적으로 교육받아야 하는 공식적인 단체가 아니다. 그렇기에 청지기교육원에 소속된 교회란 존재하지 않는다. 청지기교육원에서 활동하던 목사들이 있지만, 그들은 각자 노회와 교단 소속이지 청지기교육원 소속이 아니다. 청지기교육원은 몇몇 목회자들이 선한 의도를 갖고 시작한 사설 목회자 훈련 기관에 불과하다. 오늘날에도 이러한 사설 기관이 여럿 있다. 대표적인 기관이 국제제자훈련원이다. 국제제자훈련원은 한국 교회에 선한 영향을 끼쳤고 많은 회원 교회가 있지만, 그렇다고 국제제자훈련원이 교회를 소속시키고 움직이는 단체는 아니다.

셋째, 이만희 씨의 주장대로라면, 청지기교육원에는 음녀 탁성환 씨에게 사로잡혀 신음하는 백성이 있어야 한다. 또 탁성환 씨가 모든 목자 중에서 가장 높은 자가 되어야 한다. 하지만 이것은 이만희 씨의 주장일 뿐, 실제로 탁성환 씨에게 사로잡혀 신음하는 성도들은 없었다. 만약 있다면 그 실상을 보여 주어야 할 것이다. 그리고 탁성환 목사는 모든 목자 중에 가장 높은 자가 아니다. 청지기교육원의 원장이라는 것은 단지 원장일 뿐, 모든 목자 중에 가장 높은 목자라는 뜻은 아니다. 이는 마치 오늘날의 국제제자훈련원 원장이 모든 목자 중에 가장 높은 자라는 주장과 같다.

넷째, 요한계시록 성취 때 새 요한은 음녀의 나라 바벨론에서 사로잡힌 백성을 빼내었는가? 그리고 바벨론에서 나온 하나님의 백성이 가야 할 곳은 구원의 산 시온, 즉 신천지예수교 증거장막성전인가? 실상으로 볼 때 이들이 주장하는 시온이 생겼을 때는 이미 바벨론(청지기교육원)은 사라졌고, 거기에 모인 이들도 없었다. 시기적으로 바벨론에서 나와 신천지로 들어가는 일이 일어날 수 없는 실상이다.

첫 장막이 무너진 이후 저마다 예수님의 영이 임하신 특별한 보혜사, 특별한 새 요한이 여럿 일어났다. 이들이 뿔뿔이 흩어져 이런저런 모양의 여러 장막성전이 우후죽순으로 생겨났고, 이들은 자신들의 단체야말로 요한계시록 성취 시대의 새 시온산이라고 주장했다. 신천지는 그런 여러 단체 중 하나에 불과할 뿐이다.

15장

땅의 왕들과
상인들이
애통하는 이유

(18:9-20)

그의 고통을 무서워하여
멀리 서서 이르되
화 있도다 화 있도다 큰 성,
견고한 성 바벨론이여
한 시간에 네 심판이 이르렀다
하리로다

≡ 땅의 왕들과 상인들의 애통 (9-11절)

본문은 바벨론 음녀의 심판 이후 땅의 왕들과 상인들과 선장을 비롯한 뱃사람들의 애통을 다룬다. 이들이 애통하는 이유는 무엇인지 살펴보도록 하자.

바벨론이 불타는 연기를 보고 땅의 왕들과 상인들이 애통한다. 신천지의 주장에 따르면, 이들은 음녀(탁성환)와 함께 용에게 예배하며 그의 교리로 설교하던 모든 목자와 전도자를 가리킨다.[75] 이들은 '하나님의 펼쳐진 책에 기록된 말씀'(10장), 즉 신천지 단체의 교리가 불이 되어 바벨론을 사른 것을 보고 가슴을 치며 울게 된다고 해석한다.[76] 그 이유는 바벨론이 심판을 받음으로 다시는 이들의 상품, 즉 사람의 생각으로 만들어 낸 각종 교리와 교법을 사는 이가 없기 때문이다.[77]

바벨론이 본문에 있는 심판의 말씀으로 각종 귀신의 집합소이며 거짓 교리를 혼합한 비진리 주석을 말한다는 사실이 공인되자, 아무도 예전처럼 땅의 상고들이 말씀을 배우려 하지 않게 된다. 이들은 바벨론의 심판과 더불어 더 이상 목자 노릇을 할 수 없게 된다.[78]

이러한 주장을 검토해 보자.

첫째, 탁성환 씨의 교리로 설교하던 목회자들이 신천지의 말씀이 불이 되어 바벨론을 사른 것을 보고 운 적이 있는가? 앞서 살펴본 것처럼, 탁성환 씨는 자신의 교리나 주석서가 없었다. 만약 청지기교육원에 와서 훈련을 받은 목회자가 있다면 그가 본 교재는 원세호 목사가 쓴 《청지기론》일 것이다. 게다가 《청지기론》은 교회의 일꾼을 세우기 위한 것이지 설교의 뼈대를 세우는 교리(조직신학) 체계와는 아무 상관 없다. 목회자들이 신천지 말씀이 불이 되어 심판한 것을 깨닫고 애통했을까? 그런 적이 없다.

둘째, 청지기교육원에서 가르치는 내용이 비진리임이 공인되었는가? 단순히 문을 닫는 것과 공인하는 것은 다르다. 공인은 공적 기관이 인정하고 비준해야 한다. 청지기교육원이 가르치는 내용이 비진리라고 주장하는 곳은 신천지 외에는 없다. 그런데 이 내용이 비진리라고 공인했다는 증거가 무엇인가? 이 주장을 하려면 어느 공식적인 기관의 결의서나 보고서가 채택되어야 한다.

셋째, 청지기교육원에서 훈련받은 이들은 신천지가 세워지면서 더 이상 목자 노릇을 할 수 없었는가? 결코 그렇지 않다. 이들은 그 이후에도 계속해서 목회 활동을 했다. 오평호 목사도 최근까지 활동했다.

우리는 본문이 말하는 땅의 왕들과 상인들이 본래 누구를 의미하는지 살펴보아야 한다. 먼저, 땅의 왕들은 1세기 로마 제국 주변에 로마의 인준을 받아 권력의 자리에 오른 주변의 봉신 국가들, 또는 식민지국의 통치자들을 가리킨다. 이들은 로마 황제를 자신의 왕이라 부를 뿐만 아니라, 더 나아가 자신들이 통치하는 지역에 황제의 신상을 세우고 제의 장소를 설치해 모든 백성이 황제 숭배에 동참하게 했다.[79]

땅의 왕들은 이러한 활동을 통해 정치적으로뿐만 아니라 상업적 연합과 교류도 활발하게 진행해 경제적 유익을 누리며 제국이 제공하는 부를 따라 사치하며 육욕에 빠져 살았다.[80]

땅의 상인들은 로마 제국과의 무역을 통해 치부한 중개 무역상들을 가리킨다.[81] 이들은 지중해를 누비고 다녔으며, 위험을 무릅쓰고 남쪽 아프리카 해변을 지나 오늘날의 탄자니아까지 나아갔고, 동쪽으로는 아라비아반도와 인도까지 항해하며 고급 상품들을 제국으로 들여와 경제적 유익을 누렸다.[82] 이들이 애통하는 이유는 제국이 무너져 이전에 제국 덕에 누리던 부와 사치와 향락을 더 이상 누릴 수 없었기 때문이다.

▤ 바벨론 상품 (12-14절)

본문은 땅의 상인들이 한때 취급했던, 그러나 바벨론의 멸망으로 더 이상 팔 수 없는 상품들의 품목들을 소개한다. 신천지는 여기 나오는 육적인 목록들을 비유한 것들로 보기에, 이것이 무엇을 의미하는지 그 해석에 집중한다. 전체적으로 이 모든 상품이 용의 교리와 교법과 조직을 의미하는 것으로 본다.[83] 이를 좀 더 세분화하면 다음과 같다.

첫째, 금, 은, 보석, 진주와 같은 귀금속류는 바벨론이 보석처럼 귀하게 여기는 각종 교리, 주석을 뜻한다.

둘째, 세마포, 자주 옷감, 비단, 붉은 옷감은 의롭게 여기는 바벨론 신앙을 상징한다.

셋째, 각종 향목, 상아 그릇, 값진 나무, 구리, 철, 대리석으로 만든 각종 그릇은 조직된 각종 기구, 조직을 말한다.

넷째, 계피, 향료, 향, 향유, 유향은 바벨론이 찬양하는 교법을 말한다.

다섯째, 포도주, 감람유, 밀가루, 밀은 바벨론 교리를 나타낸다.

여섯째, 소, 양, 말, 수레, 종들, 사람의 영혼은 바벨론 귀신에게 속한 영육 사명자를 뜻한다.

일곱째, 바벨론이 탐하던 과실은 선악과인 바벨론의 교리와 교법을 말한다.

이러한 물품들이 이들이 주장하는 것처럼 바벨론의 각종 교리와 교법과 조직을 의미한다는 근거는 확실하지 않다. 이들의 해석 자체가 일관성이 없기 때문이다. 이 주장을 가만히 살펴보면 귀금속류가 바벨론의 교리와 주석이라고 하고, 또다시 포도주, 감람유, 밀가루도 바벨론의 교리라고 한다. 결국 귀금속과 포도주와 기름이 같은 것을 의미하게 된다.

또 여기서 세마포와 자주 옷감, 비단, 붉은 옷감 등이 바벨론 신앙이라고 해석한 것은 앞서 음녀가 입었던 붉은 옷이 붉은 용, 즉 사탄의 교리라고 주장했던 것(17:4)과 일치하지 않는다.[84] 상황에 따라 다르게 해석하는 해석의 자의성이 그대로 드러난다.

소, 양, 말과 같은 짐승이 영육 사명자라고 하는 것은 말과 같은 짐승이 곧 육체를 비유하고(참조, 사 31:3), '영은 육을 들어 쓴다'는 자신들의 단체의 교리를 적용해 귀신이 이런 육체를 들어 사용한다고 주장하는 것이다.

끝으로, 바벨론의 과실을 바벨론의 교리와 교법이라고 주장하는 것은 앞서 주장한 귀금속류, 포도주와 기름, 향료 등을 바벨론의 교리와 교법이라 주장하는 것과 크게 다를 바 없다.

그렇다면 실상에서 바벨론(청지기교육원)의 교리와 교법은 사라졌는가? 만약 실상대로라면 바벨론이 무너지고 어린양의 혼인 잔치가 일어나는 1984년 3월 이후에는 사라져야 한다. 청지기교육원의 주요 교재인 원세호 씨가 저술한 《청지기론》의 경우, 초판이 1981년 4월 5일이다.[85] 탁성환 목사가 청지기교육원의 원장이었기에 저자 이름에 추가했다. 하지만 《청지기론》은 재판을 출간한 후에 원세호 목사 단독 저술로 1984년 3월 새롭게 나왔고, 해마다 판을 거듭해서 6판까지 나왔다. 1984년 3월에 나온 후 인기가 많아 1984년 11월에 재판이 나왔을 정도다.[86] 6판까지 나왔으면 6개월 만에 한 번씩 증쇄가 나와도 1987년까지는 나왔다는 이야기다. 이렇게 볼 때 실상에서 바벨론의 교리와 교법은 사라지지 않고 여전히 남아 있음을 알 수 있다.

그렇다면 '바벨론의 과실'이 본래 의미하는 바는 무엇인가? 이는 12-13절에 나왔던 사치품들로, 제국의 각 지역에서 힘들게 생산해 낸 것들이다. 바벨론은 이것들로 자신을 치장해 세상의 여왕으로 드러내어 사람들을 미혹했다.

본문 12-13절에서 언급된 사치 품목들은 비유적 의미의 교리와 교법이 아니라, 당시 제국이 전 세계의 진귀한 물품들을 끌어들여 온갖 사치와 부귀를 누리던 구체적인 모습을 보여 준다. 땅의 상인들이 팔던 각종 진귀한 물품들은 전 세계에서 제국으로 수입되어 들어온 대표적인 사치품들이었다. 비단은 중국에서, 각종 향료는 인도에서, 상아는 북아프리카에서 들어왔다. 이런 것들로 만든 제품들은 매우 고가였고, 제국에서 귀족과 부자들에게 큰 인기가 있었다.

≡ 바다의 선장과 선객과 선인 (15-20절)

바벨론의 멸망으로 애통했던 이들은 땅의 왕들과 상인들에 이어 바다의 선장과 선객, 선원과 바다에서 일하는 이들이다.

신천지는 이들 또한 비유적 의미가 들어 있는 것으로 보고 다음과 같이 풀이한다.[87] 바다는 세상이요, 배는 세상 중에 있는 교회들이다. 선장은 각 교회를 인도하는 목자들이며, 선객들은 교인들이며, 선원(선인)은 목자를 돕는 교역자들과 직분자들이요, 바다에서 일하는 모든 사람은 세상으로 파견된 자들이다. 이들은 바벨론과 무역해 부자가 되었으나 바벨론이 심판을 받아 함께 망했기에 애통한다. 결국 바다 사람들이 애통하는 것은 청지기교육원을 상징하는 바벨론의 멸망과 더불어 기독교의 모든 목자가 심판받는 사건이 된다. 따라서 모든 성도는 멸망받는 (만국) 교회에서 약속한 증거장막성전, 즉 자신들의 단체로 피해야만 구원이 있음을 다시 한 번 강조한다.[88]

그렇다면 이들이 주장하는 바를 검토해 보자.

첫째, 바벨론, 즉 청지기교육원은 정말 무너졌느냐 하는 점이다. 청지기교육원이 정말 무너졌다면 어떤 큰 계기나 사건이 일어나야 한다. 그러나 청지기교육원은 이들이 주장하는 것처럼 "한 시간"(17절)에 망하지 않았다.

둘째, 청지기교육원이 무너졌다고 모든 교회가 함께 망하고 애통한 적이 없다. 도리어 한국 교회는 청지기교육원과 상관없이 1970-1980년대에 유례없는 폭발적인 대부흥을 경험했다.

셋째, 교회가 청지기교육원과 무역해 부자가 되었는가? 이를 입증할 만한 증거는 하나도 없다.

넷째, 선객들은 단순히 배를 타고 있는 승객으로, 교회의 교인들을 의미하지 않는다. 본문에서 선객은 해상무역을 하는 상인들이나 선주들을 의미한다. 당시 로마 제국은 국가가 운영하는 소맥과 같은 물품의 운송 사업에 자기 배를 취역시킨 선주들에게는 선박에 대한 재산세를 면제해 주는 특혜가 있었다.[89] 승객은 바로 이런 선주들을 가리킨다.

다섯째, 바다에서 일하는 이들은 세상으로 파견된 자들이 아니라 배를 운항하는 데 필요한 기술자들, 즉 배의 물 틈을 막는 이들, 배 안의 경비를 맡은 전투원들 등을 포함한다(참조, 겔 27:27).

여섯째, 본문에 나오는 선장, 선객, 선원, 바다에서 일하는 이들은 제국의 주요 무역 수단인 해상무역을 제공했던 이들을 가리킨다. 당시 제국은 이집트, 아프리카, 인도, 소아시아 등 전 세계 각처에서 진귀한 물품들을 수입했는데, 해상무역은 이러한 무역의 주요 통로였다.

16장

심판받는
바벨론의
혼인 잔치

(18:21-24)

선지자들과 성도들과 및
땅 위에서 죽임을 당한
모든 자의 피가 그 성중에서
발견되었느니라

≣ 바벨론 악기 소리와 맷돌 소리 (21-22절)

힘센 천사가 맷돌과 같은 돌을 바다에 던진다. 신천지는 이것을 하나
님이 약속하신 멸망의 기간 마흔두 달 후 바벨론(청지기교육원)이 심판
받아 사라지고 다시는 볼 수 없게 되는 것이라고 해석한다. 본문은 바
벨론의 멸망과 더불어 사라지는 악기 소리, 세공업자, 맷돌 소리, 등
불 빛, 신랑과 신부의 음성 등을 진술한다. 신천지는 이런 것들에 각
각 자신들의 단체에 적합한 의미를 부여해 해석한다. 이들은 어떻게
해석할까?

신천지에 따르면, 다시 보이지 않게 되는 바벨론의 거문고는 멸망
자의 주석이요, 바벨론의 풍류는 거짓 교리이며, 바벨론의 통소와 나
팔은 멸망자의 교리를 가르치는 사람들이요, 바벨론의 맷돌은 사탄의
교리를 만들어 내는 거짓 목자다.[90] 이러한 비유의 근거는 하나님의
거문고가 성경이요(14:2), 하나님의 노래는 하나님의 말씀이며(15:3),
하나님의 통소와 나팔은 하나님의 말씀을 전하는 대언자(사 58:1)라는
것에 근거한다.[91] 요약하면, 사라지는 바벨론의 거문고 소리, 풍류 소
리, 통소와 나팔 소리, 맷돌 소리는 모두 사탄의 교리와 주석을 말한
다는 것이다.[92]

또한 사라지는 바벨론의 세공업자는 바벨론에서 금처럼 귀하게 여기는 사탄의 교리를 연구하는 목자를 뜻한다.[93] 신천지는 바벨론이 심판받자 이들의 교리를 들으려 하는 사람이 사라지고, 그러자 이상에서 열거한 것들이 저절로 사라지게 된다고 말한다. 거짓이라고 심판받은 교리는 더 이상 필요 없게 되고, 바벨론이 정통이라 행세하는 일은 없어지게 된다.

이상의 주장을 검토해 보자.

첫째, 청지기교육원은 마흔두 달 후 사라졌는가? 그렇지 않다. 청지기교육원은 그 이후에도 존속했다. 탁성환 목사 가족들이 최근 필자에게 보내온 편지의 증언에 따르면, 청지기교육원은 1986년 10월까지 활동했으며, 탁성환 목사는 1981년 3월부터 1986년 10월까지 청지기교육원 원장으로 활동했다. 마흔두 달 이후에도 청지기교육원은 계속 존속했다.[94]

둘째, 하나님의 거문고가 성경이고, 하나님의 노래가 하나님의 말씀이며, 퉁소와 나팔이 대언자이기에 바벨론에 있는 거문고가 멸망자의 주석이요, 퉁소와 나팔은 거짓 교리를 가르치는 사람이라는 주장은 해석의 일관성에 맞지 않다. 악기가 소리를 내는 것이면 사람이든지 말씀이든지 해야지, 악기가 말씀이라고 했다가 사람이라고 하는 것은 그 비유가 자의적임을 드러낼 뿐이다.

나팔이 대언자라는 것은 이사야 58장 1절, "네 목소리를 나팔같이 높여"라는 구절을 가져온 것인데, 이 말씀은 나팔이 사람의 목소리라는 것이 아니라 목소리를 나팔'같이' 크고 우렁차게 내라는 표현이다.

나팔'같이'는 나팔이 크고 우렁찬 소리를 내는 특성을 빗댄 표현이다. '같이'라는 표현을 '나팔이다'라고 단정하는 것은 기본적인 비유 해석의 일관성을 내팽개치는 것이다.

셋째, 결국 바벨론의 여러 소리가 모두 사탄의 교리와 주석이라는 신천지의 주장은 현실의 실상과도 상관없다. 과연 바벨론(청지기교육원)의 교리와 주석이 사라졌는가? 청지기교육원의 교재를 집필한, 이들이 주장하는 일곱 머리 중 하나인 원세호 목사가 저술한 책들은 아직도 여러 목회자들이 보유하고 있고, 시중에 유통되고 있다. 최근 한 신학교 대학원에서 한 학생이 본인이 섬기는 교회의 담임목사님이 원세호 목사의 은사론을 교육하고 있다는 증언을 들었다. 또 신학교와 공공 도서관에 가면 원세호 목사의 저술이 많이 비치되어 있다. 이런 것을 보면 바벨론의 주석들이 우리나라 구석구석에 남아 있음을 알 수 있다.

넷째, 바벨론의 교리를 연구하는 목자인 세공업자는 사라졌는가? 만약 이런 식으로 말한다면 여전히 수없이 쏟아지는 신천지 비판서와 비판 동영상들은 무엇을 말하는가? 우후죽순으로 일어나는 비판의 물결들은 바벨론과 바벨론의 세공업자들과 거문고와 악기 소리가 부활하고 있다는 말인가? 일곱 머리 중 하나로 일컫는 원세호 목사의 경우, 청지기교육원 훈련 교재인 《청지기론》 외에도 이후 많은 책을 저술했다. 《요한계시록 주석》은 물론이거니와 《로마서 주석》, 《히브리서 주석》, 《잠언 주석》, 《성령론》, 《복음적 교회 성장론》 등 총 71권을 저술했다. 세공업자는 여전히 사라지지 않았다.

이런 성경 주석 저술과 목회자 교육 활동은 청지기교육원과 별도로, 일곱 머리 중 하나의 실상으로 일컬어지는 원세호 목사가 1976년 《성경해석의 원리》라는 책을 저술한 이후 그해부터 시작한 임마누엘 성경연구원을 통해서 이루어졌다. 원세호 목사의 임마누엘성경연구원은 그가 목회하던 보광침례교회의 후원으로 2004년까지 계속해서 운영되었고, 총 1만 8천여 명의 수료자를 배출했다.

다섯째, 본문이 말하는 본래의 의미는 국제무역으로 왕성했던 제국이 심판을 받아 예술, 문화, 기술, 경제, 종교 등 각 분야에서 쇠퇴할 것을 뜻한다. 먼저, 거문고와 풍류와 각종 악기 소리로 대변되는 예술과 문화활동이 사라질 것을 의미한다. 또한 세공업자는 기술자로, 바벨론 제국의 수공업 생산 경제의 중심 인력들을 말한다. 맷돌은 수확한 식량을 갈아 가공하는 도구다. 이 소리가 사라진다는 것은 생산 경제가 급속도로 위축되는 것을 의미한다. 이렇게 볼 때 본문의 의미는 제국의 각 분야가 하나님의 심판으로 급격히 위축됨을 진술하는 내용이다.

▤ 바벨론 등불 빛과 신랑과 신부의 소리, 그리고 복술 (23절)

본문은 바벨론의 등불 빛이 사라지고, 신랑과 신부의 음성이 사라지며, 복술로 만국을 유혹함을 진술한다.

신천지는 바벨론의 등불 빛은 하나님의 등불 빛인 하나님 말씀(시 119:105)과 반대되는 사탄의 교법과 교리를 뜻하며, 바벨론 신랑은 성령과 반대되는 악령을, 신부는 악령과 교제한 교인들을 가리킨다고 주장한다.[95] 바벨론에서 등불이 비치지 않고, 신랑과 신부의 소리가 사라지는 것은 이들이 정통이라고 주장하며 가르치던 사탄의 교리가 사라지고 성도들이 악령에게 예배하고 기도하는 일이 없어진다는 뜻이라고 한다.[96]

신천지는 만국을 미혹한 복술은 돈을 위해 예수님의 이름으로 거짓을 점치는 행동이라고 말한다. 이는 바벨론에 속한 자를 "구원받았다. 천국 간다. 영생한다. 복 받았다" 등의 거짓말로 속이는 것이다.[97]

이러한 주장을 검토해 보자.

첫째, 지금 이들은 계속해서 성경에 나오는 다양한 진술들을 오직 한 가지로 풀이한다. 그것은 무엇이 나오든지 다 사탄의 교리라는 것이다. 거문고와 풍류 소리도 사탄의 교리와 주석이고, 맷돌 소리도 사탄의 교리와 주석이다. 여기서도 바벨론의 등불이 사탄의 교법과 교리다.

둘째, 바벨론의 등불 빛이 바벨론(청지기교육원)의 교리라면, 과연 청지기교육원의 교리와 주석은 사라졌는가? 등불이 비치지 않는다는 것은 본래 당시 밤마다 제국을 비추던 축제와 우상 축제가 사라질 것을 의미하는 표현이다. 또 밤늦게까지 등불을 밝히며 밀려드는 주문을 소화하던 수공업에 종사하던 이들이 사라질 것을 의미한다. 미국의 러스트 벨트(Rust Belt, 쇠락한 제조업 지대)처럼, 이제 황량함만이 남은 모습을 표현한 것이다. 제국의 번영이 사라지는 것을 등불이 비치지 않는다고 표현한 것이다.

셋째, 신랑과 신부의 음성은 무엇일까? 신천지는 이들을 바벨론의 신랑인 악령과 바벨론의 신부인 미혹된 성도들로 해석하나, 이것은 잘못된 해석이다. 본문은 신랑과 신부가 바벨론 출신임을 전혀 언급하거나 강조하지 않는다. 여기서 관심은 신랑과 신부의 음성이다. 이는 신랑과 신부의 결혼식 소리를 말한다. 당시 결혼식이 있으면 도시 곳곳에서 즐거운 소리가 들렸다. 신부의 집은 성대한 혼인 잔치로 떠들썩했다. 신부는 횃불 행렬과 함께 신랑의 집으로 호위되었고, 혼인 잔치에 함께한 자들은 소리를 지르며 노래를 불렀다.[98] 그런데 더 이상 이런 소리가 들리지 않는다는 것은 제국의 멸망으로 도시가 황폐해졌음을 의미한다(렘 7:34, 16:9, 25:10).

넷째, 만국을 미혹한 복술이 예수님의 이름으로 거짓을 점치는 행동인가? 만약 거짓을 '점친다'면 이는 거짓으로 예언하는 행위를 말할 것이다. 그러나 여기서 이들은 이런 행위가 "예수 믿고 구원받았다. 천국 간다. 영생한다. 복 받았다"라는 확신을 말하는 것이라고 주장한다. 이런 말이 과연 점치는 행위인가? 국문의 뜻을 제대로 이해하지 못한 것 같다.

성경은 분명 거짓으로 점치고 예언하는 행위에 대해 경고한다(신 18:14; 겔 13장; 렘 23장). 그러나 분명 "예수님 믿고 천국 간다. 영생한다. 복 받았다"라고 확신을 심어 주는 일은 점치는 일이 아니다. 이것은 분명한 진리를 선포하는 행위다.

☰ 바벨론성에 보이는 순교의 피 (24절)

천사는 선지자들과 성도들과 땅 위에서 죽임을 당한 모든 자의 피가 바벨론 성중에서 발견되었다고 한다(24절). 신천지는 이 말씀이 바벨론에 거하는 귀신의 영들이 역대 순교자들을 다 죽인 장본인임을 말해 주는 증거라고 한다.

여기서 귀신의 영들이 순교자들을 죽였다는 것은 순교자들의 영을 죽인 것인가, 몸을 죽인 것인가? 영은 몸을 죽일 수 없다. 영과 육은 전혀 다른 존재이기 때문이다. 이는 마치 뱀이 여자와 관계를 갖고 성적 타락으로 원죄를 일으켰다는 일부 이단의 주장과 같다. 사탄은 영이고, 천사도 영이기에 영들은 장가가는 일이 없다(마 22:30; 눅 20:35). 이런 논리로 귀신의 영은 순교자를 죽일 수 없다.

그렇다면 그 영을 죽였다는 논리가 성립하는데, 순교자의 영은 죽지 않고 하늘 보좌에서 자신의 피를 흘리게 한 자들을 심판해 달라고 신원한다. 이때 순교자의 영은 '죽임을 당한 영혼'으로 소개된다. 죽임을 당한 영혼이란 영이 죽은 것이 아니라 육체가 죽임을 당한 것을 의미한다. 따라서 귀신의 영들이 역대 순교자들을 죽인 장본인이라는 주장은 성립되지 않는다.

여기서 죽임을 당한 자의 피는 바벨론으로 인해 발생한 것이며, 이는 우상 숭배를 강요하고 예수님을 믿는 자를 핍박하는 제국 바벨론이 성도를 육체적으로 고문하고, 핍박하고, 급기야 죽임으로 그 피를 흘리게 한 사건을 전제로 한다. 이것이 바로 바벨론이 멸망당한 중요한 이유다.

17장

교적부에
등록하는
어린양의
혼인 잔치?

(19:1-10)

천사가 내게 말하기를
기록하라 어린양의 혼인 잔치에
청함을 받은 자들은
복이 있도다 하고 또 내게 말하되
이것은 하나님의 참되신
말씀이라 하기로

▤ 허다한 영육의 감사와 영광 (1-6절)

신천지에 따르면, 본문 1절의 "이 일"은 18장의 사건을 말한다.[99] 즉 바벨론 음녀가 심판받고 땅의 왕들과 상인들, 그리고 배 부리는 사람들에게 다시는 악령과 결혼하지 못하게 하는 사건이다. 따라서 "이 일 후에"는 18장의 사건 후를 말한다.

하늘에 모인 허다한 무리는 요한계시록 말씀과 실상을 깨달아 하나님 앞으로 나온 자들, 곧 바벨론(청지기교육원)에서 나와 새 하늘 증거 장막성전(신천지)으로 나온 자들이다.[100] 신천지에 의하면, 허다한 무리는 하나님의 심판, 특히 음녀가 음행으로 땅을 더럽힌 것을 심판하신 것이 참되고 의롭다고 찬양한다(2절). 음행으로 땅을 더럽게 한 음녀의 행위는 신랑 되신 예수님이 아닌 악령과 교제하고 결혼하게 한 것이다.[101] 이런 음녀와 짐승은 마땅히 심판하셔야 하고, 18장까지의 일이 있어야 하나님의 백성을 사망(바벨론)에서 생명(신천지)으로 옮기는 구원 역사가 일어난다.[102]

이들은 하늘에 세세토록 올라가는 연기(3절)는 구원받은 성도들이 감사와 영광을 외치는 함성이 올라가는 것이라고 해석한다.[103]

이러한 주장을 검토해 보자.

첫째, "이 일 후에"는 새로운 환상이 펼쳐질 것을 알리는 요한계시록의 전형적인 장면 전환 용어다(4:1, 7:1, 9, 15:5, 18:1). 그동안 요한계시록의 무대는 지상에서의 바벨론이었다. "이 일 후에"는 이제 요한계시록의 무대가 천상으로 전환될 것을 알리는 역할을 한다. 요한계시록 구조의 특징은 그 무대가 지상과 천상을 번갈아 가며 보여 준다는 것이다. 따라서 여기서 "이 일 후에"는 시간적 흐름에 따른 인과관계가 아니라 요한계시록의 무대로 전환됨을 보여 준다.

둘째, 하늘에 모인 무리는 18장 사건 이후에 바벨론에서 나와 새 하늘로 들어간 자들인가? 만약 이 사건이 실상으로 이루어지려면 청지기교육원이 무너지고 나서 첫 장막 성도들이 신천지로 들어가야 한다. 하지만 신천지가 설립되고 나서도 청지기교육원은 1986년 10월까지 계속해서 존속했다. 또 이렇게 구성된 새 하늘은 논리적인 귀결로 모두 첫 장막 사람으로 구성되어야 한다. 그러나 지금 이 단체에 첫 장막 출신들이 얼마나 될까?

셋째, 하늘에 세세토록 올라가는 연기는 구원받은 성도들이 감사와 영광을 외치는 함성인가? 본문 3절의 "그 연기"는 직역하면 "그녀의 연기"(The smoke from her, NIV)다. 정확하게 말하면 그녀, 곧 바벨론에서 나오는 연기다. 그래서 새번역 성경은 이를 "그 여자에게서 나는 연기"로, 공동번역은 "그 여자를 태우는 불의 연기"로 번역했다. 이는 음녀 바벨론이 멸망해 불타오르며 나오는 연기를 뜻한다. 따라서 여기서 연기가 구원받은 신천지 성도의 감사와 영광이라는 주장은 성립할 수 없다.

넷째, 음녀의 심판받을 행위가 예수님이 아닌 악령과 교제하고 결혼하게 한 것인가? 이러한 표현을 면밀히 검토할 필요가 있다. 성도는 과연 악령과 결혼했는가? 18장이 보고하는 음녀의 죄는 만국 백성에게 합법적인 혼인 관계가 아니면서 마치 혼인한 관계처럼 음녀의 유혹에 미혹되어 바벨론에 헌신하게 한 데 있다. 제국의 우상과 향락과 사치를 탐닉하게 하고, 성도들이 우상을 숭배하고 주님을 거부하도록 요구했다. 따라서 음녀의 죄는 성도로 악령과 '결혼'하게 한 것과는 아무 상관없다. 악령과 결혼했다면 성도는 다시 이혼해야 한단 말인가? 요한계시록에 성도의 결혼은 어린양의 혼인 잔치에만 등장한다.

실상의 관점에서 신천지가 주장하는 제국의 향락과 사치를 탐닉하게 하는 것은 무엇을 의미하는가? 바벨론의 교리와 주석을 배우는 것이다. 결국 신천지가 아닌 정통교회의 말씀을 배우는 것이 악령과 교제하고 결혼하는 것이라는 주장이다. 그렇게 따지면 지금도 신천지 외에 수많은 정통교회는 여전히 음행을 하는 것이며, 18장의 심판을 기다려야 하는가?

여기서 교제와 음행을 구분할 필요가 있다. 교제한 것이 곧 음행한 것은 아니다. 단순히 사귀는 것과 음행하는 것은 큰 차이가 있다. 따라서 음녀의 심판받을 행위가 악령과 교제하고 결혼하게 한 것이라는 어설픈 표현은 적절하지 않다.

본문에서 말하는 음녀 심판의 결정적 이유는 하나님이 '자기 종들의 의로운 피를 흘리게 한 것을 갚으신 것'이기 때문이다(2절). 이는 하늘 보좌에서 하나님께 탄원했던 순교자들의 기도(6:9-10, 8:3-4)가 응답

된 사건이기도 하다.

≣ 어린양의 혼인 기약과 천국 잔치 (7-9절)

본문은 음녀 바벨론의 심판 후 펼쳐질 어린양의 혼인 잔치를 보여 준다. 혼인 기약이 이르고, 허다한 무리가 말씀을 깨달아 혼인 잔칫집으로 청함을 받는다.

신천지가 말하는 혼인이란 무엇인가? 이는 신랑의 영과 신부의 영이 하나를 이루어 육체라는 집에 함께 사는 것, 곧 신인합일하는 것이다.[104] 어린양의 혼인 기약은 어린양 외에는 다른 신과 교제하지 못하도록 약속하는 것이다.[105] 하나님이 초림 예수님께 장가들어 하나가 되셨던 것처럼(호 2:19; 요 10:30), 예수님도 마지막 때에 한 목자, 곧 예수님의 대언자이자 대행자인 새 요한을 아내로 삼아 장가드신다(신인합일).[106] 어린양의 아내가 입은 "빛나고 깨끗한 세마포"는 "성도들의 옳은 행실"이다(8절). 이는 새 요한이 예수님의 말씀을 대언하여 성도들이 그 행실을 깨끗하게 한 것을 말한다.[107] 성도들의 옳은 행실이 곧 어린양의 아내가 갖춘 혼인 예복이 된다.

어린양의 혼인 잔칫집에서는 어린양만 결혼하는 것이 아니다. 혼인 잔칫집에는 주 안에 있는 수많은 (순교자의) 영들이 함께 있는데, 이들이 와서 미혹된 만국에서 증거의 말씀을 믿고 나와 예복을 갖춘 신천지 사람들과 결혼해 하나가 된다(살전 4:14-17).[108]

혼인 기약을 하는 것은 교회의 교적부에 기록하는 것이다. 본 장 성취 전까지 많은 사람이 사탄의 교리를 말하는 정통교회에 교적부를 써서 사탄과 혼인 기약을 하고 사탄의 영과 결혼했다. 그러나 이제 말씀을 깨닫고 청함 받은 성도들은 자신들의 단체(신천지) 교적부에 등록함으로 성령과 혼인 기약을 한다.[109]

어린양의 혼인 잔치는 짐승과 그의 우상과 그의 이름의 수를 이기고 벗어난 자들을 들어 배도자와 멸망자를 심판하신 후에 증거장막성전, 신천지에서 베풀어진다.[110] 이곳이 바로 종말의 혼인 잔칫집이기 때문이다.

혼인 잔치에 손님을 청할 때는 청한 자들이 잘 오지 않기에 만나는 대로 모두 데려온다(마 22:10). 그러나 청함을 받은 자는 예복(옳은 행실), 등(말씀), 기름(두 증인의 증거하는 말)을 갖고 있어야 한다. 그렇지 않으면 바깥 어두운 데로 쫓겨난다(마 22:8-14). 어린양의 혼인 잔칫집에서 쫓겨난 자들은 당을 짓거나 적그리스도가 되어 택한 자들을 미혹한다.

이들의 주장을 검토해 보자.

첫째, 신천지가 말하는 혼인 잔치와 성경이 말하는 혼인 잔치는 차이가 있다. 이들이 말하는 혼인 잔치는 영육합일 교리에 기초한다. 하나님이 초림 예수님의 육체에 오셔서 하나 되신 것처럼, 예수님도 마지막 때에 한 목자, 곧 예수님의 대언자인 새 요한을 아내 삼아 장가드신다는 것이다. 이처럼 혼인 잔치 때는 순교자의 영이 신천지 성도의 육체에 거하여 하나가 되는 신인합일, 또는 영육합일의 역사가 일어난다는 것이다.

이들의 주장대로 하면, 예수님은 하나님의 영이 예수님의 육체에 임하시어 결혼하셨다. 예수님의 영이 중요한 것이 아니라 하나님의 영이 예수님의 육체에 임하신 것이 중요하다. 그렇다면 마지막 때의 새 요한도 하나님의 영이 그의 육체에 임하셔야 하지 않을까? 왜 그다지 중요하게 여기지 않는 예수님의 영이 임하시어 영육합일을 한다고 할까? 만약 초림 예수님도 하나님이 각 시대에 보내신 시대별 구원자에 불과하다면 굳이 예수님의 영이 임하신 것이 신인합일이라고 할 수 있을까? 예수님께 임하셨던 하나님의 영이 새 요한에게 임하시는 것이 더 바람직하지 않을까?

또 순교자의 영이 신천지 성도의 육체에 결합하는 것은 마치 무당에게 다른 귀신이 빙의하는 것 같은 섬뜩한 인상을 준다. 성경은 하나님의 영 외에 다른 사람의 영이 임하는 것을 신접한 점치는 여자에게나 일어나는 바람직하지 않은 현상으로 다룬다(삼상 28:3-25). 성경은 이런 신접한 자를 따르지 말고 "끊으라"고 말한다(레 19:31, 20:6; 왕하 21:6; 대하 33:6).

그리스도의 재림 때 성도는 각자 자기의 부활한 몸을 입는다. 순교자는 순교했던 자기 몸을 입고 부활하고, 성도 또한 자기의 몸이 홀연히 부활의 몸으로 변화된다(고전 15:51-53). 성경은 그 어떤 부활도 성도의 몸에 다른 영이 임하는 것으로 말하지 않는다.

만약 순교자의 영이 신천지 성도에게 임하면 그 안에는 두 인격이 존재하게 된다. 이렇게 되면 양신(兩神) 역사가 일어나게 되는데, 이는 마치 귀신 들린 현상과 비슷하다. 이것은 정상적인 온전한 사람이라

할 수 없다. 혹 어떤 이들은 순교자의 영이 더 강한 영이기에 성도의 약한 영이 순교자의 영, 곧 성령에 흡수될 것으로 이야기한다. 그렇다면 성도의 육체에 순교자의 영이 들어 있는 일종의 프랑켄슈타인 같은 괴물이 된다.

성경이 말하는 종말의 혼인 잔치는 이런 기이한 방식의 빙의가 아니라, 성도 각자가 자기 몸의 부활을 경험해 온전한 전인, 곧 "생령"(창 2:7)으로 변화되는 것을 말한다. 이는 하나님이 아담을 창조하셨던 원래의 모습 이상의 영광스러운 방식으로 회복됨을 의미한다. 더 나아가 성도는 그리스도의 몸 된 교회를 이루고, 이 교회가 그리스도의 정결한 신부로 준비되어 신랑 되신 예수님과 결혼하는 것이다. 예수님과 결혼한다는 것은 이제 하나님의 나라에서 영원히 예수님과 함께 거하며 예수님만을 사랑하고 섬기며 살아가도록 온전한 언약 백성으로 완성된다는 뜻이다.

둘째, 어린양의 혼인 잔치에서는 어린양이 신랑이 되고 그 아내인 신부가 결혼하는 것이 핵심이다. 그런데 신천지가 주장하는 바에 따르면, 어린양의 혼인 잔치는 신랑뿐만 아니라 초대받은 자도 모두 결혼하는 일종의 대규모 합동결혼식과 같다. 그리고 신인합일하는 대상도 성령이라는 카테고리 안에 있는 저마다 다른 14만 4천의 순교자의 영들이다. 이만희 씨는 직설적으로 성령의 수효가 14만 4천이라 주장한다.[111]

그러나 성경이 말하는 혼인 잔치는 그리스도가 세우신 새 언약이 마침내 완성되어 그분의 몸 된 교회인 성도가 영광스러운 부활의 몸으로 영원히 하나님의 백성으로 하나님과 함께 거하는 것을 축하하는 잔치다(21:1-4). 신랑으로서의 그리스도와 신부로서의 하나님의 백성이라는 은유는 초기 기독교에서 매우 널리 사용되었다(고후 11:2).[112] 이때 주 안에서 죽은 자들과 순교자도 자기의 몸으로 부활하고, 성도들도 자기의 몸으로 부활한다. 그리스도 안에서 모든 사람이 각각 차례대로 부활의 몸을 입는 새 삶을 얻을 것이다(고전 15:23).

셋째, 이들에 의하면 어린양의 혼인 기약에 참여하려면 신천지 교적부에 등록해야 한다. 기성 정통교회 교적부에 이름을 올리는 것은 사탄과 혼인 기약을 하고 사탄의 영과 결혼하는 것이다. 따라서 말씀을 깨달은 성도는 여기서 나와 새로운 혼인 기약을 해야 한다고 주장한다.[113] 이처럼 이단 단체는 '혼인 기약'을 혼인 잔치에 참여하기 위한 약혼과 같은 것으로 해석한다. 하지만 원문에는 '기약'이라는 말이 없다. "혼인 기약"(marriage, NRSV, ESV; wedding, NIV)은 "혼인" 또는 "혼인 잔치"로 번역하는 것이 적절하다.

넷째, 어린양의 혼인 잔치에 신부가 입을 빛나고 깨끗한 세마포 옷이 과연 성도들의 행실일까? 왜냐하면 신부는 새 요한이기 때문이다. 논리적으로 따진다면 신부는 자기의 정결한 행실로 옷 입어야 하기에 세마포 옷은 새 요한의 올바른 행실이어야 한다.

다섯째, 이들은 어린양의 혼인 잔치는 이 땅의 신천지에서 일어난다고 주장한다. 그러나 어린양의 혼인 잔치는 이 땅의 한 특정한 단체에서 일어나는 것이 아니다. '어린양의 혼인 잔치'는 요한계시록에서 이곳에만 등장하는 표현이다.

혼인 잔치를 이해하려면 당시 유대교의 결혼 풍습을 이해해야 한다. 유대의 결혼식은 먼저 정혼을 한다. 이는 일종의 약혼 예식으로, 신랑은 아내에게 충실할 것과 아내의 행복을 약속하며, 신부는 자신의 정절과 충실을 맹세한다.[114] 이후 신랑은 결혼 지참금을 마련하기 위해 일하러 나가고, 신부는 신랑을 맞이하기 위해 자신을 정결하게 준비한다. 신랑이 준비를 마치면 신부에게로 와서 신부를 데리고 신랑의 집으로 들어가 성대한 혼인 잔치를 벌인다.[115]

종말의 혼인 잔치는 신랑 되신 예수 그리스도가 먼저 신부를 위해 함께 머무를 처소를 예비하러 갔다가, 준비를 마치고 다시 와서 신부(교회)를 영접해 신랑 있는 곳으로 초대함으로 일어난다(요 14:2-3). 따라서 종말의 혼인 잔치는 신랑이 신부를 위해 처소를 예비한 하나님의 보좌가 있는 곳에서 일어난다. 마태복음 22장의 천국 혼인 잔치의 비유도 사람들이 초대되어 임금이 있는 곳에서 벌어진다.

이런 비유의 핵심은 어디까지나 교회가 그리스도와 영원한 사랑의 교제와 연합을 갖는다는 상징적인 표상들임을 유념해야 한다.[116] 이는 일부 세대주의자들이 말하는 것처럼 재림 전에 공중에서 7년 동안 그리스도와 함께 혼인 잔치가 있을 것이고, 이후에 천년왕국이 펼쳐질 것이라는 주장과는 다르다. 이러한 혼인 잔치는 천년왕국 후에 있을 영원한 축복을 예표적으로 보여 주는 것이다.[117]

여섯째, 이들이 혼인 잔치에 초대하는 것은 결국 바벨론으로 상징되는 정통교회에 사로잡힌 성도들을 빼내어 자신들의 단체로 데려오는 것이다.[118] 이것이 천국 혼인 잔치에 초대하는 일이라는 것이다. 그러나 이는 가만히 교회에 들어와 성도들을 미혹하는 거짓 선지자, 거짓 형제에 불과하다(갈 2:4; 딤후 3:6; 벧후 2:1; 유 1:4).

일곱째, 이들은 혼인 잔치에 손님을 청할 때 잘 오지 않기에 적극 초대해야 한다고 주장한다. 하지만 거부하고 오지 않는 이들은 이미 진멸당했다. 신천지의 주장에 따르면, 멸망당한 이들은 배도자들이다. 그런데 놀라운 것은 마태복음 22장 10절에 따르면, 만나는 대로 사람들을 적극 초대한 결과, 온 이들은 악한 자와 선한 자가 모두 포함되어 있었다. 이들은 누구인가? 악한 자들은 이들의 해석에 따르면 배도자, 멸망자가 아닌가? 그렇다면 신천지는 배도자와 멸망자도 초대해야 한다. 그리고 혼인 잔치에 이들도 함께 참여해야 한다.

본래 이 비유는 유대인들을 구원으로 초대했지만 이를 거부하자 구원이 악한 자나 선한 자 모두, 즉 유대인뿐만 아니라 모든 이방인에게까지 미쳤음을 의미한다. 따라서 이 본문을 이들의 방식대로 알레고리적 비유 풀이로 해석하다 보면 모순에 부딪힌다.

여덟째, 혼인 잔칫집에서 쫓겨난 자들은 당을 짓거나 적그리스도가 되어 택한 자들을 미혹한다고 이들은 주장한다. 혼인 잔칫집에서 쫓겨난 자들에게 남은 선택은 이제 바깥 어두운 데 처하여 슬피 울며 이를 가는 일이다(마 22:13; 참조, 마 24:51, 25:30). 이제는 더 이상 어떻게 할 수 없다. 그런데 쫓겨나고도 또다시 택한 자들을 미혹한다는 것은 이들이 주장하는 혼인 잔치가 온전한 구원의 역사가 아님을 반증할 뿐이다.

≡ 예수님의 증거를 받은 영육 대언자 (10절)

요한이 지금까지 요한계시록 사건을 보여 준 천사에게 경배하려 하자
천사는 "나는 네 형제들과 같은 종이니 삼가 그리하지 말고 오직 하나
님께 경배하라. 예수의 증언은 예언의 영이라"라고 말한다(10절). 여기
서 신천지는 교주를 지칭하는 새 요한을 보혜사로 주장하려 한다. 이
들의 논리는 다음과 같다.[119]

먼저, 천사는 예수님의 이름으로 와서 예수님의 말씀을 대언하기로
약속된 진리의 성령 보혜사의 입장에 있다(요 14:26). 여기서 진리의 성
령이라 함은 진리인 하나님의 말씀을 가지고 오는 자라는 말이며, 보
혜사(保惠師)는 '은혜로 보호하는 스승'이라는 뜻이다. 그는 보혜사 예
수님이 하나님께 구하여 보낸 또 다른 대언자이므로 "다른 보혜사"라
한다(요 14:16). 하나님이 예수님을 보혜사로 삼으신 것처럼, 승천하신
예수님은 보혜사 성령을 자신의 대언자로 삼아 말씀을 전하시며, 직접
우리에게 나타나 말씀을 가르쳐 주시지 않는다.

본문에서 사도 요한은 예수 그리스도의 계시를 전해 받고 있으므
로, 보혜사의 입장에 있는 천사가 택하여 쓰는 사람이다. 그는 성령의
대언자로 보혜사의 입장에 놓인다. 그는 진리의 성령은 아니지만 그
와 함께하는 영으로 말미암아 보혜사의 위치에서 대언하게 된다.[120]

이상의 주장을 검토해 보자.

첫째, 천사가 한 말에 주목할 필요가 있다. 천사는 종이다. 보혜사도
아니고 보혜사의 입장에 설 수도 없다. 모든 천사는 섬기는 영으로서
구원받을 상속자들을 위해 섬기라고 보내심을 받은 자들이다(히 1:14).

둘째, 보혜사는 '은혜로 보호하는 스승'이라는 뜻이 아니다. 이는 한자를 그대로 풀어쓴 것에 불과하다. 한자를 풀어쓰는 해석을 고집하는 이유는 '스승 사'(師) 자 때문이다. 스승이기에 사람이라는 해석을 심어 줄 수 있다. 하지만 보혜사는 헬라어 '파라클레토스'에서 온 단어로, '곁에서'(파라) '말하는'(클레토스) 사람, 즉 변호자, 또는 대언자를 가리킨다. 그렇다면 대언자 보혜사가 하시는 일이 무엇인가? 하나님의 보좌 앞에서 성도들의 죄를 변호하시는 역할이다. 성도가 죄를 짓고 실수를 해도, 우리 죄를 위해 십자가에 죽으신 예수 그리스도는 성도들을 위해 변호와 중보 사역을 하신다. 요한일서 2장 1절은 이를 잘 보여 준다. "그러나 혹 누가 죄를 짓더라도 아버지 앞에서 우리를 변호해 주시는 분이 계십니다. 그분은 의로우신 예수 그리스도이십니다"(공동번역).

예수님이 우리의 변호자가 되신 이유는 그분만이 인간의 죄에 대하여 대신 형벌을 받고 인류의 죄 문제를 해결해 주신 분이기 때문이다.[121] 예수님이 천상의 보혜사가 되신다면, 성령은 지상의 보혜사로 이 땅의 성도들을 위해 말할 수 없는 탄식으로 중보하시고, 위로하시고, 죄와 싸워 이길 수 있도록 도우신다(참조, 롬 8:26).

셋째, 보혜사는 진리의 영이시다. 결코 육체가 아니고 어느 특정한 육체에만 임하시는 분이 아니다. 따라서 보혜사는 사람으로 대언의 말씀을 전하시는 분이 아니다. 진리의 영이신 보혜사는 어떤 역할을 하시는가? 그분은 초림 예수님을 증거하는 사역을 하신다(요 15:26). 또 스스로 영광을 받지 않고 오직 초림 예수님의 영광을 나타내실 것이다(요 16:14). 그리고 초림 예수님이 하신 말씀을 생각나게 하시고 그 말씀을 깨닫게 하실 것이다(요 14:26; 참조, 요 12:16; 행 11:16).

따라서 또 다른 보혜사는 오순절 성령 강림 때와 같이 각 사람에게 임하시어 그들로 초림 예수님의 말씀과 사역을 깨닫게 하시고, 특별히 그분의 십자가 죽음과 부활을 깨닫고 복음의 확신을 붙들게 하신다. 바울은 성령의 충만함을 받고 큰 확신 가운데 다음과 같은 진리를 선포하며 복음의 증인이 되었다. "그런즉 이스라엘 온 집은 확실히 알지니 너희가 십자가에 못 박은 이 예수를 하나님이 주와 그리스도가 되게 하셨느니라"(행 2:36). 보혜사는 초림 예수 그리스도의 십자가와 부활을 증거하시는 분임을 기억해야 한다.

18장

백마 탄 자는
교주가 아니다

(19:11-21)

또 내가 하늘이 열린 것을 보니
보라 백마와 그것을 탄 자가
있으니 그 이름은
충신과 진실이라
그가 공의로 심판하며 싸우더라

≡ 백마 탄 자와 피 뿌린 옷과 검 (11-16절)

신천지가 해석하는 본문을 한마디로 요약하면, 예수님이 백마로 비유한 육체를 타고 오셔서 만국을 다스리신다는 내용이다.[122] 여기서 육체는 신천지의 교주를 말한다. 교주는 예수님의 영이 임하신 보혜사이고, 예수님이 타신 '백마'다. 본문의 '백마 탄 자'를 신천지에서는 자신들이 따르는 교주라고 주장한다.

이들이 주장하는 내용을 좀 더 구체적으로 살펴보자.

본문은 "내가 하늘이 열린 것을 보니"라는 말씀으로 시작한다(11절). 신천지에 의하면, 하늘이 열렸다는 것은 배도, 멸망의 역사가 끝나고 하나님 나라가 창조되어 하나님이 통치를 시작하신다는 뜻이다. 본문에는 "충신과 진실"이라는 이름의 백마 탄 자가 등장하는데, 그는 "만왕의 왕이요 만주의 주"(16절)이신 예수님이다.

유의할 것은 본문의 백마는 문자 그대로의 짐승인 '말'(馬)이 아니라, 예수님이 택하여 대언자로 삼으신 새 요한, 곧 교주다.[123] 예수님의 영이 임하실 수 있도록 자신의 육체를 내어 드리는 사명자이기에 그를 '육체 사명자'라고도 한다. 신천지의 경우 이만희 교주를 '이충진' 목사, 목자, 또는 사자라고 부르며 요한계시록 대집회 등에 이 이름을 내걸기도 했다.[124] 여기서 '이충진(忠眞)'이란 이만희 교주의 성인 '이' 씨에 '충신과 진실'의 앞 글자만 따서 부른 것이다.

요한은 백마 탄 자에게 '또 다른 이름' 쓴 것이 있는데, 자기밖에 아는 자가 없다고 한다(12절). 새 이름은 2장 17절에 흰 돌에 기록된 것으로도 등장하는데, 그 이름은 흰 돌을 받는 이긴 자밖에는 알 사람이 없다. 이긴 자 위에 기록해 주기로 약속된 예수님의 새 이름은 백마 탄 자에 약속한 이긴 자와 예수님만이 아는 비밀이다.[125] 이 이름은 다름 아닌 교주의 이름이다.

예수님이 입고 계신 피 뿌린 옷은 말씀을 전하다가 돌아가신 예수님의 순교를 상징하며, 예수님의 이름을 하나님의 말씀이라고 하는 것은 예수님이 말씀이 육신이 되어 오신 분이기 때문이다.[126] 하늘에서 희고 깨끗한 세마포 옷을 입고 백마를 타고 예수님을 따르는 이들은 천천만만의 천군 천사들이요, 그들이 탄 백마는 이 땅에서 이긴 자와 하나 된 성도들, 곧 신천지의 성도들이다(참조, 15:2).[127]

신천지에 의하면, 예수님은 입에서 이한(예리한; 15절, 개역한글) 검으로 만국을 치시고, 철장으로 만국을 다스리시며, 맹렬한 진노의 포도주 틀을 밟으실 것이다. 여기서 검과 철장과 포도주 틀은 모두 심판하는 말씀이다(14:19). 이 틀에 밟히는 것은 음녀 바벨론의 일곱 머리와 열 뿔 가진 짐승이다.[128] 이를 신천지의 실상으로 말하면, 음녀 탁성환 씨가 이끌던 바벨론, 즉 청지기교육원을 말한다. 짐승을 포도주 틀에 밟아 심판한 후 예수님은 백마로 비유한 육체 사명자, 곧 교주를 통해 만국을 다스리신다.

이들의 주장을 검토해 보자.

첫째, 이들은 "또 내가 하늘이 열린 것을 보니"(11절)라는 말씀은 배도자의 멸망과 멸망자의 심판 이후를 말한다고 주장한다. 바벨론이 멸망했음에도 계속 싸움을 하는 이유로, 이들은 "갑절이나 섞어 그에게 주라"(18:6)라는 말씀을 제시한다. 멸망자 바벨론이 배도자의 죄보다 더하여 갑절이나 심판받아야 한다는 것이다. 그래서 배도자가 마흔두 달, 3년 반을 심판받았으면, 멸망자는 7년을 받아야 한다고 주장한다.

하지만 이는 요한계시록의 묵시적 특성을 이해하지 못할 때 부딪히는 난점이다. 여기서 "또 내가 하늘이 열린 것을 보니"라는 말씀은 시간 순서상의 전개가 아니라 묵시문학의 전형적 특징인 장면 전환 용어임을 유의해야 한다. 이는 18장이 지상 장면, 곧 바벨론의 멸망 장면을 보여 준 후 새로운 천상으로의 장면 전환이 이루어졌음을 강조하는 표현이다. 19장 1절에서 "이 일 후에"로 시작되어 허다한 천상의 모든 이가 하나님께 경배하는 장면으로 전환되었고, 본문 11절에서 또다시 천상에 계신 그리스도께 집중하는 장면으로 전환됨을 알리기 위해 '또 … 보니'라는 말로 시작하는 것이다.

묵시 장르는 동일한 사건을 조금씩 다른 관점으로 보여 주는 특징이 있다. 따라서 우리는 요한계시록에서 바벨론의 멸망을 16장 19-20절, 17-18장, 또 19장 17-21절에서 반복적으로 보여 주지만, 동시에 다른 강조점이 무엇인가를 분별할 필요가 있다.

또한 "갑절이나 섞어 그에게 주라"라는 바벨론을 향한 하늘의 심판

선언(18:6)은 그 부분만 문자적으로 볼 것이 아니라 전체 문맥의 흐름을 보아야 한다. 바벨론의 심판은 세 단계로 나누어 내려진다. 첫째로 바벨론의 행위대로 그에게 갚아 주고, 둘째로 그의 행위대로 갑절을 갚아 주고, 셋째로 그가 섞은 잔에도 갑절이나 섞어 그에게 주라고 한다. 여기서 둘째, 셋째 선언은 앞의 첫째 선언을 보충적으로 설명하는 역할을 한다. 그리고 둘째, 셋째 선언은 앞의 설명을 의미하는 헬라어 접속사 '카이'로 연결되어 있다. 따라서 뒤의 문장이 앞의 선언을 설명하는 기능을 한다.

그렇다면 앞에서는 그대로 갚아 주라고 하고 뒤에서는 갑절을 갚아 주라고 하는 이유는 무엇인가? 먼저, 처음에 "음녀가 준 그대로 주라"라는 말씀은 구약성경의 복수법의 원리를 그대로 반영한다(레 24:18-21; 신 19:16-19). 그런데 뒤이어 복수법을 넘어 두 배로 갚으라고 한다. 이는 앞의 복수법을 구체적으로 설명하는 문장으로, 문자적인 의미의 두 배가 아니라 충분하고도 완전한 보응을 의미한다(참조, 삼상 1:5; 왕하 2:9; 출 22:7, 9; 사 40:2; 렘 16:18, 17:18). 이런 맥락에서 셋째, "음녀가 섞은 잔에도 갑절이나 섞어 주라"라는 말씀은 음녀가 자기 영광과 탐욕을 추구하기 위해 온갖 사치와 죄악을 저질렀던 것에 대해 충분히 보응하라는 뜻이다.

둘째, 본문의 백마와 그것을 탄 자는 예수님의 영이 교주의 육체를 들어 사용하셨다는 뜻일까? 이들의 전형적인 주장은 '말은 육체'(사 31:3)이고, 탄 자는 예수님의 영이기에 예수님이 백마를 타신 것은 예수님의 영이 교주의 육체를 들어 사용하셨다는 의미라는 것이다. 예수님의 영이 교주를 들어 쓰시는 사건은 이미 1장 17절에 안수받은 이후부터 시작되었다. 5장에서는 교주가 두루마리 책을 받아먹은 이후 예수님의 영이 임하시어 그를 들어 쓰시기 시작했다. 더 나아가 6장에서는 이미 백마를 타고 이겼다고 한다. 만약 이렇게 되면 논리적으로 설명하기 어려운 점들이 생겨난다.

먼저, 예수님의 영이 교주와 함께하는 것, 즉 백마 타신 것은 정확하게 무슨 상태인가? 예수님이 말을 타셨으니 예수님의 영과 한 몸이 된 것인가? 그것은 신인합일한 상태를 말하는 것이 아닌가? 그렇다면 지금 교주는 영생체가 되었는가? 아니라면 예수님의 영은 교주 위에 오락가락하는 것인가?

또한 교주는 언제 이겼는가? 만약 교주가 백마라면, 예수님이 그를 타고 땅의 군대와 전쟁을 일으켜 멸망자를 심판하신다(20-21절). 그런데 백마 탄 자는 이미 앞서 6장에서 싸워 이겼다. 15장에서는 이기고서 하늘의 증거장막성전이 열렸다(15:2). 그렇다면 교주는 도대체 누구와 싸워 언제 이긴 것인가? 멸망자를 심판하기 전에 이기는가, 심판한 후에 이기는가? 증거장막성전이 열리고도 또 싸워 이기는가? 아니면 본문의 이기는 사건을 기준으로 본다면, 싸워 이긴 자가 되기 전에 이미 예수님이 그의 육체에 올라타 신인합일이 되었는가? 교주는 이기고서 신인합일하는가, 이기기도 전에 신인합일하는가?

본문에 따르면, 예수님이 백마를 타시는 때는 이기기도 전이다. 예수님은 이기기 전에 백마를 타고 신인합일을 하셔야 했고, 교주는 백마가 되어야 했다. 그런데 이들은 아직 '총진'이 신인합일을 완전히 했다는 분명한 확신이 없을 뿐 아니라, 그를 백마 탄 자로 착각하고 있다.

아울러 본문을 엄밀히 살펴보면 자칭 '총진'이라 부르는 교주는 백마 탄 자가 아니라, 백마로 자신의 육체를 내어 준 자에 불과하다. 만약 신천지의 주장처럼 교주가 백마 탄 자라고 하면, 교주는 육체면 안 되고 예수님의 영이어야 한다는 말이 된다. 따라서 교주가 백마 탄 자라고 하면 그는 절대 육체의 모습이어선 안 된다. 게다가 그가 백마 탔다는 증거가 어디 있는가?

셋째, 백마 탄 자에게 감추어진 새 이름은 무엇인가? 이들은 그 이름이 바로 '만희'라고 한다. 원래 신천지 이만희 교주의 본명은 이희재였으나, 할아버지가 환상 중에 빛이 환하게 비추어 가득 차는 모습을 보고 그 이름을 '가득하다'는 의미의 '일만 만'(萬)에, '빛날 희'(熙) 자를 사용해 바꾸었다. 하지만 본문의 논리에 따르면, 그것은 백마 탄 자의 이름이 아니라 백마의 이름일 뿐이다.

그렇다면 본문에 등장하는 '감추어진 이름'은 무엇일까? 본문에는 감추어진 이름이 많은 관들에 있는 이름임을 진술한다(12절). 많은 '관'이란 많은 '왕관'(헬, 디아데마)으로, 이는 '승리', '명예'를 의미하는 면류관과 달리 통치권을 상징하는 관이다. 예수님께 많은 왕관이 있다는 것은 이 세상의 진정한 통치자이심을 드러내는 표현으로, 이는 예수 그리스도를 모방해 완벽해 보이도록 쓴 일곱 머리 용의 일곱 왕관과 큰 차이가 있다.

이렇게 볼 때 관에 쓰인 이름은 옷과 다리 사이에 감추어져 있는 이름 (16절)인 "만왕의 왕이요 만주의 주"일 가능성이 크다. 디모데전서 6장

15절은 "만왕의 왕이시며 만주의 주"가 그리스도이심을 선언한 바 있고, 요한계시록도 "만주의 주시요 만왕의 왕"이 그리스도이심을 확언한 바 있으며(17:14), 이 이름은 본문에 등장하는 마지막 네 번째(11, 12, 13, 16절) 이름으로, 12절의 '감추어진 이름'의 실체일 것이다.

넷째, 이들은 예수님의 입에서 나오는 이한 검도 말씀, 철장도 말씀, 맹렬한 진노의 포도주 틀도 말씀으로 해석한다. 무조건 말씀으로 해석하는 해석의 자의적 일관성이 드러난다. 하지만 여기서 '맹렬한 진노의 포도주 틀을 밟는다'는 것은 포도가 으깨어지며 붉은 포도즙이 튀는 것같이 원수들에 대한 공의로운 보응이 철저하게 이루어짐을 묘사하기 위한 표현이지, 말씀으로 심판하신다는 의미는 아니다. 따라서 예수님이 입으신 피 뿌린 옷은 이들의 주장대로 단순히 '예수님의 순교'를 상징하는 것이 아니라, 예수님이 원수들이 성도의 피를 흘리게 한 것(6:10, 16:6, 17:6, 18:24, 19:2)에 대해 철저하게 공의로운 보응을 행하신 것을 의미한다(14:19-20, 16:19).

≡ 공중의 새들과 짐승의 고기 (17-21절)

본문은 한 천사가 태양 안에 서서 공중의 새를 향하여 하나님의 큰 잔치에 초청하는 내용이다(17절). 이 초대와 함께 (바다) 짐승과 거짓 선지자(땅 짐승)가 잡혀 산 채로 유황불 못에 던져지고, 그들을 따르던 나머지 사람들은 말 탄 자의 입에서 나오는 검에 죽어 새들의 먹이가 된다(21절).

이 본문에 대해 신천지는 이 사건이 일어나는 현장을 '어린양의 혼인 잔치'로 해석한다. 이들의 해석에 따르면, 천사가 서 있는 해는 비유한 목자이며(참조, 창 37:9-10; 요 9:4-5), 공중의 새는 순교한 영혼들이다(마 3:16, 13:32). 새들을 하나님의 큰 잔치에 모으는 것은 순교한 영들을 어린양의 혼인 잔치에 청한다는 뜻이다.

이들은 혼인 잔칫집에는 잔치 고기가 준비되어 있는데, 이 고기는 '왕들과 장군들과 말들과 탄 자'를 비롯한 모든 자, 곧 '멸망자 용의 무리와 배도자'라고 해석한다.[129] 이들은 소와 살진 짐승으로 한때 쓰임 받은 일꾼이었으나 배도로 버려진 첫 장막의 일곱 사자를 말한다.

신천지에 의하면, 살진 짐승은 다니엘 4장 20-22절의 선악나무 아래 거하는 짐승과 같은 것으로, 요한계시록 13장의 일곱 머리 열 뿔 짐승, 곧 장막 성도들을 삼킨 멸망자들을 가리킨다.[130] 사도행전 10장에 베드로가 비몽사몽간에 본 환상 가운데 주께서 부정한 짐승을 먹으라고 하신 것(행 10:9-16)의 실체가 이방인, 즉 사람이었다면(행 10:24-29), 어린양의 혼인 잔칫집 성도들이 먹게 될 고기 또한 배도자와 멸망자인 사람임을 알 수 있다.[131]

이들이 배도자와 멸망자를 '잡는 것'은 '심판하여 증거하는 것'이고, 이들의 고기를 '먹는 것'은 증거의 말씀을 '듣는 것'을 뜻한다.[132] 혼인 잔칫집 성도들이 이런 악의 무리를 먹음으로 세상 나라 바벨론이 이제는 하나님의 나라가 된다.[133] 이로써 짐승의 나라 바벨론은 삼킴을 받고, 순교자의 영혼과 말씀을 받아 싸워 이긴 신천지의 산 순교자들은 삼킴 받아 바뀐 하나님의 나라를 유업으로 얻는다.

백마 탄 자가 이끄는 군대와 짐승의 군대가 벌인 전쟁에서 짐승과 그 앞에서 이적을 행하던 거짓 선지자가 잡힌다. 백마 탄 자의 군대는 하나님 보좌 앞에 있던 천천만만의 영(5:11)과 혼인 잔칫집에 모인 성도, 즉 신천지의 성도들이요, 짐승은 음녀 탁성환 씨이며, 짐승의 군대는 바벨론 무리 청지기교육원이다. 짐승과 바벨론 무리, 곧 멸망자들은 산 채로 불 못에 던져지고, 남은 군대는 말씀의 검으로 죽임을 당해 모든 새의 먹이가 된다(20-21절).[134]

멸망자 짐승의 무리를 잡았다는 잔칫집 소문은 천국 복음이 되어 영원히 전해진다. 이 배도자와 멸망자를 심판하는 말씀은 곧 복음이며, 모든 순교한 영혼은 이 복음을 듣고 만족하게 여기는데, 이를 본문에서는 '모든 새들이 배불리 먹는다'고 표현한다(21절).[135] 결국 본 장의 혼인 잔치는 사탄과의 결혼을 파(破)하고, 영육이 함께하는 신인합일로 이루어진다.[136]

이상의 주장들을 검토해 보자.

첫째, 본문의 장면은 혼인 잔치가 아니다. 본문은 이를 "하나님의 큰 잔치"라고 한다(17절). 하나님의 큰 잔치는 앞서 천사가 요한에게 "어린양의 혼인 잔치에 청함을 받은 자들은 복이 있도다"라고 초대한 것(19:9)에 대한 일종의 패러디다.[137] 따라서 요한계시록은 종말에 두 번에 걸친 큰 메시아 잔치를 진술한다. 먼저는 본문에 새들이 죄인들을 먹는 잔치이고, 다른 하나는 성도들이 어린양과 함께 하는 혼인 잔치다(21장). 죄인들이 잔치의 먹이가 되는 심상은 에스겔 39장 17-20절을 반향한다. 이에 따르면 곡에 대한 심판이 새와 짐승들을 "이스라엘 산 위에 예비한 큰 잔치"(겔 39:17)에 모이도록 초대하는데, 여기서 새와 짐승들은 용사의 살을 먹고 세상 왕들의 피를 마실 것이다.[138]

둘째, 본문의 해는 비유한 목자(이단 교주)가 아니고, 새는 순교한 영들이 아니다. 본문은 '해' 자체를 묘사하지 않는다. 천사가 해 안에 서서 공중에 나는 새를 향해 외치는 위엄 있는 모습을 묘사할 뿐이다. 만약 이들의 주장대로 해가 이단 교주, 즉 비유한 목자라면 이미 해는 예전에 빛을 잃어 검은 상복같이 되었다(6:12). 여기서 천사가 태양 안에서 있다는 것은 태양의 강렬한 광채를 배경으로 서 있는 모습으로, 그리스도의 영광을 반영한다(1:16). 이러한 천사의 모습은 바벨론의 패망을 선포하는 다른 천사의 모습과도 유사하며(18:1-2), 이는 그리스도의 권위로 위엄 있게 하나님의 심판을 수행하는 모습이다.

본문의 시체의 살을 뜯어먹는 새는 묵시문학에 등장하는 심판을 수행하는 짐승이다. 이런 새의 역할을 앞서 에스겔 39장 17-20절에서 살펴본 바 있다. 따라서 묵시문학 장르에서 새는 영이 아니고 하나님의 심판을 수행하는 심판의 도구로서의 실제 새가 된다.

만약 이들의 주장대로 해가 비유한 목자이고 새가 순교한 영, 곧 순교자라고 한다면 기괴한 일이 벌어진다. 이단 교주가 이미 오래전에 순교했던 순교자들을 불러 모아 배도와 멸망의 말씀을 증거하게 되기 때문이다. 그리스도를 위해 목숨을 바친 전 세계의 순교자들에게 유재열 씨의 배도와 청지기교육원의 멸망 사건을 선포해야 할 이유가 무엇일까?

셋째, 혼인 잔칫집에서 '왕들과 장군들과 말들과 탄 자'를 비롯한 모든 자를 먹는가? 그렇다면 이것은 혼인 잔치가 아니라 심판 잔치다. 천사가 새들을 초대하는 것을 잔치에 초대하는 것으로 보면 혼인 잔치와 종말 잔치를 하나로 뒤섞어 보는 심각한 오류를 초래하게 된다. "와서 하나님의 큰 잔치에 모이라"(17절)라고 새들을 초대하는 것은 어린양의 혼인 잔치를 위해 모이라고 성도들을 초대하는 것(19:9)을 섬뜩하게 모방한 것에 불과하다.[139] 혼인 잔치를 하는데 배도자를 잡고, 멸망자를 먹고, 산 채로 유황불 못에 던져 버리는가? 이것이 혼인 잔치인가, 심판인가? 이만희 씨는 본문을 혼인 잔치로 혼동하는 오류를 보인다.[140]

게다가 요한계시록 본문에 전혀 등장하지 않는 '하나님의 소'와 '살진 짐승'을 마태복음에서 가져오는 것은 본문이 말하고자 하는 바를 곡해하는 결과를 초래한다. 마태복음 22장 4절에서 "나의 소"와 "살진 짐승"은 잔치를 풍성하게 하는 음식을 말하는 것이지, 이만희 씨가 주장하는 것처럼 배도자와 멸망자의 고기를 말하는 것이 아니다.

본격적인 전쟁이 시작되기도 전에 새들을 초대하는 것은 이런 선언을 하는 천사가 백마 탄 그리스도와 그의 군대가 갖는 전투력이 얼마나 압도적인지, 그리고 어떤 결과를 초래할지 확실히 알기 때문이다. 짐승의 군대가 백마 탄 그리스도의 군대와 싸운다고 사람을 모으지만, 상대도 제대로 해 보지 못하고 한순간에 망할 것을 알았기 때문이다. 짐승 군대의 패배 후 일어날 심판과 죽음이 명확하기에 미리 공중의 새들을 초대해 하나님의 종말적 심판을 수행하라고 한 것이다.

넷째, 이들은 기이한 논리를 동원해 악인들을 '잡고', 그들의 고기를

'먹는 것'을 해석한다. '잡는 것'은 '심판하여 증거하는 것'이라는 해석의 근거가 무엇인가? 명확하지 않다. 이들이 주장하는 '먹는 것'은 더더욱 기이하다. 이들은 여기 나온 '고기'가 마태복음 22장 4절에 나오는 "나[하나님]의 소"와 "살진 짐승"이라고 한다.[141] 그러면서 이들은 갑자기 고린도전서 9장 9-10절을 인용해 여기 나온 소가 하나님의 일꾼으로 쓰임 받았으나 배도로 버려진 첫 장막의 일곱 사자라는 논리적인 비약을 시도한다.

그러나 고린도전서 9장 9-10절의 소는 하나님의 일꾼으로 쓰임 받은 소를 지칭하지 않는다. 본래 고린도전서 9장 9-10절은 사도 바울이 사도가 복음을 전하고 대가를 받을 권리가 있음을 설득력 있게 논증하기 위해 모세의 율법인 신명기 25장 4절 말씀을 인용한 말씀이다. 곡식을 밟아 떠는 소에게 망을 씌우지 말라는 것은, 한낱 짐승에 불과한 소도 탈곡을 하면서 떨어진 곡식을 먹음으로 그 수고한 배고픔을 채우기 위해 망을 씌우면 안 되는 것처럼, 교회도 하나님의 복음의 일꾼들을 돌보고 섬겨야 한다는 뜻이다.[142] 이런 맥락에서의 소가 어떻게 배도한 일곱 장막의 일꾼이 되는가?

사실 이 말씀은 무엇보다 신천지에게 적용되는 말씀이기도 하다. 신천지는 자신들의 단체의 강사들에게 도저히 살아갈 수 없을 정도의 적은 사례비를 주며 혹사한다. 한 단체의 강사는 도저히 생활이 안 되니 사례를 올려 달라고 단체 지부에 수없이 진정을 넣고 건의를 했지만 아무 소용이 없자 단체를 탈퇴하고 나와 한 대학가에서 치킨 집을 운영하고 있다.

이만희 씨는 마태복음 22장 4절에 나오는 "살진 짐승"이 다니엘 4장 20-22절의 선악나무 아래 거하는 짐승이고, 이 짐승이 요한계시록 13장의 일곱 머리 열 뿔 짐승, 곧 멸망자라고 주장하며 또다시 논리적 비약을 시도한다.[143] 그렇다면 다니엘서에 나오는 짐승은 누구이며 여기 나오는 나무는 과연 선악나무인가?

먼저, 본문에 등장하는 나무는 선악나무가 아니라 다니엘 본문 자체의 비유 풀이에 따르면 벨드사살왕을 의미한다(단 4:22). 여기 나오는 나무는 고대 근동에서 흔히 범세계적인 제국을 묘사하는 데 사용했던 '우주적 나무'(cosmic tree)의 심상을 표현한다.[144] 나무는 온 세상에 이르는 느부갓네살의 통치를 표현하는 것이다. 그 아래 깃들이는 새와 짐승들은 제국의 통치 아래 평안한 삶을 구가하는 모든 백성을 의미한다.

이런 면에서 겨자씨 한 알의 비유(마 13:31-32; 막 4:30-32; 눅 13:18-19)는 하나님 나라의 통치가 처음 시작은 미약하였으나 나중에는 심히 크게 되어 그 아래 공중의 새들, 즉 모든 백성이 깃들일 것을 의미하는 하나님 나라의 우주적 나무 심상을 표현한 것이다(참조, 겔 17:23, 31:6; 단 4:22). 따라서 다니엘 4장 20-22절의 짐승은 멸망자 짐승이 아니다.

이만희 씨는 고기를 먹는다는 뜻을 해석하면서 사도행전 10장에 나오는 베드로의 환상 장면을 예로 든다. 베드로가 비몽사몽간에 본 환상 가운데 주께서 부정한 짐승을 "먹으라"고 명하셨다. 그러나 그것들의 실체는 이방인이었고, 따라서 어린양의 혼인 잔치에 나온 고기는 이방인, 곧 배도자와 멸망자의 고기라는 것이다.

베드로가 본 환상 장면의 핵심은 유대인들이 생명처럼 지키던 정결법을 하나님이 예수 그리스도의 십자가 복음 안에서 무너뜨리셨다는 것이다. 그래서 "먹으라"라는 말씀은 이방인들을 율법의 정결, 부정결 규례 유무로 차별하거나 가리지 말고, 기꺼이 이들을 "받아들이라"라는 뜻이다. 이는 이방인들의 부정함은 복음 안에서 더러운 것도 아니고 속된 것이 아님을 알려 주시기 위한 것이었다.

그래서 베드로는 고넬료의 집에 가서 그곳에 있는 이들이 이방인들임을 확인하고 다음과 같이 말했다. "유대인으로서 이방인과 교제하며 가까이하는 것이 위법인 줄은 너희도 알거니와 하나님께서 내게 지시하사 아무도 속되다 하거나 깨끗하지 않다 하지 말라 하시기로"(행 10:28). 마침내 베드로는 '하나님은 사람의 외모를 보시지 않는 분'임을 확신하게 되었다(행 10:34-35). 따라서 베드로가 환상 가운데 본 것은 배도자와 멸망자의 고기를 먹는 것과 아무 상관이 없다.

만약 이들의 주장대로 '먹는 것'을 '증거의 말씀을 듣는 것'이라고 해석하면, 베드로가 이방인들에게 증거의 말씀을 듣는 모양새가 된다. 이때 이방인들은 아직 복음을 모르고 있었다. 결국 이만희 씨의 주장은 성경을 자의적으로 끼워 맞추어 배도, 멸망, 복음의 틀로 풀어내기에 급급하다는 것을 알 수 있다.

다섯째, 신천지에 의하면 여기서 복음은 예수 그리스도의 십자가와 부활이 아닌 '멸망자 짐승의 무리를 잡았다'는 소식으로 둔갑한다.[145] 이것이 천국 복음이 되어 영원히 전해지는가? 바울은 분명 "예수 그리스도와 그가 십자가에 못 박히신 것 외에는 아무것도 알지 아니하기로

작정하였음이라"(고전 2:2)라고 선언했다. 그런데 여기서는 배도, 멸망의 소식이 영원한 복음으로 둔갑한다.

여섯째, 모든 새가 배불리 먹는다는 것이 하늘의 순교자들이 만족한다는 뜻인가? 새를 순교자의 영으로 해석하면 새들이 '멸망의 증거의 말씀을 듣고' 만족한다는 뜻이다. 2천 년 전 예수 그리스도의 복음을 위해 순교했던 순교자들이 하늘 제단 아래에서 요구하며 기도했던 하나님의 공의가 결국 청지기교육원이 멸망한 소식인가? 그것으로 이들이 만족해하는가? 아니다.

이들이 요구했던 것은 자신들의 무고한 피를 흘려 순교에 이르게 한 이 땅의 제국의 세력에 대한 탄원이었고, 제국과 제국을 따르던 제국의 통치자들, 곧 용의 대리 통치자들이었던 제국(짐승)과 제국의 앞잡이(거짓 선지자)들과 땅의 임금들과 그들의 군대들의 최후 심판이었다. 이들이 모두 심판받아 많은 이가 살육당할 것이고 공중의 새들은 수많은 사람이 죽어 이들의 살을 배부르게 실컷 먹는다는 뜻이다. 따라서 새들이 배불리 먹는다는 것은 이 땅에 심판받고 살육당한 제국과 그를 따르는 땅의 세력들이 뼈만 앙상하게 남아 비참한 죽음을 맞이하게 될 것을 의미한다.

일곱째, 두 짐승이 산 채로 유황불 못, 곧 지옥에 던져지는 것은 무엇을 의미하는가? 만약 이들의 주장대로 '잡는 것'이 심판하여 증거하는 것이라면, 증거를 받고 이들이 던져지는 유황불 못은 무엇을 말하는가? 해가 비유라면 유황불 못은 무엇을 비유한 것인가? 분명 산 채로 던져졌으니 이들은 의식이 명료한 채로 살아 있는 상태일 것이다.

만약 신천지가 영계의 하늘이 이 땅에 이루어진 것이라면, 유황불 못 또한 이 땅에 이루어진 실상이 있어야 한다. 그렇다면 유황불 못의 실상은 무엇인가? 이런 질문에 대해서 신천지는 명확하게 답하지 못한다. 불 못에 던져져 영벌을 받는다고만 하지, 그 실상이 무엇인가에 대해서는 잘 모르기 때문이다.

19장

정말
미혹의 역사가
사라졌는가
_천년왕국 1

(20:1-3)

용을 잡으니 곧 옛 뱀이요
마귀요 사탄이라
잡아서 천 년 동안 결박하여
무저갱에 던져 넣어 잠그고
그 위에 인봉하여 천 년이 차도록
다시는 만국을 미혹하지 못하게
하였는데 그 후에는 반드시
잠깐 놓이리라

≡ 무저갱에 갇힌 용

본문부터 시작되는 요한계시록 20장은 요한계시록의 절정이라 할 수 있는 천년왕국에 대한 말씀이다. 건강한 천년왕국에 대한 이해는 매우 중요하다. 그렇지 않으면 천년왕국에 대해 큰 혼동을 초래할 수 있기 때문이다. 많은 이단 단체가 기초하고 있는 천년왕국 해석은 전천년설, 또는 세대주의 전천년설이다. 이러한 해석의 핵심은 천년왕국을 19장 이후에 일어나는 사건으로 보는 것이다.

그렇다면 신천지가 주장하는 본문 이해를 살펴보도록 하자.

첫째, 본문은 19장 사건 이후 일어나는 천년왕국이다. 이때는 마귀를 무저갱에 천 년 동안 가두고 인봉했기에, 무너진 만국은 천 년 동안 소성하게 되고 여기서는 하나님의 역사만 일어나게 된다.[146]

둘째, 이때 만국은 22장 1-2절에 기록된 생명나무를 찾아 뱀(용)에게 물린 상처를 치료받고, 짐승과 우상과 그 이름의 수를 이기고 벗어난 신천지 성도들과 더불어 하나님께 경배해야 한다.[147]

셋째, 그렇다면 옛 뱀이라고도 하며 마귀라고도 하는 사탄을 결박한 쇠사슬은 무엇일까? 이는 "귀신은 진언(眞言)에 꼼짝 못한다"라는 동양 경서의 말처럼, 진리의 하나님의 말씀으로만 사탄을 잡을 수 있음을 보여 준다.[148] 이 증거하는 말씀으로 용을 이긴 것은 앞서 12장 11절에서 살펴본 바 있다. 이 말씀은 사탄의 정체를 드러내는 '증거의 말씀'이다. 본문의 천사가 사탄의 실체를 드러내면 사탄은 이 땅에서 발붙일 곳이 없어지므로, 사탄의 정체를 증거하는 말씀은 사탄이 활동하지 못하도록 막는 인봉이 된다.[149]

넷째, 용이 갇히는 무저갱은 지옥이며, 지옥을 여닫는 무저갱의 열쇠는 사탄의 비밀을 아는 지혜를 말한다.[150]

다섯째, 무저갱에서 나온 용(9, 11장)은 자신이 해야 할 멸망의 일을 다 마친 후 다시는 만국을 미혹하지 못하도록 본래와 같이 무저갱에 갇힌다.[151]

여섯째, 영계의 천국이 임한 예수님을 천국이라 한 것처럼, 영계의 용이 들어간 거짓 목자도 용이라 할 수 있기에, 용의 대행자인 거짓 목자를 심판해 그 입을 막는 것이 곧 용을 잡아 인봉하는 것과 같다.[152]

일곱째, 마지막 때 활동하는 옛 뱀이 나온 곳은 에덴동산에서 흘러나오는 유브라데강으로, 9장 14절과 16장 12절에서 확인한 바 그곳은 악령들이 나온 곳이다.[153] 그 강의 실체는 옛 뱀이자 용, 곧 사탄이 들어 쓴 멸망자들의 활동 본부다.

여덟째, 사탄은 이 땅에서 활동하며 시대를 넘어 끊임없이 사람들을 미혹해 자기 소유로 만들었다. 이러한 문제를 해결하는 궁극적인 방법은 사탄을 무저갱에 잡아 가두는 것뿐이다.[154] 지금까지는 악령과 성령이 서로 대립해 싸워 왔지만, 이제는 옛 뱀을 잡아 가두었으니 오직 하나님의 역사만 있게 된다.[155]

▤ 천년왕국 시대 해석

이러한 주장을 검토해 보자.

첫째, 본문은 19장 이후에 새로운 천년기가 시작되는 천년왕국에 대한 말씀인가? 신천지는 본문이 새로운 천년기가 시작되는 것으로 해석한다. 이러한 해석은 이단들에게 많은 영감을 제공한 세대주의 천년왕국 해석과 맞닿아 있다. '세대주의'란 말 그대로 하나님이 각 세대를 단위로 구원 역사를 일으키시는데, 구약 4천 년과 예수님 초림 이후 2천 년을 합쳐 6천 년이 지나고 새로운 천년기로 접어드는 때, 곧 7천년기로 진입하는 때에 천년왕국이 임하고, 7천 년 후에는 완전한 영생과 영벌의 심판이 있고, 이후 새 하늘과 새 땅이 완전히 이루어질 것으로 본다. 이를 도식으로 보면 다음과 같다.

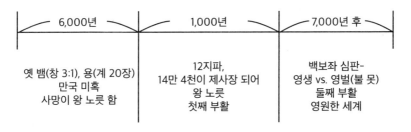

<세대주의 천년왕국 해석>

정통적인 개혁신앙의 입장에서 20장은 또 다른 천년기를 시작하는 말씀이 아니다. 20장을 시작하는 1절 말씀, "또 내가 보매"는 요한계시록에 전형적으로 나타나는 장면 전환 어구이지, 연대적 시간의 흐름을 나타내는 표현이 아니다. 본문을 시간적 순서로 보면 해석에 어려

움이 생긴다. 첫째, 만국은 그리스도의 입에서 나오는 예리한 검으로 심판받고 멸망당했다(19:15). 그런데 본문에는 아직 미혹할 만국이 다시 남아 있다(3절). 둘째, 앞서 짐승과 그를 따르던 모든 군대가 심판을 받았다. 그런데 본문에는 또다시 싸워야 할 군대가 등장한다(20:7-9).

이런 해석의 어려움은 요한계시록이 갖는 묵시문학적 특징을 간과한 탓이다. 묵시문학은 하나님의 심원한 비밀을 다양한 차원에서 알려 주기 위해 하나의 웅대한 종말적 사건을 서로 다른 관점에서 조금씩 다르게 보여 주는 특징이 있다.

여섯째 대접이 쏟아진 이후 마귀는 큰 전쟁을 위해 온 천하 왕들을 소집한다(16:14). 전쟁을 위해 왕들을 소집하는 장면은 이후로도 두 곳에서 더 등장한다(19:19, 20:8). 주목할 것은 전쟁을 언급하는 세 구절(16:14, 19:19, 20:8)에 공통적으로 나오는 '전쟁'(헬, 폴레모스)이라는 단어 앞에 정관사가 있다는 점이다. 따라서 여기서의 전쟁은 모두 '그 전쟁'으로, 동일한 전쟁을 반복적으로 말하는 것이다.

그렇다면 이 전쟁은 어떤 전쟁을 말하는 것일까? 11장 7절에는 두 증인(교회)이 증언을 마칠 때 무저갱에서 올라오는 짐승이 전쟁을 일으키는 장면이 등장한다. 주목할 것은 여기서 '전쟁'은 관사가 없이 사용되었다는 점이다. 보통 관사가 없는 사건, 또는 사물이 언급되면 이후에 언급되는 사건이나 사물에는 바로 그 사건, 또는 사물임을 지칭하기 위해 정관사가 붙는다. 따라서 11장 7절의 '전쟁' 이후에 등장하는 정관사가 붙은 '전쟁'(16:14, 19:19, 20:8)은 바로 이 전쟁을 의미하는 것이다.

어떤 이들은 12장 7절에도 '전쟁'이라는 단어가 등장하니 이것을 가리키는 것이 아닌가 의문을 제기하기도 한다. 그러나 여기서 '전쟁이 있다'라는 표현은 명사가 아니라 '전쟁하다'(헬, 에폴레센)라는 3인칭 과거형 동사이다. 따라서 '그 전쟁'은 11장 7절의 '전쟁'을 가리킨다고 보아야 한다.

이는 교회의 증거가 끝날 무렵 세상에 임할 전쟁을 가리키는데, 16장 14절 이후에는 일곱 대접 재앙의 연장선에서 바벨론 멸망으로 이어지는 부분을, 19장 9절에서는 두 짐승, 곧 바다에서 나온 짐승과 땅에서 나온 짐승인 거짓 선지자의 멸망을, 그리고 20장 8절의 전쟁은 짐승 배후에 역사했던 사탄의 최후 멸망을 강조해서 보여 주는 것이다. 이러한 사건들은 동시적으로 일어난 사건의 서로 다른 측면이다.

이렇게 볼 때 요한계시록에 등장하는 장면 전환 용어에 좀 더 주의를 기울일 수 있다. 우리는 요한계시록에 등장하는 '이 일 후에'와 '또 내가 보니'와 같은 장면 전환 어구가 시간 순이 아닌 사건을 다양한 차원에서 보여 주는 용어임을 주목해야 한다. 이렇게 볼 때 우리는 18-20장이 순차적인 사건 전개가 아니라 동일한 묵시 사건을 서로 다른 차원으로 보여 주는 것임을 이해해야 한다. 즉 18-20장의 사건은 다음과 같이 구성되어 있다.[156]

18:1-19:10: 예수님의 초림 이후의 사역 A: "이 일 후에"(18:1).
19:11-21: 예수님의 재림 이후의 사역 B: "또 내가 … 보니"(19:11).

20:1-6 : 예수님의 초림 이후의 사역 A: "또 내가 보매"(20:1).

20:7-15: 예수님의 재림 이후의 사역 B: "천 년이 차매"(20:7).

이러한 서술 방식은 본문이 반향하는 에스겔 38-39장의 묵시적 종말 사건의 서술 방식을 재현하는 것인데, 에스겔 39장은 38장의 동일한 묵시적 전쟁을 다른 관점으로 반복하기 때문이다.[157]

그렇다면 교회가 광야로 도망가 1,260일, 곧 마흔두 달이자 한 때 두 때 반 때의 보호와 양육을 받는 기간은 무엇인가? 이것 또한 상징 수로, 그리스도의 통치의 관점에서는 천 년이지만, 이 땅의 핍박을 받는 관점에서는 3년 반, 즉 완전수 7의 절반에 미치는 기간으로, 그리 길지 않은 기간, 곧 끝나는 핍박의 기간을 상징한다. 우리는 "사랑하는 자들아 주께는 하루가 천 년 같고 천 년이 하루 같다는 이 한 가지를 잊지 말라"(벧후 3:8)라는 말씀을 깊이 생각해야 한다.

이렇게 볼 때 본문의 진술은 바로 앞의 백마 탄 자와 짐승 부대의 전쟁 문단(19:17-21)보다 시간상으로 앞선다. 따라서 20장 7절의 "천 년이 차매"는 시간상으로 문자적 천 년이 지났다는 표현이 아니라, 두 증인의 증언 기간이 끝날 때(11:7), 즉 교회의 복음 전파 기간이 끝날 때를 말한다.

'천 년'은 상징적인 천 년으로, 예수님이 오시기 전부터 이미 유대교 묵시문학에서 장차 도래할 메시아 왕국을 가리키는 상징적인 용어로 사용되었다.[158] 요한계시록에서 메시아의 통치 시대는 마귀가 더 이상 성도를 참소할 수 없게 되어 하늘로부터 쫓겨나면서부터 시작되었다(12:10). 이 기간은 예수님의 초림으로부터 시작되었고, 마귀는 예수님의 이름 앞에 벌벌 떨며(막 1:23-24) 하늘로부터 번개같이 떨어졌다(눅 10:18-19).

예수님이 오신 중요한 이유 중 하나가 바로 마귀를 결박하고(마 12:29) 마귀의 일을 멸하려 하심이다(요일 3:8). 예수 그리스도는 십자가로 마귀를 멸하시고 그의 권세를 무력화시키셨고(히 2:14), 그 결과 마귀는 세상에서 쫓겨나게 되었다(요 12:31). 마귀는 결박당한 채로 무저갱에 던져져 음부의 영역에서 꼼짝달싹 못하게 되었고(유 1:6; 벧후 2:4), 하나님의 구원 계획과 관련해 더 이상 만국을 미혹할 수 없게 되었다(3절).[159]

이렇게 볼 때 천년왕국은 그리스도의 초림, 십자가와 부활로 시작된 교회의 복음 증거 시기를 가리킨다. 그리스도는 부활 이후 지금까지 하늘에 있는 자들과 땅에 있는 자들과 땅 아래 있는 자들의 경배를 받으시고 온 세상을 통치하고 계신다. 이를 빌립보서 2장 9-11절은 다음과 같이 진술한다. "이러므로 하나님이 그를 지극히 높여 모든 이름 위에 뛰어난 이름을 주사 하늘에 있는 자들과 땅에 있는 자들과 땅 아래에 있는 자들로 모든 무릎을 예수의 이름에 꿇게 하시고 모든 입으로 예수 그리스도를 주라 시인하여 하나님 아버지께 영광을 돌리게 하셨느니라."

기억하라! 지금이 천년왕국 시대다. 천년왕국에서 '천 년'은 메시아가 하늘과 땅과 땅 아래의 주인이 되셔서 오랜 시간 통치하심을 나타내는 상징적인 기간으로, 그리스도가 천상에서 통치하시는 천상 통치의 천 년이자 교회가 복음을 증거하는 교회의 시대이기도 하다. 이삭교회의 목사 임직식이 있었던 1981년 9월부터 신천지 개국일인 1984년 3월 14일까지가 아니다. 이는 전통적인 개혁교회의 천상천년왕국, 또는 무천년왕국 해석이다. 여기서의 결박은 완전한 공간적 봉인이 아닌, 활동할 수 없는, 영향력을 상실해 예전처럼 강력하게 미혹하지 못하는 상태를 말한다.

둘째, 천 년의 기간은 22장 1-2절에 기록된 생명나무를 찾아 뱀(용)에게 물린 상처를 치료받고 새 하늘 새 땅에서 회복되는 기간이 아니다. 22장 1-5절의 사건은 교회(천년왕국) 시대 끝에 있을 백보좌 심판 이후 펼쳐질 새 하늘과 새 땅에서의 일들이다.

셋째, 사탄을 결박한 쇠사슬은 사탄의 정체를 드러내는 '증거의 말씀'인가? 사탄의 정체를 드러낸다는 것은 무엇인가? 이는 일곱 머리 열 뿔 짐승의 비밀, 즉 첫 장막을 무너뜨린 청지기교육원의 일곱 목자와 열 장로의 정체를 드러내는 것을 말한다.

이들의 주장에 따르면, 영은 육을 들어 쓰기에 육의 정체를 드러내면 그 배후에 있던 용의 정체가 드러난다고 본다. 그렇다면 결국 이들이 주장하는 사탄의 결박은 다름 아닌 일곱 머리 열 뿔 짐승, 곧 청지기교육원의 실상을 드러내는 것이기에, 본문은 앞선 19장 11-21절의 두 짐승의 멸망과 같은 사건을 말한다. 그렇다면 이들은 20장 이후의 사건을 시간 순으로 해석하면서도 그 자체로는 19장과 20장의 사건을 어느 정도 동시대로 보는 해석상의 오류를 드러낸다. 하지만 이런 오류는 요한계시록을 묵시문학으로 보는 정통 개혁신학의 입장에서는 궤를 같이한다고 볼 수 있다.

참고로, 쇠사슬은 묵시문학에서 초자연적인 존재의 잘못된 행위에 대한 형벌을 내릴 때 이로 결박한다고 표현한다(참조, 벧후 2:4; 유 1:6).[160] 본문의 '큰 쇠사슬'은 사탄의 꼼짝 못하는 상태를 강조하는 효과를 준다.[161] 사탄은 무저갱에 던져졌을 뿐만 아니라 그 안에서 큰 쇠사슬로 채워지고, 더 이상 꼼짝할 수 없고, 만국을 미혹하지 못한다.

'결박'의 의미가 세대주의 천년왕국 해석이나 역사적 전천년 해석으로 가면 완전한 인봉이 되어야 한다. 그래서 천 년 동안 마귀가 꼼짝 못하고 활동하지 못하는 완벽한 지상 천년시대가 열리기 때문이다. 그러나 '결박'의 의미가 활동력의 제한으로 해석되면 이는 앞서 살펴본 것처럼 무천년왕국 해석이 되어야 한다.

하지만 신천지는 세대주의 전천년 입장을 취하면서, 여기서 사탄이 완전히 결박되어 다시는 만국을 미혹하지 못한다고 한다. 그러나 현재 여전히 바벨론 교회가 활개하는 것을 보며 일곱 머리 열 뿔 짐승의 머리는 상하였지만 6천 년이나 활동했던 것이 아직 꼬리는 살아서 활개한다는 식으로 얼버무린다. 완전한 봉인이 아닌 제한적 결박으로 변명하는 것이다. 이처럼 신천지 안에서 세대주의 전천년 해석이나 무천년 해석에 대한 정확한 기준 없이 궁색할 때 임기응변식으로 대응하다 보니 결국 해석도 일관성을 상실하게 되었다.

넷째, 용이 갇히는 무저갱, 곧 지옥은 어디일까? 이들의 여섯째 주장에 따르면 영계의 천국이 임한 예수님을 천국이라 했으면, 영계의 용이 들어간 거짓 목자가 임한 비진리의 세상, 바벨론, 곧 기성교회가 지옥이 된다. 하지만 바벨론으로 칭하는 기성교회가 지옥, 곧 무저갱이라면 설명하기 어려운 문제가 생긴다. 무저갱에서 나온 용(9, 11장)이 자신이 해야 할 멸망의 일을 마친 후 다시는 미혹하지 못하도록 무저갱에 갇혀야 하는데, 여전히 바벨론 교회는 성장하고 있고, 도리어 신천지에 빠진 이들을 상담해 빠져나오도록 하고 있다. 하지만 이만희 씨는 그의 책에 분명히 이때가 되면 옛 뱀을 잡아 가두었기에, 오직 하나님의 역사만 있게 된다고 주장한다.[162]

과연 미혹의 역사는 없고 하나님의 역사만 일어나는가? 오히려 사탄의 역사가 점점 커지고 있다. 최근 들어 교주의 고령화와 내부 분열로 빠져나오는 미혹의 역사가 점차 가속화되고 있다. 거기서 갈라져 나온 단체의 이름은 '새천지'다. 신천지의 경우 여기에 빠진 이들이 24만 명이라고 주장하지만, 사실은 여기서 빠져나온 이들도 전문가들의 추산에 따르면 약 24만 명이나 된다.

만약 궁색한 변명으로 용의 머리가 상하였지만 아직 꼬리는 살아 있다고 하려면, 이들은 요한계시록을 시간 순으로 받아들이지 말고 묵시적 해석으로 다시 해석해야 한다. 그렇게 하면 결국 이들이 주장하는 배도, 멸망, 구원의 역사가 어설픈 조작임이 드러나게 된다.

다섯째, 이들은 마지막 때 활동하는 옛 뱀이 나온 곳이 에덴동산에서 흘러나오는 유브라데강이라고 하며, 9장 14절과 16장 12절에 근거해 그곳은 악령들이 나온 곳이라고 주장한다.[163] 그러나 앞서 살펴본 바, 9장 14절의 유브라데강에 결박한 네 천사는 악령이 아니라 하나님의 심부름꾼인 네 천사임이 드러났다. 여기서 '결박당하다'(헬, 데데메노스)라는 표현은 사탄의 소속이라는 의미가 아니라 그 활동이 제지되었다는 것을 의미한다. 이는 신적 수동태로, 그 배후에 역사하는 주체가 하나님이심을 의미한다. 게다가 여기서 유브라데는 로마 제국의 동쪽 경계선을 상징한다. 따라서 이들의 주장은 설득력을 잃는다.

여섯째, 이만희 씨가 인용한 "귀신은 진언(眞言)에 꼼짝 못한다"라는 동양 경서의 말은 무엇을 인용한 것인가? 보통 그가 동양 경서를 인용한다면 신앙촌의 한 신도가 조작한 《격암유록》이나 《정감록》을 의미하는데, 그렇다면 《격암유록》이나 《정감록》 중 어느 곳에서 나온 것인가? 원래 '진언'(眞言)이라는 말은 불교 용어로, '부처의 말'을 의미하며, 여기서 파생해 (부처의) '진실하여 거짓이 없는 말'이라는 뜻으로 비밀스러운 어구나 주문을 말한다. 이를 '다라니'라고도 하는데, 이는 불경(범문)을 번역하지 않고 음 그대로 외는 것을 뜻한다.

불교를 처음 접하는 사람이라도 익숙한 것이 "수리수리 마하수리"로 시작되는 '천수경'이라는 불경이다. "수리수리 마하수리"와 같이 번역하지 않고 음 그대로 외는 것을 '다라니'라고 한다. 또 불교에서는 관세음보살 42수 진언을 경우에 따라 외우도록 권면하기도 한다. 재물 복을 얻으려면 관세음보살 여의주수 진언인 "옴 바아리 바다리 훔 바탁"이라는 주문을 외워야 하고, 불안 속에 평안을 얻으려면 관세음보살 견색수 진언인 "옴 기리나라 모나라 훔 바탁"이라고 외워야 한다. 이런 식으로 외우는 진언들을 관세음보살 42수 진언이라 한다. 주전 4세기경 인도에서 편찬된 불교 경전 《금광명경》(金光明經) 제8장 "공덕천품"(功德天品)에서도 재물 복을 늘이고자 하면 부처의 이름을 세 번 일컬으며 향을 사르고 향과 꽃과 여러 가지 아름다운 음식을 바치고 진언을 외우라고 한다.

만약 이런 인용을 그대로 사용한다면 "귀신이 부처님 말씀에 꼼짝 못한다"고 주장하는 것이다. 그렇다면 이런 주장을 하는 사람은 성경을 증거하는 자인가, 성경을 왜곡하는 자인가, 아니면 불경을 증거하는 자인가? 그는 진정 계시받은 자인가? 혹시 부처에게 계시받은 것은 아닌가?

이들이 주장하는바 12장 11절의 증거의 말씀은 사탄의 정체를 드러내는 증거의 말씀과 전혀 상관없다. 이 말씀은 전후 문맥을 살펴보면 어린양의 피와 생명의 복음을 증언하는 말씀이다(12:11).

끝으로, 신천지에는 옛 뱀이 가두어졌으니 이제 오직 하나님의 역사만 있게 되는가? 하나님의 역사만 있어야 할 신천지가 청와대 국민청원에 올라왔다. 신천지의 강제 해체(해산)를 청원하는 내용이다. 이유가 무엇일까? 청원의 내용을 인용하면 다음과 같다.[164]

신천지는 설립 이래 지속적으로 일반 기독교, 개신교 등 타 종교 신도들을 비하하고 심지어는 폭력까지 저질렀으며, 대한민국 국민이라면 기본적으로 가지는 '종교의 자유'를 포교활동이라는 명목 하에 침해했습니다. 무차별적, 반인륜적인 포교행위와 교주 단 한 사람만을 위한 비정상적인 종교체제를 유지하는 행위는 더 이상 정상적인 종교활동이라 볼 수 없으며, 국민 대다수의 자유와 권리를 침해하는 위법행위입니다.

이번에 발생한 신천지 대구교회발 코로나-19 TK지역 감염 사태 역시 신천지의 비윤리적인 교리와 불성실한 협조 태도 때문에 발생한 일입니다. 말로는 '정부에 협조'하겠다며 선전을 하지만, 언론에서 드러난 사실에 의하면 "(질본에서 연락 오면) 예배 참석을 안 했다고 말하라", "댓글 조작에 가담하라" 등 코로나-19 역학조사 및 방역을 방해하려는 지시를 내렸습니다. 국가의 중요 시설 중 하나인 방송국 주조정실을 파괴하고, 대한민국 시민들을 우롱하고 속여 가며 반헌법적인 행위를 일삼은 신천지. 이제는 해체해야 합니다.

이 내용을 보면 신천지는 더 이상 마귀의 역사가 없는 새 하늘 새 땅이 아니라 도리어 마귀의 역사가 들끓는 반윤리, 반인륜적인 사기 집단임을 알 수 있다.

20장

신천지가 만든
부활, 신인합일
_천년왕국 2

(20:4-6)

이 첫째 부활에 참여하는 자들은
복이 있고 거룩하도다
둘째 사망이 그들을 다스리는
권세가 없고 도리어
그들이 하나님과 그리스도의
제사장이 되어
천 년 동안 그리스도와 더불어
왕 노릇 하리라

≣ 영육이 하나 되는 첫째 부활

본문은 신천지 신도들이 갖는 가장 큰 희망의 근거가 되는 말씀이다. 24만 명이 넘는 이단 신도 중에서 어떻게든 밤낮 열심을 내어 14만 4천에 들어가려고 하는 것도, 제사장의 인 맞은 시험을 보고 몇 번이나 떨어져도 네 번, 다섯 번 다시 시도하면서 어떻게든 합격하려고 안간힘을 쓰는 것도 바로 이 본문의 해석 때문이다.

그렇다면 이들이 주장하는 14만 4천 신도의 첫째 부활이 무엇을 말하는지 살펴보자.

첫째, 천사가 용을 무저갱에 잡아 가둔 후 하늘 보좌에 앉은 자들이 있어 세상을 심판한다. 이는 세상이 새롭게 되는 때, 즉 요한계시록이 성취되는 때에 창조되는 영적 새 이스라엘 열두 지파의 보좌를 말한다.[165] 이 말씀은 예수님의 열두 제자가 영적 새 이스라엘을 이루는 신천지의 열두 지파장과 신인합일을 하는 것을 말한다.[166]

둘째, "목 베임을 당한 자들의 영혼들"은 창세로부터 지금까지 순교당한 수많은 영들이다(4절; 참조, 6:9). 이어지는 "짐승과 그의 우상에게 경배하지 아니하고 그들의 이마와 손에 그의 표를 받지 아니한 자들"은 증거장막성전, 곧 신천지로 나온 소위 "이긴 자"들이요, 혼인 잔칫집에 모인 자들이다. [167] 육체가 없는 순교한 영들이 육체가 있는 이긴 자들을 덧입고 신랑과 신부처럼 하나가 되어 산다. 이것이 바로 영과 육이 한 몸을 이루는 영육합일의 결혼이요 부활이다. [168] 지상의 14만 4천 명의 이긴 자들이 다 이루어져 제사장이 완성되면 영육합일이 되어 영생하며 천 년 동안 주와 함께 왕 노릇 한다. 이들은 둘째 사망의 해를 받지 않는다.

셋째, 이때 흰옷을 입은 무리들은 첫째 부활로 제사장들이 다스리는 천년성에서 함께 살게 된다.

이러한 신천지의 주장을 검토해 보자.

첫째, 신천지의 열두 지파장들은 열두 제자의 영이 임했고 신인합일을 했음에도 불구하고 자꾸 죽어 가고 있다. 어떤 이들은 암으로 죽고, 어떤 이는 치매가 와서 고생하고 있다. 하늘에서 천 년 동안 열두 보좌를 다스려야 할 그들이 죽어 나간다는 것은 더 이상 천년왕국을 다스릴 자격이 없게 된다는 말이다.

게다가 본문의 천상의 보좌들은 열두 제자의 열두 보좌만을 의미하지 않는다. 3장 21절은 이미 이기는 성도들에게 하늘의 보좌를 약속한 바 있다. 6장 9절 이하에는 하나님의 제단 아래 순교자의 영혼들이 하나님께 탄원하며 기도하는 장면이 나온다. 하나님의 제단 아래 있다는 것은 하나님의 보좌 가까이에 있다는 말이다. 이들은 자신들의 믿음을 지키고 이긴 자들을 가리킨다. 하늘 보좌는 자기 믿음을 끝까지 지킨 하나님의 백성들에게 주어진다. 이를 다니엘 7장 22절에서는 "옛적부터 항상 계신 이가 와서 지극히 높으신 이의 성도들을 위하여 원한을 풀어 주셨고 때가 이르매 성도들이 나라를 얻었더라"라고 말한다.

물론 예수님은 제자들에게 "너희로 내 나라에 있어 내 상에서 먹고 마시며 또는 보좌에 앉아 이스라엘 열두 지파를 다스리게 하려 하노라"(눅 22:30)라고 말씀하신 바 있다. 여기서 이스라엘 열두 지파는 그리스도의 피로 맺어진 새 언약 안에서 성취된 새 이스라엘인 교회를 의미한다(6:5-8). 새 나라를 다스리는 권세는 제자에게만이 아니라 믿음의 인내로 끝까지 싸워 이긴 하나님의 백성들에게 허락된 것이다.

이를 다니엘 7장 27절은 다음과 같이 말한다. "나라와 권세와 온 천하 나라들의 위세가 지극히 높으신 이의 거룩한 백성에게 붙인 바 되리니 그의 나라는 영원한 나라이라 모든 권세 있는 자들이 다 그를 섬기며 복종하리라." 요한계시록 2장 26-27절도 이와 같이 말한다. "이기는 자와 끝까지 내 일을 지키는 그에게 만국을 다스리는 권세를 주리니 그가 철장을 가지고 다스려 질그릇 깨뜨리는 것과 같이 하리라." 따라서 하늘 보좌들은 열두 제자만이 아니라 끝까지 싸워 이긴 순교자와 성도들을 포함한다.

둘째, 목 베임을 당한 순교자의 영혼들이 이 땅에서 짐승에게 경배하지 않고 표 받지 아니한 소위 이긴 자들과 신인합일을 하는가? 이는 본문의 의미를 오독한 데서 기원한다. 본문을 엄밀히 보면, 순교자의 영혼들과 짐승에게 경배하지 않고 표 받지 아니한 자들은 동일한 이들임을 알 수 있다. 헬라어에서 '그리고'(and)를 의미하는 '과'(헬, 카이)는 앞의 것을 설명하는 기능을 갖거나 동일한 대상임을 표현하는 등위, 또는 설명의 접속사다. 이렇게 볼 때 '순교자의 영혼들'은 곧 '짐승에게 경배하지 않고 표 받지 아니한 자들'임이 분명히 드러난다.

이를 새번역 성경으로 보면 다음과 같다. "또 나는, 예수의 증언과 하나님의 말씀 때문에 목이 베인 사람들의 영혼을 보았습니다. 그들은, 그 짐승이나 그 짐승 우상에게 절하지 않고, 그들의 이마와 손에 그 짐승의 표를 받지 않은 사람들입니다. 그들은 살아나서, 그리스도와 함께 천 년 동안 다스렸습니다"(4절, 새번역).[169]

셋째, 신천지에 의하면 첫째 부활, 곧 신인합일에 참여한 자들은 천 년 동안 왕 노릇 해야 한다. 만약 그들의 천년왕국이 1984년 3월 14일부터 시작되었다면 왜 부활한 14만 4천이 아직 아무도 없는가? 천년왕국이 시작됨과 동시에 지파장과 14만 4천이 신인합일되어야 하는데 되지 않았다. 오히려 현실은 지파장이 죽어 나가고, 신도들은 아직 신인합일을 경험하지 못하고 있다. 그러는 사이 14만 4천을 넘어 24만에 육박하고 있다.

이에 대해 이들은 천년왕국이 시작한다고 곧바로 신인합일이 일어나는 것이 아니라, 천년왕국 중에 일어날 것이지만 그때가 언제인지는 아무도 모른다고 둘러댄다. 그것이 500년 후일 수도 있고, 천년왕국 끝일 수도 있다. 단, 이 땅에 진실된 14만 4천이 제대로만 서면 이루어질 것으로 말한다. 그러나 이러한 이들의 주장은 논리적 설득력을 잃는다. 왜냐하면 이들은 천 년 동안 왕 노릇 해야 하기 때문이다. 이미 천년왕국이 1984년에 시작되었으면 이들은 천 년 동안 왕 노릇 하는 것이 아니라 약 950년밖에 왕 노릇 하지 못한다. 그러면 천 년이라는 말씀은 성취되지 못하는 것이다. 정확무오한 하나님의 말씀을 가감하게 되는 것이다(22:18-19).

또 이들은 이전처럼 일대일 신인합일을 한다고 주장하지 않는다. 신천지의 수가 14만 4천이 넘기 전에는 14만 4천만 되면 신인합일을 한다고 주장했다가, 14만 4천이 넘자 지파별로 1만 2천이 되어야 한다고 했다가, 14만 4천이라고 다 참된 14만 4천이 아니라 양과 염소가 있는 것처럼 참된 14만 4천이 아직 차지 않았다는 식으로 말을 바꾼다. 그러다 순교자의 영들이 이긴 자로 칭하는 지상의 신천지 신도들 14만 4천과 일대일로 신인합일하는 것이 아니라 그저 순교자의 영들이 함께하게 되면 신인합일한다고 한다. 그렇다면 하늘의 14만 4천과 지상의 14만 4천이 대응되어야 할 필요가 무엇인가? 결국은 숫자는 실제 수가 아니라 상징 수로 풀어야 하는 딜레마를 안게 된다.

첫째 부활에 참여한 자들은 둘째 사망을 당하지 않는다. 그러나 천년왕국이 시작되었다고 주장하는 신천지는 천년왕국이 시작되었음에도 불구하고 아직 14만 4천도 차지 않았고, 12지파장도 죽어 나가고, 신천지에 속한 신도들도 죽어 나간다. 이들은 과연 부활에 참여할 수 있을까? 이들은 천년왕국 중에 있을 부활을 맞지 못하고 죽으면 천년왕국 중에 육체로 영생할 수 없게 된다. 이것 또한 모순이다. 결국 백보좌 심판 때가 되어서야(20:11) 살아나게 된다.

이상의 주장들을 검토하고 냉철하게 생각해 보라. 과연 이들이 주장하는 천년왕국이 시작되었을까? 여기서 첫째 부활에 대한 바른 성경적 정의를 내릴 필요가 있다. 첫째 부활이란 우리의 육신은 죽고 나서 우리의 영혼이 살아 하나님과 함께 천국에 거하는 것을 말한다. 예수님이 "나를 믿는 자는 죽어도 살겠고"(요 11:25)라고 말씀하신 것처럼, 육신은 죽지만 영혼은 그리스도와 함께 있는 상태를 말한다.

그렇다면 현재 순교자들이 살아서 하늘에서 그리스도와 더불어 천년 동안 왕 노릇 한다는 것은 무슨 뜻일까? 앞서 '천 년'은 문자적 천 년이 아닌 상징적 천 년으로, 그리스도의 초림 사역, 곧 십자가와 부활로 그분이 온 세상의 주가 되신 이후부터 재림까지의 기간임을 살펴보았다. 이 기간에 순교자들이 목 베임을 당하면, 비록 육신은 죽지만 그 영혼은 소멸하거나 안식하지 않고 곧바로 천국에 들어가 그리스도와 함께 왕 노릇 하는 일에 동참하게 된다. 그것이 바로 아시아의 일곱 교회 성도들을 이미 "나라와 제사장으로 삼으신"(1:6) 이유다. 이렇게 볼 때 본문은 순교자들을 다양한 각도에서 설명한 것이지, 열두 제자 보좌, 열 두 지파장, 천상의 순교자, 그리고 지상의 신천지인 14만 4천을 설명하는 것이 아니다.

그렇다면 둘째 부활은 무엇일까? 그것은 장차 경험할 몸의 부활을 뜻한다. 이는 삼위일체 하나님 중 한 분이신 성령이 그리스도가 재림하실 때 일으키실 사역이다(참조, 롬 8:11). 이는 인간이란 영혼과 육체의 통전적 결합체이기에, 창조의 영이신 성령이 그리스도의 재림으로 만물을 회복하실 때 성도가 아담보다 온전한 인간으로 부활하고 회복하도록 변화시키시는 사역이다(고전 15:51).

이와 함께 첫째 사망은 우리의 육신이 죽은 이후 영혼이 음부에 떨어지는 것을, 둘째 사망은 백보좌 심판 이후 몸이 부활해 영원히 불 못에 던져지는 것을 뜻한다.[170]

21장

신천지의
첫째-둘째
사망과 부활
_천년왕국 3
(20:7-15)

누구든지 생명책에
기록되지 못한 자는
불 못에 던져지더라

≣ 천 년 후 사탄의 역사와 심판 (7-10절)

본문은 천년왕국 후 사탄이 옥에서 나와 지상 백성을 미혹하여 거룩한 성을 치려 하다 멸망을 받고(7-10절), 이후 하나님의 크고 흰 보좌 앞에 모든 사람이 소환되어 책들에 기록된 대로 심판받아 영생과 영벌로 갈라지는 내용(11-15절)이다. 시기적으로 바로 앞인 20장 1-6절과 천 년의 시간 차가 벌어진다. 천년왕국이 끝날 때 일어날 본문의 사건에 대한 신천지의 해석은 어떨까? 본문에 대한 신천지의 해석을 살펴보겠다.

첫째, 천년왕국은 영적 새 이스라엘 열두 지파가 육적 세계인 이 땅에 창조된 날인 1984년 3월 14일부터 시작되었다.[171] 이날은 신천지예수교 증거장막성전의 창립일이다.

둘째, 창립일로부터 천 년이 되는 때 사탄은 다시 옥에서 놓여 나오고 에스겔 38장과 본문 8절에 예언된 대로 사탄이 온 땅 백성, 곧 곡과 마곡을 미혹하여 성도들의 진과 주께서 사랑하시는 성을 치려 한다.[172] 곡과 마곡은 육체뿐인 사람들, 곧 영이 없는 무령(無靈) 인간들이고, 성도들의 진은 첫째 부활자들의 성을 가리킨다.

셋째, 천년왕국이 지난 후에도 영적으로는 이전 세계와 같은 일이 일어난다. 여전히 말씀이 있는 자와 없는 자가 함께 살고 있을 것이며, 사탄은 만국을 미혹하여 하나님의 선민을 멸망시키려 할 것이다.

넷째, 천년왕국 이전과의 차이점이 있다면 전에 존재했던 첫 장막과 성도들은 사탄에게 미혹 받아 짓밟혔으나(13장), 천년왕국 후의 백성은 언제 사탄이 옥에서 놓여 나오는지 알기에 미혹되거나 함락되지 않는다.

다섯째, 하나님은 곡과 마곡을 '말씀의 불'로써 소멸하시고(9절), 마귀는 짐승과 거짓 선지자가 있는 유황불과 못에(19:20) 던져 영벌에 들어가게 하신다(10절).

이러한 신천지의 주장을 검토해 보자.

첫째, 천년왕국이 이미 시작되었다면 천년왕국 때 일어날 일들, 곧 신인합일과 왕 같은 제사장들의 통치가 완벽하게 이루어져야 한다. 왜냐하면 이들의 통치는 문자적 천 년이어야 하기 때문이다. 하나님의 말씀이 일점일획도 틀림없이 정확무오하다면 천년왕국이 되었는데 아직 14만 4천이 되지 않았다든지, 종교 통합이 이루어지지 않았다든지, 만국평화회의가 있어야 한다든지 등의 조건이 붙어서는 안 된다. 천년왕국이 시작됨과 동시에 이 모든 것이 완전히 이루어지고 시작되어야 한다. 만약 아직 이루어지지 않았다면 말씀이 성취되지 않은, 실상을 어설프게 끼워 맞춘 조작일 가능성이 크다.

둘째, 창립일로부터 천 년이 되는 2984년 3월 14일에는 사탄이 다시 옥에서 놓여 나오고 온 세상을 미혹하여 거룩한 성 예루살렘을 치려 하는가(7-8절)? 이러한 시나리오대로라면 어설프고 이상한 부분이 많다. 왜냐하면 신인합일을 한 왕 같은 제사장들이 하나님의 말씀으로 천 년 동안 세상을 다스렸는데, 천 년 후에 또다시 말씀에 미혹되는 수많은 이가 하나님을 대항하며 일어나기 때문이다. 악의 영향력이 사라지고 오직 하나님의 말씀만이 통치하는 천 년의 통치 기간에 왕 같은 제사장들은 도대체 무엇을 한단 말인가? 천 년 동안이나 하나님의 말씀으로 통치하는데도 천 년이 지나면 또다시 미혹되는 일들이 일어난다면 천 년의 통치는 왜 필요한가?

본문의 천 년은 정통 개혁신학의 입장에서, 부활하신 그리스도와 순교자들의 천상 통치 기간인 동시에 교회의 시대를 의미한다. 교회로 복음을 증거하게 하시고 교회를 통해 이 땅에 임한 하나님의 나라를 증거하게 하시는 기간이다. 이 기간의 끝에 사탄이 그 옥에서 놓인다는 것은 그동안 억제되어 있던 악의 활동력이 그리스도의 재림 직전에 잠시 풀려나 전례 없던 강력한 핍박과 미혹으로 할 수 있는 한 세상을 강력하게 끌어들이려 할 것이라는 의미다. 잠시 풀려난 짧은 시간에 사탄의 결박된 활동력이 풀려나자 순식간에 땅의 사방 백성을 미혹하여 대항하려 하는 것이다.

에스겔 38-39장에 나오는 곡과 마곡은 종말에 곡이라는 왕이 싸우러 왔다가 하나님의 심판을 받는 장면을 예고하는 데서 왔다. 에스겔서는 이 전쟁의 배후가 사탄이라고 명시하지는 않고, 곡에게서 나오는 '악한 계략'이라고 말한다(겔 38:10).[173] 에스겔 38-39장은 37-48장의 흐름 가운데서 보아야 하는데, 이는 요한계시록 20-22장과도 평행을 이룬다. 즉 마른 뼈가 살아나고(겔 37장), 곡과 마곡이 이스라엘을 멸망시키기 위해 전쟁을 벌이지만(겔 38장), 하나님의 심판으로 멸망당하고(겔 39장), 이후 영화롭게 된 하나님의 백성이 종말의 성전을 즐거워한다(겔 40-48장).[174]

요한계시록은 하나님을 대적하는 "사방 백성"을 "곡과 마곡"이라는 에스겔서에서 하나님을 대적하는 상징적인 세력으로 표현했다(8절). 여기 "사방 백성"은 땅의 사방 백성으로, 땅은 요한계시록에서 하나님을 대적하는 세력들의 공간으로 주로 나타난다. 이는 교회와 성도를 핍박하는 땅의 사방 백성을 의미한다.

그렇다면 신천지가 공격하는 천년성은 무엇을 가리킬까? 이들은 신인합일을 경험한 첫째 부활자들이 왕 노릇 하는 성이라고 주장한다. 그러나 본문은 이 성을 '천년왕국성', 또는 '새 예루살렘'으로 지칭하지 않는다. 이 성은 "주께서 사랑하시는 성"이다. 이는 마치 19장 17절에 혼인 잔치를 패러디한 "하나님의 큰 잔치"라는 표현이 혼인 잔치가 아닌 것과 같다. 본문의 성 또한 21장부터 시작될 거룩한 성 새 예루살렘이 아니다.

주목할 것은 본문은 이 성을 진술하기 이전에 이를 "성도들의 진"이라고 진술한다는 것이다. 이어지는 '과'(헬, 카이)는 앞의 것을 설명하는 설명의 등위 접속사다. '성도들의 진, 곧 하나님이 사랑하시는 성'이다. 이렇게 볼 때 이 성은 우선적으로 성도들의 '진'으로 이해해야 한다. '진'(헬, 파렘볼레, camp)은 둘러치는 야영 캠프를 의미한다. 이는 일차적으로 이스라엘이 광야를 지날 때 성막 주위에 쳤던 열두 지파의 진(출 33:7-11; 민 2:1-34)을 의미한다. 광야 기간 동안 하나님의 영광은 진 안

에서 빛났다(출 14:19-20; 신 23:14).[175]

이러한 이미지를 바탕으로 요한계시록 본문에서 성도들의 '진'(camp, NIV, NRSV)은 광야에서 1,260일, 또는 한 때 두 때 반 때 동안 하나님의 보호를 받고 있으면서 하나님의 영광을 소유한 교회를 상징한다(12:6, 14). 이 하나님의 진인 교회를 '사랑하시는 성'이라고도 하는 것은 아직 완성되지 않았지만 장차 하늘에서 이 땅에 내려올 새 예루살렘을 기다리며 이미 시작된 지상의 전투하는 교회를 상징한다. 광야에 머무르는 진과 같은 교회는 아직 완성되지 않았기에 마지막 때 세상으로부터 커다란 위협을 받는 거룩한 성이다(참조, 11:2).

셋째, 천년왕국이 지난 후에도 영적으로는 이전 세계와 같은 일이 일어난다면, 왕 같은 제사장의 천 년 통치가 결코 세상을 변화시키지 못하는 무력한 통치임이 드러난다. 게다가 천 년 기간은 악이 활동하지 않는 기간인데, 그 기간에도 하나님의 온전히 헌신하는 백성으로 만들지 못하면 이들은 감투만 쓴 제사장일 뿐이다.

천년왕국을 세대주의적으로 보니 이런 해석의 난점이 존재한다. 그러나 천년왕국을 그리스도의 천상 통치이자 교회의 복음 전파 시기로 보면, 천년왕국이 끝나고 곧 그리스도가 재림하시기 전 마지막으로 활동력이 풀린 마귀가 마지막 발악을 하더라도 교회를 끝까지 보호하시는 하나님의 사랑과 능력을 확신하게 된다.

넷째, 천년왕국 이전과 이후의 차이가 고작 '마귀가 나오는 때를 알기에 다른 이들은 미혹되어도 천년성에 있는 이들은 미혹되거나 함락되지 않는다'라는 것은 악을 제어하시는 하나님의 능력을 너무나도 과

소평가하는 것이고, '악이 제거되었음에도 제사장들의 활동으로 세상을 변화시키지 못하는 천년왕국이 과연 필요할까?'라는 근본적인 회의를 갖게 한다.

다섯째, 하나님은 곡과 마곡을 '말씀의 불'로써 소멸하시는가? 사실 왕 같은 제사장들도 이미 말씀을 소유하고 있지 않은가? 마귀가 대적할 때 왕 같은 제사장들은 대적할 말씀이 없다는 말인가? 이 불을 '말씀의 불'로 단순히 보면, 하나님의 말씀을 소유하는 신천지 교인들은 이 싸움에서 아무 역할을 하지 않는 것이 이상하게 여겨진다. 생각해 보라. 천년왕국 때가 되면 전 세계에서 내로라하는 부자와 세력가들이 돈을 싸 들고 와서 제사장들에게 말씀을 배운다고 하는데, 이들은 마귀와 그의 군대와 싸울 말씀이 없는가? 제사장은 마귀와 싸우지 못하는가?

예수님은 제자들만 보내시고도 사탄이 하늘에서 번개같이 떨어지게 하셨다(눅 10:18). 그럼 천년성에서 천 년 동안 통치하는 제사장들은 무엇을 하는 제사장들인가? 싸움은 못하고 돈만 버는 제사장들인가? 만약 이들이 갖고 있는 말씀이 진정한 하나님의 말씀이라면 이들은 마귀를 능히 물리칠 수 있어야 한다.

묵시문학에서 불은 여호와의 심판의 날에 일어날 심판의 특징 중 하나다(습 3:8). 마귀를 멸하는 하나님의 능력 있는 심판의 도구다. 이는 하늘에서 불이 내려오는 이적을 행했던 엘리야의 이적(왕하 1:10, 12)을 반향한다(참조, 11:5).

여기서 이상한 점이 하나 있다. 하나님이 불을 내려 마귀를 짐승과 거짓 선지자가 있는 유황불 못에(19:20) 던져 영벌에 들어가게 하신다 (10절). 여기서 이미 불 못에 던져진 짐승과 거짓 선지자는 마귀가 사용하던 육체 사명자 역할을 했던 이들이다. 그가 들어 사용하던 육체들이 지옥 불에 떨어졌는데, 그렇다면 천년왕국 후에 옥에서 놓인 사탄은 누군가를 들어 사용해야 하지 않을까? 본문 7-9절은 들어 쓰는 누군가를 명시하지 않고, 영만 활동하는 것으로 진술한다. 그래서 이들은 장차 사탄이 들어 사용할 누군가가 나타날 것이라고 막연히 말한다.

하지만 요한계시록 본문은 천 년 후 일어날 사탄의 육체 사명자에 대해 말하지 않는다. 사탄 자체의 심판과 멸망에 대해 말하는 것이다. 본문에서 사탄의 멸망을 다루는 것은 바벨론과 악의 멸망에 대한 진술을 다양한 차원으로 보여 주는 것이다. 즉 17-18장은 음녀 바벨론의 멸망을, 19장(11-21절)은 두 짐승의 멸망을, 이제 20장은 이 둘을 뒤에서 조종했던 배후의 진짜 세력인 사탄 자체의 멸망을 다룬다. 그래서 악의 삼위일체인 두 짐승과 사탄의 총체적 멸망에 대한 결론을 내린다. 따라서 본문은 사탄 자체의 최후 심판과 멸망을 다루는 것이다.

그동안 사탄은 예수 그리스도의 십자가와 부활 이후 결박당한 상태였기에 직접 나서지 못하고, 무저갱에 갇힌 상태로 배후에서 짐승을 조종해 역사해 왔다. 그러나 두 짐승이 불 못에 던져지자 자신이 직접 나서서 백성을 미혹하여 싸움에 나서려 한다. 그러나 결국 사탄도 멸망당하고 불 못에 던져지는 것이다.

▤ 생명책과 둘째 사망 불 못 (11-15절)

본문은 사탄이 불 못에 던져진 후, 그동안 살았던 이 세상의 모든 사람이 심판을 받는 장면이다. 사탄의 멸망 이후 그동안 살았던 사람들이 심판받는다는 것은 하나님은 역사의 주인공과 최종 책임자를 사람으로 보시기 때문이다. 이때 생명책에 기록되지 않은 자들은 모두 불 못에 던져지고, 그동안 사람들을 붙잡았던 사망과 음부도 더 이상 사람들을 죽음 안에 가두지 못하고 내주게 된다. 이는 그동안 사망과 음부의 권세로 쥐락펴락했던 사탄이 불 못에 던져졌기 때문이다.

그렇다면 본문에 대한 신천지의 해석을 살펴보자.

첫째, 땅과 하늘이 피하여 간 데 없는 것은 신천지가 심판을 피한 것을 말한다.

둘째, 죽은 자들을 심판하기 위해 흰 보좌 앞에 펼쳐 놓은 책들은 성경 66권이다. 예수님은 초림 때 구약성경을 놓고 심판하셨고(단 7:9-14), 요한계시록 성취 때는 신약성경을 펼치면서 심판하신다.[176]

셋째, 본문의 보좌 앞에 있는 또 다른 책은 생명책으로, 증거장막성전(15:5), 곧 신천지의 교적부를 말한다.[177] 여기에 기록되지 못한 자는 지옥 유황불에 들어간다(15절).

넷째, 바다 가운데 죽은 자들은 바다와 같은 세상(단 7:3, 17) 중에서 죽은 사람들을, 사망과 음부 가운데서 죽은 자들은 사망의 권세자 사탄에게 속한 자들을 말한다.[178] 이 심판의 대상은 본문 성취 때 이 땅에 살아 있는 곡과 마곡뿐 아니라 육신이 없는 영까지도 모두 해당한다.

다섯째, 불 못을 둘째 사망이라고 하는 까닭은 육신이 죽은 후에 그 영이 처벌받는 지옥이기 때문이다. 사망과 음부도 심판을 받아 유황불 못에 던져진다.

이러한 이들의 주장을 살펴보자.

첫째, 땅과 하늘이 피하여 간 데 없는 것은 신천지가 심판을 피한 것을 말하는가, 아니면 신천지가 사라진 것인가? 여기서 땅과 하늘은 천년왕국 끝에 있는 하늘과 땅, 즉 신천신지를 의미한다. 하늘과 땅이 피하여 간 데 없으면 천년왕국 후에 신천지는 사라진다는 논리가 성립하는 것이다. 결국 백보좌 심판 때는 신천지도 사라진다는 논리가 성립한다.

이러한 난점에 대해 이만희 씨는 '피하여 간 데 없으니'가 사라진다는 뜻이 아니라 '피해 간 곳이 없다는 뜻'이고 결국 그 자리에 있으니 신천지는 사라지지 않고 그대로 존재한다는 희괴한 논리를 펼친다.[179] 그러나 이러한 말장난(word play)에 기초한 억지 궤변은 성립할 수 없다. 공동번역은 이를 "그 흔적조차 찾아볼 수 없게 되었습니다"라고 번역했다. 여타 다른 번역과 영어 번역들도 이를 모두 지지한다. 결국 궁지에 몰리자 이러한 궤변 섞인 주장을 다시 수정하는데, 이는 신천지 자체가 아니라 나중에 신천지가 완성되면 신천지에 들어오는 관문 역할을 하는 센터가 사라지는 것이라고 한다.

둘째, 죽은 자들을 심판하기 위해 흰 보좌 앞에 펼쳐 놓은 책들은 성경 66권인가? 예수님이 초림 때 구약성경을 놓고 심판하신 사례가 어디 있는가? 요한계시록 성취 때 신약성경을 펼치신다는 근거가 어디 있는가? 이는 명확한 근거 없는 추측일 뿐이다. 보좌 앞에 있는 책에는 구약과 신약이 없다! 본문은 하나님 보좌 앞에 펼쳐진 책에 사람들의 행위가 기록되어 있다고 한다. 이 책은 그동안 살았던 모든 사람의 행위가 기록된 책으로, 행위에 따라 심판받게 된다.

여기서 우리는 로마서 말씀에 주목할 필요가 있다. "그러므로 율법의 행위로 그의 앞에 의롭다 하심을 얻을 육체가 없나니 율법으로는 죄를 깨달음이니라"(롬 3:20). 행위로 의롭다 하심을 얻을 사람이 없기에 결국 심판대 앞에 서는 모든 사람은 죄인으로 하나님의 영광에 이르지 못하고 심판받아 불 못에 떨어질 사람들이 된다(롬 3:23).

셋째, 보좌 앞에 있는 생명책은 증거장막성전(15:5), 곧 신천지의 교적부를 말하는가? 사실 신천지를 이탈하려는 사람들이 망설이는 이유 중 하나가 바로 이 생명책 교리 때문이다. 생명책이 곧 신천지의 교적부이고 이 교적부에서 지워지면 지옥에 간다는 공포감이 있다. 그러나 결코 그렇지 않다. 이 생명책은 신천지의 교적부가 아니라 "어린양의 생명책"(13:8, 21:27)이기 때문이다.

참된 생명책은 오직 하나님만이 그분의 심판대 앞에서 영생과 영벌을 심판하기 위해 펼치실 수 있는 책이다. 그러나 신천지 교적부는 2006년에 한 번 유출된 바 있고, 2020년 코로나19 사태로 인해 신천지가 정부의 압박에 명단을 넘겨준 바 있다. 이후에는 검찰의 압수수색으로 추수꾼 명단까지 넘어가기도 했다. 이렇게 여기저기 유출되고 검찰에게까지 넘겨지는 명단은 결코 생명책이 아니다.

요한계시록은 참된 생명책은 신천지의 교적부가 아니라 "어린양의 생명책"(13:8, 21:27)임을 분명히 밝힌다. 그렇다면 어린양의 생명은 어떻게 얻는가? "오직 이것을 기록함은 너희로 예수께서 하나님의 아들 그리스도이심을 믿게 하려 함이요 또 너희로 믿고 그 이름을 힘입어 생명을 얻게 하려 함이니라"(요 20:31). 예수님이 하나님의 아들 그리스도이심을 믿고 그 이름을 힘입는 자에게 주신다. 또 다른 보혜사의 이름, 새 이름 '만희'(萬熙), 또는 '충진'(忠眞)이 아니다. 생명을 주는 이름은 오직 어린양 예수 그리스도뿐이다!

넷째, 바다 가운데 죽은 자들은 누구인가? 이들은 바다 가운데 죽은 자들은 바다와 같은 세상(단 7:3, 17) 중에서 죽은 사람들을, 사망과 음부 가운데서 죽은 자들은 사망의 권세자 사탄, 곧 청지기교육원과 같은 조직체에 속한 자들을 말한다고 한다. 청지기교육원은 사라졌지만 천 년 후에 사탄이 다시 한 육체를 들어 쓸 때 청지기교육원과 같은 음부의 조직체가 나타난다는 것이다.

마지막 심판 때는 더 이상 사탄이, 사망이, 심지어는 이들을 붙들고 있던 음부조차 이들을 가두어 둘 수 없게 된다. 13절은 하나님의 심판대 앞으로 그동안 살았던 사람들이 모두 불려 나오는 장면을 표현한 것이다. 사망과 음부가 "죽은 자들을 내주매"(13절)라는 말씀은 이들이 맛보았던 첫째 죽음, 곧 육신의 죽음으로부터 회복되어 몸의 부활을 경험해 처음 창조될 때의 전인으로 하나님의 심판대 앞에 서게 됨을 말한다.

또한 천국에 첫째 부활을 맛보았던 순교자와 성도들도 모두 영광의 몸을 입고 온전한 전인(全人)으로 부활한다. 왜? 살았을 때 육신을 입고 지었던 죄에 대한 심판과 형벌을 다시 육신과 영혼이 결합된 전인으로 회복되어 전인으로 심판받고 죄의 대가를 치르도록 하기 위한 것이다.

하나님은 공의로우신 하나님이다.[180] 마찬가지로 육신을 입고 하나님께 영광 돌렸던 이들은 예수 그리스도가 영광의 부활의 몸을 입으신 것처럼 영광스러운 몸으로 완전한 에덴의 회복인 새 하늘 새 땅에서 전인으로 영원히 살도록 상 주신다. 따라서 이때 이들이 주장하는 것처럼 육신이 없는 영은 소환되지 않는다. 모두 살았을 때 입었던 육신을 입고 다시 살아나 심판대 앞에 서게 된다. 그래서 예수님은 종말에 "선한 일을 행한 자는 생명의 부활로, 악한 일을 행한 자는 심판의 부활로 나오리라"(요 5:29)라고 하셨다.

신천지의 흰 무리들은 이때를 소망의 기간으로 보고 있다. 이때 사망이 죽은 자들을 내주면 자신들은 어차피 다시 살아날 것이니 지금 열심히 활동하지 않아도 다시 살아나고 신천지 안에 있으니 영생한다고 믿는 것이다. 하지만 흰 무리라도 예수 그리스도의 이름을 믿지 않고 엉뚱한 다른 보혜사의 이름을 믿으면 우상 숭배자다. 모두 산 채로, 전인으로 불 못에 던져진다(21:8). 이것이 곧 둘째 사망이다(14절). 둘째 사망에서는 사망 자체도 불 못에 던져져 심판받기에 더 이상 죽고 싶어도 죽지를 못하는, 죽음이 그들을 피하는 상태가 된다.

이는 영원한 하나님과의 분리 상태로, 둘째 사망을 경험하는 이들은 영원히 슬피 울며 이를 갈게 된다(참조, 마 8:12, 13:42, 50; 눅 13:28). 왜 이를 갈까? 여기 '이를 간다'(gnashing)라는 표현은 후회로 이를 가는 것이 아니다. 분함으로 이를 간다. 이는 끝까지 회개하지 않는 완악한 심령을 표현한다. 이런 사람들은 끝까지 회개를 촉구하시는 성령의 역사를 거역하는 사람이요(마 12:32), 불 못에 가서도 "나는 잘못이 없다"고, "왜 나를 불 못에 보냈냐"고 분노하는 사람들이다. 자신은 참 보혜사, 새 이름을 믿었는데 왜 지옥에 보냈냐고 분노한다.

예수 그리스도의 이름 외에 다른 이름으로는 구원을 얻을 수 없고 '어린양의 생명책'에 기록될 수도 없다. 이런 상태로는 영원한 하나님의 분리와 형벌 외에 답이 없다.

다섯째, 불 못은 육신이 죽은 후에 그 영이 처벌받는 지옥이 아니다. 불 못은 죽었던 자들을 붙들던 사망과 음부가 더 이상 권세를 부리지 못하고 이들이 다시 살아서 심판받은 후 들어가는 영원한 고통의 자리다(13절). 이때는 영만 심판받는 일은 결코 없다. 영은 사람이 아니다. 사람은 영혼과 육체가 결합된 전인적 존재다. 우리는 전인으로 살며, 전인으로 죄를 짓고, 결국 전인으로 심판받는다.[181]

신천지가 말하는 궁극적인 천국의 실상이 이들의 단체라면 자연스럽게 드는 의문이 있다. 그렇다면 이들이 말하는 불 못의 실상은 무엇일까? 영원한 불 못은 영적 세계에만 있어서는 안 되고 육적 세계에도 있어야 한다. 영계 천국이 육계 천국에 임하는 것처럼 영계 불 못도 육계 불 못에 임해야 하는 것이다. 그렇다면 육계 불 못은 어디인가? 이 질문에 대해 이들은 정확하게 대답하지 않는다.

▤ 신천지의 첫째 사망, 둘째 사망, 첫째 부활, 둘째 부활

요한계시록 20장을 읽다 보면, 신천지에서 주장하는 부활과 사망 개념과 다르기에 자칫 혼동을 초래할 수 있다. 본문의 이해를 돕기 위해 여기서는 잠깐 지면을 할애해 이들의 사망과 부활 개념을 살펴보도록 하겠다.

신천지에서 기본적으로 부활은 영 부활임을 기억해야 한다. 예수님과 같이 영과 몸이 함께 부활하는 경우는 14만 4천이 경험하는 신인합일뿐이다. 이것이 바로 신천지가 말하는 첫째 부활이다. 이들이 주장하는 신인합일은 자기 영과 자기 육체로 부활하는 것이 아니라, 영은 순교자의 영, 몸은 자기 몸으로 부활한다. 그러니 온전한 전인으로서의 부활이 아니다.

이처럼 신천지는 예수님의 부활을 영 부활로 이야기하지만, 성경은 예수님의 부활을 영광스러운 육신의 부활로 말한다. 신천지가 주장하는 것처럼 영혼은 사라지지 않고 불멸하는 존재이기에 영 부활이라는 말은 그 자체로 모순된다. 예수님이 도마에게 자신의 손을 만져 보고, 옆구리에 손을 넣어 보라고 하신 것은 예수님의 부활하신 육체를 만지라고 하신 것이다.

그가 이런 예수님을 "나의 주, 나의 하나님"으로 고백한 것처럼(요 20:28), 참 주님이신 예수님은 부활의 몸을 갖고 계신다. 예수님의 영, 예수님의 몸이 결합된 온전하고 영원한 하나님이시자 사람이 되신 것이다. 예수님이 이런 부활의 첫 열매(고전 15:20, 23)가 되셨기에 성도 역시 자기의 영, 자기의 몸으로 부활하는 것이 바른 부활이다.

그렇다면 14만 4천이 되기를 기다리다가 죽은 사람들은 어떻게 될까? 안타깝게도 이들은 신인합일의 기회를 얻지 못한다. 그러나 새 하늘 새 땅인 신천지 안에서 죽었기에 백보좌 심판 때까지 죽어서 그 영혼이 안식하게 된다. 천 년이 차고 사망과 음부가 그 가운데서 죽은 자들을 내줄 때 신천지 안에서 죽은 이들은 백보좌 심판대로 나아와 영이 부활해 거룩한 성 새 예루살렘으로 들어간다. 이것이 이들에게 둘째 부활이다. 둘째 부활 한 이들은 육신은 살아나지 못하고 영만 부활해서 새 예루살렘에 들어간다.

신천지에 의하면, 천 년 후 백보좌 심판 때 둘째 부활을 경험하는 또 다른 이들이 있다. 이들은 천년왕국 기간에 예수님이 천주교의 연옥과 같이 옥에 있는 무리들에게 가서 신천지 교리를 증거하실 때 이를 믿었던 이들이다. 이들은 백보좌 심판 때 거룩한 성 예루살렘으로 영만 들어간다.

그렇다면 천년왕국 후 거룩한 성 예루살렘에 육신을 갖고 들어가는 이들은 신인합일한 14만 4천뿐일까? 그렇지 않다. 1984년에 시작했다고 주장하는 천년왕국이 끝이 나는 2984년까지 살아남은 이들 중 14만 4천에는 들어가지 못한 나머지 사람들, 곧 흰 무리들은 자기 육체를 가지고 그대로 거룩한 성으로 들어간다. 물론 이들은 왕 같은 제사장은 아니지만, 어찌 보면 자기 육체와 자기 영혼을 갖고 온전히 전인으로 들어가는 유일한, 제대로 된 전인적인 둘째 부활을 겪는 사람이라 할 수 있다.

흰 무리 교리는 최근 들어 변개되어 내부 강사들에게 충격을 주기도 했다. 2012년 1월 26일, 신천지 부산 야고보 지파 마산지부 강사였던 지명한 씨가 탈퇴하면서 발표했던 기자회견 전문을 보면, 그는 흰 무리 육체 영생 교리가 변개되어 상당한 충격을 받았음을 알 수 있다.[182] 원래 흰 무리는 천 년 기간 안에 영생하지 못하고, 첫째 부활에 참여하지 못하며, 왕 노릇 하지 못하는데, 당시 총회 교육부장이었던 이ㅇㅇ 씨가 총회장이 내려 주신 말씀이라며 흰 무리도 천 년 기간 안에 영생하고, 흰 무리도 첫째 부활에 들어가며, 흰 무리도 세상의 왕이 된다며 기존의 흰 무리 교리를 완전히 뒤집는 발언을 한 것이다. 이 선언으로 결국 14만 4천보다 아무 차이가 없는 교리가 되었을 뿐 아니라 도리어 온전한 자기 영혼을 갖고 부활하므로 더 좋은 교리가 된 것이다.

그렇다면 신천지가 주장하는 첫째 사망은 무엇일까? 이들이 주장하는 첫째 사망은 육신이 죽는 것이다. 여기서 육신의 죽음은 정통교리에서 주장하는 죽음 이후에 그 영혼이 음부로 떨어지는 것이 아니다. 이들이 말하는 둘째 사망은 영혼이 영벌(불 못)에 들어가게 되는 것이다.

그런데 육체로 새 예루살렘에 들어가는 2984년까지 살아남은 흰 무리같이, 2984년까지 살아남은 이 땅의 불신자들은 산 채로 영혼과 육신이 결합된 전인으로 불 못에 떨어진다. 이들이 떨어지는 불 못은 신천지 말씀과 영원히 분리되는 고통(?)을 맛보는 것이다. 반면 정통교리에서 둘째 사망은 영혼과 몸이 전인적으로 부활(심판의 부활)해 전인으로 영원한 불 못에 떨어져 심판받는 것이다.

정통교리에서 말하는 부활과 사망을 도표로 보면 다음과 같다.

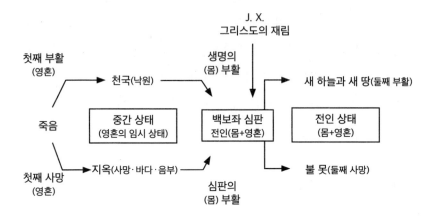

<정통교리의 사망과 부활>

　이상으로 신천지가 주장하는 사망과 부활과 정통교리가 주장하는
바를 일목요연하게 정리하면 다음과 같다.

	신천지: 사망	신천지: 부활	정통: 사망	정통: 부활
첫째	육신이 죽는 것	신인합일(14만 4천, 12지파장 포함) (흰 무리도 참여할 수 있는 것으로 후에 변개)	죽음 이후 불신자의 영혼으로 음부에 가는 것	죽음 이후 신자의 영혼이 낙원에 들어가 그리스도와 천 년간 왕 노릇 하는 것
둘째	영혼이 영벌 (불 못)에 들어감 천 년 끝까지 살아 있는 불신자의 경우 산 채로 들어감	백보좌 심판대에서 영생에 들어갈 자들에게 있을 마지막 영적 부활(고전 15:24) 이때까지 살아 있는 흰 무리에 속한 이들은 육신을 입은 채로 들어감 옥에 있다가 신천지 교리를 듣고 회심한 이들 (벧전 3:19)	백보좌 심판을 위해 부활의 몸을 입은 전인으로 부활 (심판의 부활)해 영원한 불 못에 떨어져 세세토록 괴로움을 받는 것	그리스도가 입었던 영광의 부활의 몸을 입고 새 하늘 새 땅에서 영원히 사는 것
죽음 기간 증거	예수님, 옥에 있는 영들에게 증거 (벧전 3:19)		없음	

<신천지의 사망과 부활>

3부

**교주가 아닌
그리스도를
소망하라**

22장

진정한 새 하늘과
새 땅의 의미

(21:1-8)

또 내가 보매 거룩한 성
새 예루살렘이 하나님께로부터
하늘에서 내려오니
그 준비한 것이
신부가 남편을 위하여
단장한 것 같더라

☰ 요한계시록 21장은 백보좌 심판 전에 일어난 일인가?

21장은 요한계시록 기록 순서상 백보좌 심판(20:11-15) 후에 이루어지는 새 하늘과 새 땅의 사건이다. 하지만 신천지는 본문의 순서를 사건 흐름상 백보좌 심판 전에 일어날 사건으로 본다. 그 이유가 무엇일까? 이는 세대주의적 천년왕국 이해 때문이다.

신천지에 따르면, 백보좌 심판은 천년왕국 후에 일어날 최후의 심판을 말하는 것인데, 21장의 내용은 천년왕국 때 일어날 신인합일, 곧 신랑과 신부의 혼인 잔치를 의미하기 때문이다. 이 사건은 14만 4천이 차고 이들이 주장하는 20장 4절의 신인합일이 일어날 때 생겨나야 하는 것으로 보아야 이들의 주장이 논리적으로 문제없어 보인다. 그래서 이들은 20장 7-15절을 '삽입 장'으로 본다. '천 년 후에' 있을 일이니 사건 순서상 제일 나중에 온 것으로 보는 것이다. 원래는 요한계시록 전 장이 사건대로 펼쳐졌다고 하고서 이곳은 예외적으로 삽입 장면으로 해석한다.

이처럼 말씀을 가감하는 자의적인 해석은 7장과 14장에서도 일어난다. 7장과 14장은 천상의 14만 4천 성도들이 찬양하는 장면인데, 이것을 신천지가 완성될 때 일어날 장면으로 보는 것이다. 그도 그럴 것이 시간 순으로 해석하다가 갑자기 이런 장면이 나오면 어떻게 해석할지 몰라 당황하게 되고, 결국은 시간 순서를 뒤집는 일이 일어나는 것이다. 21장도 마찬가지다. 이들은 21장 1절부터 22장 5절까지는 20장 6절과 7절 사이에 들어가야 한다고 주장한다.

그러나 정통 요한계시록 해석의 관점에서 본문은 삽입 장면으로 볼 하등의 이유가 없다. 요한계시록 본문의 원래 전개 순서로 보아야 20-21장의 순서가 자연스럽게 전개된다. 20-21장은 천년왕국이 아니라, 천년왕국 이후에 펼쳐질 영원한 새 하늘과 새 땅의 시대다. 여기서는 백보좌 심판 후에 21장이 이어지는 것이 자연스러운 이유에 대해 살펴보고자 한다.

첫째, 천 년의 기간은 교회의 복음 증거 기간이자, 그리스도가 천상에서 순교자의 영혼들과 함께 천상 통치를 하시는 시간이다. 이 기간 후에 사탄은 결박되어 있다.

둘째, 천 년, 즉 교회의 시대가 끝나 갈 때 음녀 바벨론이 무너지고 두 짐승이 잡혀 불 못에 던져진다. 그리고 그 배후에 역사했던 사탄이 마침내 멸망당한다.

셋째, 사탄이 불 못에 던져지자 그동안 사탄이 사용하던 사망과 음부의 권세가 힘을 잃고 죽은 자들을 내어 준다.

넷째, 그동안 살았던 모든 사람이 백보좌 앞에서 심판을 받고 영생과 영벌로 나누어진다.

다섯째, 이후 이 세상은 옛 하늘과 옛 땅이 사라지고 새 하늘과 새 땅이 펼쳐진다(벧후 3:10-13). 이후 하늘에 있던 거룩한 성 예루살렘이 하늘에서 이 땅으로 내려오고, 온 세상이 하나님의 성전이 되어 영원한 하나님의 나라가 이루어진다.

이를 도표로 보면 다음과 같다.

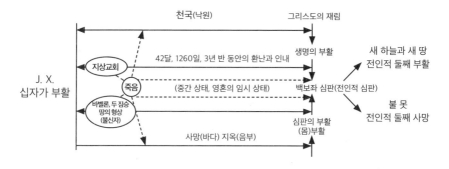

<천상교회(그리스도와 함께 1,000년간 왕 노릇)>

주목할 것은, 베드로후서 3장 8-14절은 옛 하늘과 옛 땅이 사라지고 새 하늘과 새 땅이 펼쳐지는 사건과 그리스도의 재림과 심판, 그리고 성도들이 끝까지 점도 없고 흠도 없이 인내하며, 거룩하며, 평강 가운데 서는 일을 거의 동시적인 사건으로 다룬다는 것이다.

교회가 인내하며 복음을 증거하는 것은 끝까지 한 영혼이라도 구원하도록 하나님이 세상에 기회를 주시는 것이다(벧후 3:9). 이후 그리스도가 도둑같이 오시는데, 이날은 하늘이 큰 소리로 떠나가고, 땅이 뜨거운 불에 풀어지며 사라진다(벧후 3:10). 그리스도의 재림은 모두에게 자신이 왔다고 크게 선전하는 것이 아니라 도둑같이 예고 없이 갑작스럽게 임하고, 이날은 곧 옛 하늘과 땅이 사라지고 새 하늘과 새 땅이 생겨나는 날이다(벧후 3:13). 또 이때 큰 심판이 있기에 성도는 점도 없고 흠도 없이 평강 가운데 서야 한다(벧후 3:14). 이때 영벌과 영생으로 나누어진다.

이 모든 사건이 일어나기 전에 베드로 사도는 성도들에게 주의를 촉구한다. "사랑하는 자들아 주께는 하루가 천 년 같고 천 년이 하루 같다는 이 한 가지를 잊지 말라"(벧후 3:8). 이는 그리스도가 천상 통치를 하시는 관점에서 볼 때 천 년이지만, 이 땅에서 교회가 핍박받고 인내하는 기간은 3년 반의 불완전한 기간에 불과함을 상징적으로 잘 나타내 준다.

이러한 천상 천 년 통치는 그리스도의 영적 천상 통치이기에 지상의 문자적 천 년간의 천년왕국이 아니다. 따라서 이를 무천년 해석이라고도 한다.

☰ 새 하늘과 새 땅과 거룩한 성 (1-4절)

본문을 천년왕국 이후에 펼쳐질 세계가 아닌 천년왕국이 시작될 때에 대한 구체적인 묘사로 여기는 신천지는 21장을 20장 6절 이후에 이어질 일종의 생생한 묘사로 본다. 그렇다면 이들의 주장이 어떠한지 살펴보도록 하자.

첫째, 신천지에 의하면, 새 하늘과 새 땅이 창조되기 전에 처음 하늘과 처음 땅이 없어져야 한다. 여기서 '처음 하늘과 처음 땅'은 배도한 첫 장막과 그 성도를 말한다.[1] 이 하늘과 땅은 초림 예수님이 이 땅에 오셔서 2천 년간 창설하셨던 교회와 성도로, 이것이 예수님의 재림 때 없어져야 한다는 말이다.² 따라서 처음 하늘과 처음 땅의 끝은 기독교 세계의 끝을 의미한다.

둘째, 바다가 없어져야 한다. '바다'는 용의 소속 일곱 머리와 열 뿔 가진 짐승과 그를 따르던 무리들, 곧 멸망자인 청지기교육원과 그에 속한 짐승의 조직인 바벨론 교회와 종교 세상을 말한다.³ 지금 전 세계에는 많은 교회와 목자가 있으나 새 하늘과 새 땅이 창조될 때 요한계시록이 성취되며, 이들은 모두 심판받고 끝나게 된다.⁴

셋째, 새 하늘과 새 땅은 신천지, 곧 '영적 새 이스라엘 열두 지파'(7장)이며, 신천지예수교 증거장막성전이다. 이는 먼저 있던 선민의 세계가 사라지고 새로운 선민의 세계가 시작되는 것을 의미한다.⁵

넷째, 신천지예수교 증거장막성전의 교주(이만희)가 곧 예수님이고, 열두 지파의 명칭은 열두 사도의 이름이다.⁶

다섯째, 새 하늘과 새 땅에 내려오는 거룩한 성 새 예루살렘은 예수님과 열두 사도를 비롯한 순교한 영들이 모여서 이룬 영계 하나님 나라의 도성이다. 새 예루살렘성은 하늘 영계에서 새 하늘과 새 땅, 곧 시온산이라고도 하고 영적 새 이스라엘이라고도 하는 증거장막성전과 그 성도인 신천지로 내려온다. 따라서 신천지 성도가 되는 것은 새 예루살렘으로 가는 길이다.

여섯째, 영계 하나님의 장막이 임한 신천지에는 재림 예수님이 주 안에 죽은 자들까지 데려오시고, 여기에는 미혹, 배도, 멸망 등 이전에 있던 것이 다 지나갔으므로 다시는 눈물, 애통, 사망, 고통이 있지

않게 된다.[7]

이상의 주장들을 검토해 보자.

첫째, 이미 신천지의 천년왕국이 시작되었다. 이곳이 바로 신천지 예수교 증거장막성전이다. 그러면 이들의 주장대로 2천 년간 이어져 온 기독교 세계는 종말을 고했는가?

둘째, 바다는 없어졌는가? 전 세계의 교회와 목자들은 사라졌는가? 처음 하늘과 땅, 곧 첫 장막은 사라졌는데, 아직 종교 세상은 사라지지 않고 있다.

셋째, 먼저 있던 선민의 세계가 사라지고 새로운 선민의 세계가 시작된 때는 신천지가 창립된 1984년이어야 한다. 과연 선민의 세계가 사라졌는가? 그렇다면 최근 들어 신천지가 배도의 무리들이라 비방하며 새로 시작한 새천지의 주장은 어떠한가?

넷째, 신천지예수교 증거장막성전의 교주가 예수님의 영이 임하신 예수님이라면, 그는 신인합일했을 것이고 자신들의 주장대로 영원히 사는, 영생불사하는 존재가 되어야 한다. 그럼에도 나이가 들어 가고 아프고 병원에 가는 이유는 무엇인가?[8] 신천지 교주 이만희 씨가 광주에서 극비리로 중증 수술을 받은 것이 취재된 적이 있다.[9] 이만희 총회장이 서울의 대형병원을 놔두고 광주의 중형병원에서 극비리에 수술을 받은 것은 자신을 영생불사하는 존재로 믿고 있는 신도들에게 영향을 줄까 우려해서다. 그는 이때 수술을 집도한 의사에게 7년 전에도 수술을 받았던 것으로 알려졌다.[10]

다섯째, 신천지에는 과연 영계 예루살렘이 임했는가, 아직 임하는 중인가? 주 안에서 죽은 자들까지 다 이곳에 머물면 이곳은 죽은 영혼들이 가득한 귀신 천지 아닌가? 만약 신천지가 영계 예루살렘이 임한 곳이라면 이곳에 아직까지 애통과 눈물과 사망과 질병이 있는 이유가 무엇인가? 왜 아직까지 기존 교회를 비방하며, 기성교회를 향한 고소, 고발이 난무하는가?

≡ 유업을 상속받는 아들과 둘째 사망 (5-8절)

5-8절에 대한 신천지의 주장을 살펴보자.

첫째, 하나님이 "만물을 새롭게 하노라"라고 선언하신다(5절). 모든 피조물은 하나님의 유업을 이을 '이긴 자'가 나타나기를 학수고대해 왔다(롬 8:20-23). 하나님은 6천 년간 사탄의 모양과 사상으로 오염된 모든 피조물을 본래와 같이 회복시키실 것이다.[11]

둘째, 하나님은 알파와 오메가이시다(6절). 이는 예언하시고 성취하심을 뜻한다. 이는 구약성경의 약속된 예언을 초림 예수님 때 이루신 것처럼, 2천 년 전 신약성경에 약속하신 말씀을 요한계시록 성취 때 다 이루신 것을 비유한 말이다.[12] 예언을 알파라고 하면, 실상은 오메가가 된다.

셋째, 이긴 자는 하나님의 아들이 되어 생명수 샘물을 받는다(6절). 이는 '진리의 말씀'이다.[13]

넷째, 생명수를 값없이 준다는 약속(6절)은 참 하나님의 말씀이 있는 곳은 '무료로' 성경을 가르쳐 주는 곳임을 말한다. 돈을 내야 배우는 기성신학교는 아니다.

다섯째, 하나님의 아들이 될 자는 사탄의 무리와 싸워 이긴 자, 신천지예수교 증거장막성전의 교주다.

여섯째, 둘째 사망에 들어가는 자(8절)는 생명책(신천지 교적부)에 기록되지 못한 자(20:15)와 요한계시록 예언과 실상을 믿지 않는 자다.[14] 예언의 말씀과 짝을 이루는 실상을 믿는 자는 천국으로, 믿지 않는 자는 지옥으로 가게 된다.[15] 8절에는 둘째 사망에 들어가는 자들의 명단이 나오는데, 그중에 귀신과 교제하는 자인 행음자(17:2)와 거짓 예언을 점치는 자가 있음을 주목한다.[16]

이와 같은 주장을 검토해 보자.

첫째, '만물을 새롭게 한다'는 의미는 아담 이후로 이 세상에 침투해 들어온 죄로 인해 망가진 사람과 죄의 영향력으로 신음하는 모든 피조 세계가 새롭게 되어 회복된다는 뜻이다. 기성 종교 세계의 기독교가 무너지고 신천지가 서는 것이 만물이 새롭게 되는 것이 아니다.

둘째, 알파와 오메가는 예수님의 예언이 실상으로 성취된 것이 아니다. 세상을 창조하신 하나님의 언약과 목적이 최종적으로 실현되고 완성되었음을 의미한다. 하나님의 언약은 창조 언약, 아담 언약, 노아 언약, 아브라함 언약, 모세 언약, 다윗 언약, 그리고 새 언약을 통해 이어져 왔고, 그리고 마침내 본문에서는 그 언약의 최종 성취가 바로 이루어졌음을 선언한다.[17]

셋째, '이긴 자'가 아니라 '이기는 자'가 생명수 샘물을 '받을' 것이다! 생명수 샘물을 받는다는 약속은 아직 성취되지 않은 미래형이다. 만약 교주가 성경이 정확하게 말하는 대로 '이기는 자'이고 본문의 말씀이 이루어지려면, 완벽한 천년왕국과 신인합일이 이루어지기 전까지 그에게는 아직 '진리의 말씀'이 없어야 한다.

넷째, 생명수를 값없이 준다는 약속이 무료 성경 공부를 가르쳐 주는 '무료성경신학원'과 같은 센터를 운영한다는 말인가? 아직 생명수 말씀을 받지도 않았는데 어떻게 값없이 가르쳐 줄 수 있는가? 그렇다면 진짜가 아닌 가짜를 가르쳐 준다는 말인가?

다섯째, 하나님의 아들이 될 자는 교주인가? 만약 교주가 진정한 하나님의 아들이 되려면 이미 생로병사의 문제를 극복하고 앞으로 천 년간 아프지 않고, 늙지도 않고, 건강하게 살아 있어야 한다. 그러나 언론에 보도되는 요즈음의 상태로 보아서는 어려울 것 같다.

여섯째, 둘째 사망에 들어가는 자는 신천지 교적부가 아닌 "어린양의 생명책"(13:8, 21:27)에 기록되지 못한 자다. 생명책에 기록되려면 예수 그리스도의 십자가와 부활을 믿고 그분을 나의 구주요, 하나님으로 믿어야 한다. 이만희 씨가 주장하는 "실상을 믿지 않는 자가 구원받지 못한다"라는 말은 성경을 가감한 것이다. 성경에 없는 구원의 조건, 즉 '실상을 믿어야 구원받는다'라는 것을 덧붙이기에 이는 가감한 것이다. 성경을 가감한 자가 받는 결과는 22장 18-19절을 보라.

특히 둘째 사망에 들어가는 자들 중에 행음자와 술객을 주목해야 한다. 이들은 귀신과 교제하고 그에게 거짓 예언을 점치는 자다. 자칭 보혜사요, 이긴 자인 신천지 증거장막성전의 교주가 사실은 귀신과 교제하고 거짓 예언을 점치는 자라면 어떠할까? 실제로 이런 일이 한 언론을 통해 보도되었다. 영생불사를 자처했던 이만희 교주가 사후를 대비해서 무속인을 찾아가 굿판을 벌인 것이다.[18] 보도에 따르면, 굿판의 목적은 이만희 교주가 죽으면 신천지 신도들이 당시 이만희 교주의 후계자로 떠오르고 있었던 김○○ 씨에게 순종할 수 있도록 하기 위함이었다. 목격자들의 증언에 따르면, 한 번이 아니라 몇 번을 했던 것으로 알려졌고, 크게 번창하게 해 달라는 재수굿이었다고 한다.[19]

이러한 보도가 나가자 신천지는 보도를 한 CBS를 상대로 30억 원대의 손해 배상 소송을 벌였다. 하지만 대법원에서 최종 패소했다.[20] 교주는 자칭 '이긴 자'였지만 실제로 법정에서는 패배한 자였고, 둘째 사망에 들어가는 음행자와 술객들이 하는 행위를 했던 자였다.

23장

거룩한 성
새 예루살렘은
어디인가

(21:9-27)

성령으로 나를 데리고
크고 높은 산으로 올라가
하나님께로부터
하늘에서 내려오는 거룩한 성
예루살렘을 보이니
하나님의 영광이 있어
그 성의 빛이
지극히 귀한 보석 같고
벽옥과 수정같이 맑더라

≡ 하늘에서 내려오는 거룩한 성 새 예루살렘 (9-17절)

본문의 천사는 요한을 데리고 크고 높은 산으로 올라가 하늘에서 내려오는 거룩한 성 새 예루살렘, 곧 어린양의 아내를 보여 준다. 이에 대한 신천지의 해석을 살펴보자.

첫째, 거룩한 성 새 예루살렘은 말씀의 씨를 받아 성도를 전도하고 양육하는 영들의 조직체이기에, 어린양의 아내라고 한다.[21]

둘째, 천사는 성곽을 측량하려고 금 갈대 자를 갖고 있다(15절). 금 갈대는 금과 같이 변하지 않는 하나님의 말씀을 가리킨다. 천사가 영계의 새 예루살렘성을 요한 앞에서 측량한 이유는 요한이 그와 같은 규모로 하나님의 도성을 이 땅에 창조하게 하려는 것이다.[22]

셋째, 천사가 측량한 새 예루살렘성은 길이, 넓이, 높이가 같은 정육면체의 모습이다. 정육면체의 열두 변은 열두 지파를 뜻하고, 똑같은 길이의 열두 변은 열두 지파를 뜻한다. 1만 2천 스다디온이라는 것은 하나님의 인 맞은 자가 한 지파마다 1만 2천 명으로 똑같고 12지파는 모두 14만 4천 명이라는 의미다.[23]

넷째, 성곽은 거룩한 성의 열두 문으로 인도하는 교육자들을 의미하며, 성곽이 144규빗이라는 것은 한 지파에 12명씩 대표 교육자가 있어 12지파 모두에 144명의 대표 교육자가 있다는 말이다. 각 지파에는 이들이 말씀을 가르치는 대표 교육관 12개가 있으니, 12지파를 합치면 144개의 교육관이 있게 된다.[24]

이들의 주장을 검토해 보자.

첫째, 앞서 이만희 씨는 어린양의 아내(19:7)는 조직체가 아니라 예수님의 대언자요, 선택한 목자이자 대행자인 새 요한, 즉 교주라고 주장한 바 있다.[25] 여기서 갑자기 조직체라고 주장하는 근거가 명확하지 않다.

둘째, 갈대는 하나님의 말씀인가? 이만희 씨는 갈대(11:1)는 쉽게 흔들리는 연약한 풀로, 마치 세례 요한처럼 예수님을 의심한 믿음이 연약한 자로, 일곱 금촛대 장막의 성도 한 사람이라고 해석한 바 있다.[26] 그런데 여기서 다시 말씀이라고 하는 근거가 무엇인지 명확하지 않다. 해석의 자의성만 두드러질 뿐이다.

갈대는 일반적인 측량의 한 도구로, 11장 1-2절에서는 '지팡이 같은 갈대'로 고난받는 교회를 측정했다면, 여기서는 정금으로 이루어진 거룩한 성 예루살렘을 측정하는 데 적합한 정금으로 이루어진 '금 갈대 자'로 측정한다. 에스겔서에 따르면 이런 갈대 자는 하나의 길이가 6규빗, 즉 약 2.7m에서 3.3m 정도 되었다(참조, 겔 40:3, 5). 측량한다는 것은 하나님이 자기 백성의 소유권, 그리고 보호와 임재를 보장하시는 행위다(참조, 겔 40:5-6, 8-9, 48, 41:5, 13, 15, 42:16-17, 43:13, 45:3, 47:3-4; 렘 31:38-40; 슥 1:16, 2:1-2).

셋째, 새 예루살렘이 정육면체의 모습이라는 것은 열두 변의 열두 지파를 뜻하는 것이 아니라, 성 전체가 하나님의 지성소임을 나타내는 것이다. 성막 안쪽에 있는 지성소는 길이, 넓이, 높이가 모두 20규빗(약 9m) 크기의 정육면체로, 하나님의 임재가 머물렀던 곳이었다(참조, 왕하 6:20; 대하 3:8). 그런데 본문에서는 그 길이가 1만 2천 스다디온으로 확장된다. 한 스다디온이 192m라고 할 때(14:20), 1만 2천 스다디온은 2,304km다. 이 길이는 당시 욥바에서 유브라데까지 이르는 로마 제국 국경의 길이로, 온 세상이 하나님의 하나님을 직접 뵙는 임재의 영역 안에 있음을 상징한다.

이 거리를 '하나님 백성'의 상징 수인 12에 '많음'을 의미하는 1천을 곱한 것은, 새 예루살렘이 '각 족속과 방언과 백성과 나라'에서 나아온 성도들(5:9, 7:9)을 수용하기에 충분한 크기임을 의미한다.[27] 만약 이 말씀대로 실상이 이루어지려면 신천지는 그 건물을 어마어마하게 큰 정육면체로 다시 지어야 할 것이다. 길이도 가로, 세로, 높이를 모두 정확하게 1만 2천 스다디온으로 지어야 할 것이다. 그래야 하늘에서 본 설계도 그대로 이곳에 지을 수 있게 될 것이다. 지금 이들의 건물은 그 정도인 것 같지는 않다. 신천지 증거장막성전은 하늘의 설계도를 본 대로 지은 것인가, 아니면 보기는 했어도 그렇게 큰 땅을 확보할 수 없어 못 짓는 것인가, 아니면 보기는 했어도 상관없이 지은 것인가?

넷째, 성곽이 교육자들인가? 그 해석의 근거가 무엇인가? 크기가 144규빗이면 대표 교육자가 144명 있다는 말인가? 이것 또한 해석의 근거가 명확하지 않고 두루뭉술하다. 성곽의 높이, 또는 두께가 144규빗이라는 것은, 1규빗을 45cm로 계산하면 약 65m가 나온다. 이는 실제적인 크기라기보다 '하나님의 백성'의 상징 수인 12를 두 번 곱한 상징 수로, 하나님의 영광과 아름다움을 발산하는 경계선 역할을 한다.

요컨대, 본문이 본래 의도하는 바는 새 예루살렘은 지구 전체를 덮는 지성소가 되고 하나님은 온 세상에 충만하셔서 영원히 그분의 백성과 함께 계심을 보여 주는 것이다. 이때 물이 바다를 덮음같이 여호와를 아는 지식이 세상에 충만할 것이다(사 11:9).

☰ 열두 보석과 진주 문 (18-21절)

신천지는 거룩한 성 새 예루살렘을 영들의 조직체로 본다. 그래서 다음과 같은 특징을 진술한다.

첫째, 맑은 유리 같은 정금과 벽옥은 흠 없이 깨끗하고 변하지 않는 귀한 진리의 말씀을 가리킨다. 따라서 벽옥으로 만들어진 성곽에 둘러싸인 정금으로 된 거룩한 성 새 예루살렘은 진리의 성읍임을 알 수 있다.[28]

둘째, 성곽의 기초석인 열두 가지 보석에는 열두 사도의 이름이 기록되어 있으니, 그 기초석의 실체는 영적 새 이스라엘의 열두 사도들, 곧 지파장이다.

셋째, 열두 지파의 이름이 기록된 열두 진주 문 또한 영적 새 이스라엘 열두 지파장이 된 열두 사도들, 즉 지파장을 말한다.

넷째, 열두 제자(지파장)를 문으로 비유한 것은, 이들에게 말씀을 배워야만 새 예루살렘성에 들어갈 수 있기 때문이다.

이와 같은 신천지의 주장을 검토해 보자.

첫째, 벽옥과 정금은 상징하는 바가 다르다. 벽옥은 하나님의 보좌를 나타내는 재료로(4:3), 녹색으로부터 푸른색, 자주색, 혹은 붉은 장미색에 이르기까지 다양한 색깔을 띤다.[29] 성곽이 벽옥을 재료로 해서 새 예루살렘을 두른다는 것은 성 전체가 하나님의 영광으로 충만할 것임을 상징한다.

또한 정금도 그냥 정금이 아니라 '맑은 유리 같은 정금'임에 주목해야 한다. 이는 보좌 앞에 펼쳐진 수정같이 맑은 유리 바다와 같은 특징을 갖는 재료로, 이처럼 귀한 재료는 하나님의 영광을 비추는 데 적합하다.

신천지식 해석이 갖는 특징 중 하나가 새 예루살렘의 좋은 것은 웬만하면 다 '말씀'을 갖다 붙여 해석하는 것이다. 이런 식으로 이들은 '벽옥'도 말씀, '정금'도 말씀, '금 갈대'(21:15)도 말씀, '성의 길'(21절) 등도 모두 '말씀'으로 해석한다. 그러나 이런 해석은 성경이 말하고자 하는 것들에 귀 기울이기보다 자신들이 말하고자 하는 바에 끼워 맞추려는 아전인수(我田引水)식 자의적 해석일 뿐이다.

둘째, 새 예루살렘성의 기초석을 이루는 열두 보석은 열두 지파장을 의미하지 않는다. 열두 보석의 모티브는 어린양의 신부로서 새 예루살렘의 아름다움을 나타낸다. 또한 새 예루살렘이 하나님의 제사장이며(출 28:17-20) 에덴동산의 원형적 회복임을 나타낸다(겔 28:13).

셋째, 새 예루살렘의 열두 문은 각각의 지파장을 상징하지 않는다. 만약 열두 문이 지파장이라면 기초석도 지파장이 된다. 그러면 또다시 아전인수식 자의적 해석의 오류에 빠져든다. 이들의 주장대로 열두 문이 지파장이라면 이미 죽은 지파장들의 이름은 지워지고 새로운 지파장의 이름이 다시 새겨져야 할 것이다.

게다가 지파장은 신인합일을 한 사람이다. 열두 사도의 영이 임한 이들이다. 그런데 그런 지파장이 죽고 새로 임명되면 신인합일을 해도 죽는다는 결론이 난다. 영이 또 다른 육을 택해 갈아타는 것이다. 또 신천지 조직 내에서 지파장이 인사 발령이 나서 이리저리 옮겨 다닌다면, 과연 열두 사도의 영 중 하나가 임했다가 나가고 또 다른 영이 들어온다는 말이 된다. 이런 사실들을 바탕으로 볼 때 '과연 열두 지파장은 신인합일했는가?'에 대한 의문을 갖게 된다.

넷째, 열두 지파를 통해 신천지 말씀을 배워야만 새 예루살렘성에 들어갈 수 있는가? 결코 그렇지 않다. 이 문은 자기 두루마기를 어린양의 피로 씻은 자들, 곧 어린양의 생명을 갖고 그 이름을 소유한 자들의 이름이 책에 기록된 자들만 들어갈 수 있다(22:14; 참조, 7:14, 21:27).

≡ 밤이 없는 거룩한 성 (22-27절)

거룩한 성 새 예루살렘에는 하나님과 예수님이 성전이 되시고 빛과 등이 되시므로, 성전이 없고 해와 달의 비침이 필요 없으며 밤이 없다.[30] 이런 모습이 무엇을 의미하는지 이들의 해석을 살펴보자.

첫째, 거룩한 성안에는 성전이 없다. 하나님과 어린양이 그 성전이 되시기 때문이다. 이때 하나님과 어린양이 빛과 등이 되시기에 해와 달의 비침이 필요 없게 된다. 해와 달은 목자와 전도자를 의미한다.

둘째, 거룩한 성에는 밤이 없다. 영적인 밤과 어두움은 말씀의 빛이 없는 무지한 사람을 가리킨다.[31]

셋째, 거룩한 성에는 오직 어린양의 생명책에 기록된 자만 들어갈 수 있다(27절). 생명책의 실상은 신천지 열두 지파의 교적부를 말하며, 그 실상을 모르는 자는 생명책에 기록되지 못한 증거다.[32]

넷째, 생명책에 이름이 명백히 기록되었다가도 흐려지거나 도말될 수 있다.[33]

이와 같은 주장들을 검토해 보자.

첫째, 거룩한 성에서는 해와 달의 비침이 쓸데없다. 신천지에 의하면 해는 비유한 목자요(19:17), 달은 전도자다.[34] 새 예루살렘에 해와 달이 필요 없다면, 이는 비유이기에 곧 비유한 목자와 전도자가 필요 없다는 말이다. 진정한 새 예루살렘에서는 하나님을 얼굴과 얼굴을 맞대고 보기에 더 이상 중간 다리 역할을 하는 택한 목자, 스승, 자칭 보혜사가 필요 없다. 따라서 완성된 신천지에는 목자가 없어야 한다.

둘째, 새 예루살렘에는 밤이 없다. 그렇다면 이 땅의 신천지에도 밤이 없어야 한다. 그러면 그 안에서 인 맞은 시험을 보는 사람들은 100% 다 붙어야 한다. 왜? 신천지는 낮, 곧 말씀의 빛을 가진 사람들만 있는 곳이어야 하기 때문이다. 하지만 어떤 이는 인 맞은 시험에 여러 차례 떨어져 탈퇴할 것을 진지하게 고민하기도 한다. 게다가 이전에 교주가 쓴 요한계시록 해설책의 내용이 어떻게 변화되었는지 모른다. 그렇다면 지금 이들이 주장하는 새 하늘과 새 땅은 진짜 새 하늘과 새 땅인가?

셋째, 어린양의 생명책은 이들의 교적부가 아니다. 이는 예수 그리스도를 구주로 믿은 이들의 이름이 기록된 책이다.

넷째, 생명책은 수시로 이름이 기록되었다 지워졌다 하는가? 신천지 안에는 매달 탈퇴하는 이들이 꽤 많다. 이탈자들의 모임까지 생겨서 조직적으로 신천지의 활동을 반대하고 있는 형국이다. 이단 상담 전문가의 추산에 따르면, 현재 신천지가 24만이라면, 이탈자도 24만에 육박한다고 한다. 어둠이 없고 빛만 있는 곳에서 어떻게 이탈자가 이렇게 많을 수 있는가?

사실 이만희 씨의 책들을 살펴보면, 생명책에 이름이 기록되었다가도 흐려지거나 도말될 수 있다는 진술은 2005년도에 나온 《요한계시록의 실상》에서부터 등장한다. 그 이전에 이만희 씨가 저술했던 책들인 《요한계시록의 진상》, 《요한계시록의 진상 2》, 《천국비밀 계시》, 《천지창조》, 《요한계시록 완전해설》 등에는 등장하지 않는다. 이는 신천지 이탈자들이 그 내부에서 서서히 증가해 문제가 되었음을 은연중에 반영한다.

24장

생명으로
충만한
최후의 에덴

(22:1-5)

다시 밤이 없겠고
등불과 햇빛이 쓸데없으니
이는 주 하나님이
그들에게 비치심이라
그들이 세세토록
왕 노릇 하리로다

≡ 하나님의 보좌와 생명나무 (1-2절)

22장 1-2절에는 거룩한 성 예루살렘에 생명수 강이 흘러나오고, 생명나무가 등장한다. 이는 새 예루살렘이 잃어버렸던 아담의 세계가 회복된 에덴동산의 모습임을 보여 준다. 이에 대한 신천지의 구체적인 해석은 어떠한지 살펴보자.

첫째, 거룩한 성 예루살렘이 하늘에서 내려와 신천지와 하나가 되므로, 신천지에는 본문에 등장하는 하나님과 예수님의 보좌도, 생명수 강도, 생명나무도 있게 된다.[35]

둘째, 신천지 이긴 자의 보좌는 하나님과 예수님의 보좌가 된다.[36]

셋째, 보좌에서 나오는 생명수는 진리의 말씀이고, 이는 신천지 이긴 자로부터 흘러나오며, 생명수 강은 진리의 말씀을 전하는 전도자의 마음을 가리킨다.[37]

넷째, 생명수 강가에서 열두 가지 열매 맺는 생명나무는 말씀의 씨로 나서 큰 나무와 같은 조직을 이룬 목자이며, 그에게 속한 열두 제자는 생명나무 가지이므로 같은 생명나무이며, 말씀의 씨로 인 맞은 그에게 속한 사람들도 생명나무가 된다.[38]

다섯째, 생명의 씨가 아닌 '가라지'와 같은 '사탄의 교리'로 난 사람이 선악나무이며, 요한계시록 성취 때의 실상은 17-18장에서 본 음녀(탁성환)와 그 소속(청지기교육원) 목자들로 나타난다.[39]

여섯째, 생명나무는 생명의 말씀을 가진 목자이고, 생명나무 열매는 그의 입에서 나오는 진리의 말씀이며, 다달이 맺는 열두 가지 열매는 신천지 열두 지파로 전도된 성도를 가리킨다.[40]

일곱째, 생명나무 잎은 열매 맺는 전도자를 상징한다.[41]

이러한 주장들을 검토해 보자.

첫째, 회복된 에덴동산에 등장하는 하나님의 보좌와 생명수 강, 생명나무는 각각 다른 실체들이다. 그러나 여기서 이만희 씨는 또다시 자의적 해석을 시도한다. 하나님의 보좌가 이긴 자의 보좌이고, 생명나무도 말씀을 가진 목자 이긴 자이고, 생명수는 이긴 자의 말씀이 된다는 것이다. 결국 회복된 에덴동산에 나오는 좋은 것들은 다 이긴 자라는 자의적 해석으로 빠져든다.

둘째, 하늘의 영적 실상이 신천지의 실상과 하나가 되려면 하나님의 보좌와 어린양의 보좌가 동시에 이긴 자의 보좌와 하나가 되어선 안 된다. 어린양의 보좌가 이긴 자의 보좌에 대응한다면, 하나님의 보좌에 대응하는 신천지의 또 다른 무엇인가가 있어야 한다.

셋째, 이긴 자의 보좌에서 생명수 말씀이 나오는 것은 이상하다. 왜? 새 예루살렘에서는 어떤 목자의 말이나 교리도 필요 없고, 심지어는 해로 비유되는 목자와 달로 비유되는 전도자도 필요 없기 때문이다.[42]

넷째, 만약 보좌에 있는 이가 이긴 자이고, 보좌에서 흘러나오는 생명수로 자란 나무가 이긴 자인 생명나무라면 보좌의 이긴 자와 생명나무의 이긴 자는 서로 다른 이긴 자가 되어야 한다.

다섯째, 새 하늘 새 땅에는 선악나무가 없다. 그럼에도 이들이 선악나무를 이야기하고 그 실상이 탁성환 씨라고 이야기하는 것은 신천지가 참된 실상이 아님을 역설적으로 반증한다. 만약 선악나무가 있고 그 실상이 탁성환 씨라고 한다면 탁성환 씨는 생명나무와 함께 에덴동산 중앙, 즉 신천지 내부 중앙 이만희 교주 옆에 있어야 할 것이다(참조, 창 2:9). 게다가 회복된 에덴동산에서 이긴 자가 생명나무라면, 에덴동산에서 생명나무는 아담이어야 할 것이다. 비유 해석이 너무 과도하게 이긴 자 한 사람에게 쏠리다 보니 해석에 오류가 생긴 것이다.

여섯째, 신인합일을 하고 완성된 거룩한 성 예루살렘에 다달이 열두 지파로 전도되는 열매들, 곧 성도들이 있어야 할까? 전도자가 필요 없다고 했는데 다시 전도되는 사람들이 있다는 해석은 논리적으로 맞지 않는다. 게다가 이들에 따르면 예수님은 이긴 자에게 생명나무의 열매를 주어 먹게 한다고 말씀하셨다(2:7). 이긴 자가 생명나무라면, 나무가 자기 열매를 먹는가?

일곱째, 생명나무 잎은 열매 맺는 전도자인가? 왜냐하면 거룩한 성에는 더 이상 전도자가 필요 없기 때문이다. 전도자가 필요 없는데 생명수 강으로 표현되는 전도자의 마음은 무엇인가? 혹시 허상이고 거짓 실체가 아닐까?

≡ 거룩한 성의 종들 (3-5절)

거룩한 성에는 다시 저주가 없고, 하나님과 어린양의 종들이 보좌 가운데 계신 하나님의 얼굴을 보고 그분을 섬기며 세세토록 왕 노릇 하게 된다. 여기 있는 거룩한 종들은 누구인지, 하나님의 얼굴을 본다는 것이 무엇인지, 거룩한 성에 밤이 없고 등불과 햇빛이 쓸데없는 이유가 무엇인지, 그곳에 저주가 없는 이유가 무엇인지, 신천지의 해석을 검토해 보자.

첫째, 거룩한 성에 저주가 없는 까닭은(3절) 하나님과 어린양의 보좌가 그 가운데 있고, 예수님의 말씀으로 창조된 사람들로 구성된 곳이기에 죄가 없기 때문이다.⁴³

둘째, 이곳에 세세토록 왕 노릇 하는 종들은 7장과 14장에서 창조된 영적 새 이스라엘 열두 지파 14만 4천 명이다.⁴⁴

셋째, 이곳에서 하나님의 얼굴을 본다는 것은 무슨 뜻인가? 육체인 사람이 영이신 하나님을 볼 수 없기에, 영이 거처로 삼은 사람을 보고 섬기는 것이 곧 그 영을 보며 섬기는 것과 같다. 따라서 여기서 예수님이 임하신 거룩한 성의 이긴 자, 곧 교주를 보는 것이 예수님을 보는 것이요, 예수님께 임하셨던 하나님을 보는 것이 된다.⁴⁵

넷째, 거룩한 성에 등불과 햇빛이 쓸데없는 이유는 하나님과 예수님이 직접 빛을 비추시기 때문이다(5절).

그렇다면 이들의 주장은 얼마나 타당성이 있는가?

첫째, 만약 하늘 영계의 새 예루살렘에 죄가 없다면, 이 땅의 육계 예루살렘인 신천지에도 죄가 없어야 한다. 그러나 신천지 안에도 많은 문제가 있고 죄가 있다. 전 신천지 부산 야고보 지파 교육 강사였던 지명한 씨에 따르면, 그가 탈퇴를 결심한 것은 교리적인 문제만이 아니었다. 그가 탈퇴한 핵심적인 이유는 바벨론이라고 비난하는 기성교회보다 더 부패하고 타락한 교역자들의 도덕성 때문이었다.

그의 증언에 따르면, 그는 신천지 내의 어떤 강사들이 자매들을 노리개로 삼아 밤마다 불러 신앙심을 이용해 "영적인 것이 음행이지! 육적인 것은 음행이 되지 않는다!"며 자신의 육적 욕정을 채우는 것을 목격하고 충격을 받았다.[46] 그는 이런 사건이 빙산의 일각일 뿐이라고 한다.

그뿐만 아니다. 필자가 섬기는 교회에서 기쁘게 신앙생활 하고 있는 신천지 탈퇴 성도 중 하나는 신천지가 지상 천국인 줄 알고 갔다가 그 안에 있는 온갖 시기, 질투, 강제, 착취 등을 보고 무슨 이런 것이 이 땅의 천국이냐고 하면서 실망하고 충격을 받아 자신이 속은 줄 알고 분노해서 박차고 나왔다고 증언한 바 있다.

둘째, 이곳에서 세세토록 왕 노릇 하는 종들이 신천지가 주장하는 14만 4천 명이라는 명확한 언급이 없다. 여기서 왕 노릇 하는 이들은 하나님의 종들로, 이들은 이 땅에서 어린양 예수님이 십자가에서 흘리신 피로 자기 옷을 씻어 희게 한 사람들이다(7:14). 이들은 모든 나라와 열방과 백성과 민족 중에서 구원받은, '아무도 능히 셀 수 없는 큰 무리', 즉 구원받은 모든 백성을 말한다.

게다가 이런 상태라면 신천지 교인들은 신인합일을 못할 가능성이 크다. 왜? 하늘의 새 예루살렘 백성은 왕 노릇 하지만, 지금 신천지에 있는 성도들은 왕 노릇이 아닌 종노릇하며 마치 노예와 같이 밤낮 동원되고 있기 때문이다. 지명한 씨의 증언에 따르면, 신천지의 많은 교역자와 청년은 지금도 봉사라는 명목 아래 겨우 몇만 원을 가지고 한 달을 살고 있다. 냉기 가득한 방에서 지내도 이만희 총회장이 "아프면 죄!"라고 하며 보험 가입도 금지했기에, 아프다고 말도 못하고 보험 하나 제대로 없어 병원에도 갈 수 없는 서글픈 현실을 살고 있다.[47]

셋째, 이곳에서 하나님의 얼굴을 본다는 것은 하나님의 얼굴을 직접 본다는 뜻이다. 지금 이 땅에서는 영이신 하나님의 얼굴을 직접 볼 수 없지만, 나중에는 직접 얼굴과 얼굴을 마주하고 볼 것이다(고전 13:12). 새 예루살렘에서 교주의 얼굴을 본다면 해석이 어색해진다. 왜? 지금도 언제든지 아무라도 마음만 먹으면 교주의 얼굴을 직접 볼 수 있기 때문이다.

넷째, 거룩한 성에는 햇빛과 등불이 쓸데없다. 하나님이 직접 빛을 비추시기에 더 이상 목자와 말도 필요 없게 된다. 새 예루살렘성과 지상의 신천지가 그대로 일치하려면 천년왕국이 이루어질 때 약속의 목자, 강사, 전도자는 사라져야 한다.

25장

계시록의 예언을
가감한 말세의
새 요한

(22:6-9)

보라 내가 속히 오리니
이 두루마리의
예언의 말씀을 지키는 자는
복이 있으리라

≡ 영육 대언자 (6-9절)

22장 6절부터 끝까지는 요한계시록의 결론 부분이다. 하지만 이만희 씨는 이 부분을 별도의 '결론 장'으로 구분하지 않고 22장의 해설 안에 둔다. 여기서는 전통적인 요한계시록의 내용 구분을 따라 결론 장으로 구분해 내용을 분석하겠다.

신천지는 이 본문에서는 말세에 새 요한이라 하는 이만희 교주를 찾아야 하는 이유를 제시하고 있다. 그 근거들이 무엇인지 살펴보자.

첫째, 사도 요한에게 보내신 천사는 영계의 대언자요, 요한은 육계의 대언자다.[48]

둘째, 지금까지 해설한 요한계시록 전 장의 말씀을 온 세상에 전하기 위해 2천 년이라는 세월이 필요했다.[49]

셋째, 예수님이 역사하신 공생애는 겨우 3년밖에 되지 않지만, 그 기간 안에 시편, 이사야서, 예레미야서, 에스겔서, 다니엘서 등에 기록된 초림 예수님에 관한 예언은 하나도 빠짐없이 다 이루어졌다.[50]

넷째, 사도 요한이 '환상'으로 보고 들은 요한계시록 사건을 그 성취 때에는 약속의 목자 새 요한이 '실상'으로 보고 듣는다.[51]

다섯째, 말세의 성도에게 대언의 목자인 새 요한을 찾는 것은 복 받

을 수 있는 첫걸음이다. [52]

≡ 계시록의 예언을 가감하지 말라

이러한 주장들을 검토해 보자.

첫째, 방금까지 영계 하나님과 예수님의 보좌에 상응했던 육계 이긴 자의 보좌가 갑자기 영계 천사와 육계 새 요한(이긴 자)의 대응으로 바뀌었다. 이긴 자는 예수님인가, 요한인가? 만약 예수님의 영이 임해 신인합일을 한 새 요한이라고 하면 그것은 성경에 없는 기괴한 요한이 된다. 게다가 계시를 전달하는 천사는 계시의 대언자가 아닌 전달자일 뿐이다. 요한일서 2장 1절에 따르면, 대언자는 곧 보혜사를 가리킨다(난하주 참조). 또 천사는 성도들을 위해 섬기라고 보내심을 받은 '부리는 영'에 불과하다(히 1:14). 따라서 천사는 절대 보혜사가 될 수 없다. [53] 또한 사도 요한은 대언자가 아니라 자신을 '장로'라고 할 뿐이다(요일 1:1; 요삼 1:1).

둘째, 지금까지 해설한 계시록 전 장의 말씀을 온 세상에 전하기 위해 2천 년이란 세월이 필요했다는 주장이다. 여기서 말하는 '지금까지 해설한 계시록 전 장의 말씀'이란 이만희 씨가 해설한 요한계시록 해석을 말한다. 이런 기괴하고 이상한 해석이 나오기까지 2천 년이 걸린 것은 사실이다. 그러나 이만희 씨가 처음 요한계시록 해설집인《요한계시록의 진상》(1985)을 제시한 후 최근의 요한계시록 해석, 즉《요한계시록의 실상》(2011)을 제시하기까지는 별도의 26년이 또 걸렸다.

초기의 《요한계시록의 진상》과 최근 나온 《요한계시록의 실상》을 대조하면서 중간에 수정되어 다시 나온 여러 요한계시록 해설책들을 보면 곳곳에 고치고 수정한 흔적들이 많다. 이는 그가 많은 이단 상담가와 연구가들에게 오류를 공격받고 신천지인들이 흔들리고 이탈하자 그 오류들을 수정했기 때문이다. 이렇게 볼 때 오늘날 이만희 씨의 거의 최종 계시에 해당하는 《요한계시록의 실상》(2011)은 천사에게 전해 받은 것이 아니라, 이단 연구가들에게 전해 받은 것이라고 해도 과언이 아니다.

요한계시록은 시대의 위기마다 중요한 역할을 감당했다. 요한계시록은 초대교회의 성도들에게 극심한 핍박을 이겨 내며 믿음의 선한 싸움을 싸우도록 격려했으며, 어거스틴 이후의 기독교에 무천년설의 영향을 지대하게 끼쳤다. 또한 종교개혁자들에게는 당시 부패한 로마의 가톨릭에 대항하는 데 커다란 영감을 제공했다. 그러나 오늘날 이만희 씨가 해설한 요한계시록 전 장의 말씀은 결국 정통교단들에 의해 이단으로 판명난 사이비(似而非) 집단을 형성했을 뿐이다. '사이비'란 겉으로는 비슷하나 본질은 완전히 다른 가짜를 말한다.

셋째, 시편, 이사야서, 예레미야서, 에스겔서, 다니엘서 등에 기록된 메시아 예수님에 관한 예언은 상당수 초림 때 이루어졌지만, 메시아가 장차 이루실 이사야서의 새 하늘과 새 땅에 대한 약속과 다니엘서의 인자의 다시 오심은 아직 이루어지지 않았다. 구약의 약속 중 이루어진 것도 있지만, 종말에 이루어지고 성취되기를 바라는 예언들도 상당수 있다. 대표적으로 에스겔 38장부터 시작되는 곡과 마곡의 전쟁, 그리고 그 이후에 성취될 새 예루살렘 성전 문지방으로부터 흘러 내리는 생명수의 강, 그리고 거룩한 성전의 회복은 종말에 이루어질 최종 예언으로 본다.

넷째, 요한이 환상을 보고 기록한 요한계시록은 그 당시 로마 제국에 압박받는 성도들의 핍박의 현장에서 상당 부분 성취되었다. 요한은 자신이 본 요한계시록의 환상이 당시 제국에서 어떤 식으로 성취되어 가는지 알고 있었다. 환상만 보고 무슨 뜻인지는 몰랐던 것이 아니다.

다섯째, 말세에 대언의 목자 새 요한을 찾으라는 말씀은 요한계시록에 나오지 않는다. 도리어 성경은 말세에 요한계시록의 예언을 가감하지 말 것을 경고한다(22:18-19).

26장

상은
행위대로 받는가,
믿음으로 받는가

(22:10-13)

나는 알파와 오메가요
처음과 마지막이요
시작과 마침이라

≡ 상벌의 기준 (10-13절)

예수님은 때가 가까웠으므로 여러 가지 권고의 말씀을 주신다. 이에 대한 신천지의 해석을 살펴보도록 하자.

첫째, 예수님은 이 두루마리의 예언의 말씀, 즉 요한계시록의 말씀을 인봉하지 말라고 하신다. 이만희 씨에 따르면, 예수님은 일곱 인으로 봉해진 계시록을 취하셨고(5장), 인을 떼어 펼쳐(6장) 요한에게 주신 후 많은 백성과 나라와 방언과 임금에게 다시 예언하라고 하셨다(10장).[54] 따라서 펼쳐진 계시록을 받아먹고 걸어 다니는 성경이 된 요한은 계시록을 가르쳐야 하고, 모든 사람은 그에게 와서 배워야 한다.[55] 둘째, 주께서는 장차 오셔서 각자 일한 대로 상벌을 주실 것이다. 이는 영생과 영벌이다.

셋째, 예수님을 알파와 오메가요, 처음과 나중이라고 하는 이유는 예언하신 모든 것을 실상으로 이루시기 때문이다.

이러한 주장들을 검토해 보자.

첫째, 예수님이 5장에 나오는 일곱 인으로 봉해진 두루마리를 취하신 것은 계시록이 아니다. 따라서 5장에서 새 요한은 계시록을 받아먹지 않았다.

둘째, 주께서 장차 오셔서 각자 일한 대로 주시는 것은 '상'이다. 영생과 영벌이 아니다. '상'은 칭의 받고 구원받은 하나님의 자녀에게 주시는 것으로, 상을 못 받는다고 영벌에 처하는 것이 아니다(고전 3:13-15).⁵⁶ 그렇다면 상은 어떻게 받는가? 우리의 구원은 행위로 영생, 영벌이 결정되는 것이 아니라 오직 예수 그리스도를 믿느냐, 믿지 않느냐로 결정된다.

셋째, 여기서 '실상'은 예언의 성취를 의미하는가? 개역한글 성경에 '실상'이란 표현은 총 17회 나온다(신 9:4; 수 2:6; 삼상 14:41, 23:23; 느 6:2; 욥 31:18, 30; 시 55:21; 사 53:12; 렘 5:2; 겔 32:2, 33:17; 요 16:7; 행 21:34, 22:30; 히 11:1; 계 2:9). 개역한글에서 사용된 용례는 그 의미가 크게 3가지로 나뉜다.

먼저, '실상은'으로 사용된 부사적 표현으로, '사실은', 또는 '원래는' 정도의 의미인데, 총 11회 등장한다(신 9:4; 수 2:6; 느 6:2; 욥 31:18, 30; 시 55:21; 사 53:12; 렘 5:2; 겔 32:2, 33:17; 계 2:9). 또한, '실상'은 실제의 모양이나 상태, 사정이나 정황, 있는 그대로의 참 모습 등을 의미하며, 목적격 조사인 '을'과 '보다', '보이다', '보고하다', '알다' 등의 동사와 함께 사용한다. 성경에는 이런 표현이 총 5회 등장한다(삼상 14:41, 23:23; 요 16:7; 행 21:34, 22:30). 아울러, '실상'은 '확실한 것'(assurance, NRSV; conviction, ESV)의 의미로 단 1회(히 11:1) 사용된다.

이렇게 볼 때 성경에서는 '예언의 성취'를 의미하는 '실상'이라는 단어는 단 1회도 사용되지 않았다. 따라서 실상은 '오메가'가 될 수 없다. 그렇다면 성경에 도무지 나오지 않는 실상이라는 단어는 어디서 왔을까? 이는 신천지 총회장이 종종 인용하는 《격암유록》에 등장하는 표현으로, 여기서 가져왔을 가능성이 크다.

《격암유록》은 조선 명종 시대의 예언가 격암 남사고 선생이 어린 시절 신인(神人)을 만나 받았다는 한국의 역사서이자 예언서로 알려져 있다. 노스트라다무스의 예언을 능가한다는 《격암유록》은 광복과 남북분단, 한국전쟁, 4·19, 5·16 등 주요 사건을 일어난 날짜까지 예견한 예언서로, 정신문화연구원에서 1991년에 낸 《민족문화대백과사전》에도 소개될 정도다.[57] 하지만 역학연구가 김하원은 이 책을 면밀히 검토한 결과 이는 비교적 최근에 만들어진 위서(偽書)라고 평가하고 있다. 그 이유는 다음과 같다.[58]

첫째, 《격암유록》에 사용된 한자어는 일본식 한자어가 많다. 둘째, '철학'(哲學), '공산'(共産), '원자'(原子) 등과 같이 기껏해야 만들어진 지 100여 년밖에 안 되는 한자 조어가 등장한다. 이는 조선 시대에는 없던 단어다. 셋째, 책의 일부 내용이 한문 성경을 그대로 옮겨왔다. 넷째, 국립도서관 고서 코너에 원본으로 입고된 때가 1977년이다. 다섯째, 《격암유록》은 박태선 씨와 전도관을 직접 거명하고, 신앙촌이 들어섰던 경기도 소사, 범박, 계수동과 그 일대의 산들인 성주, 소래, 노고산 등의 지명들이 그대로 등장한다.

이러한 사실들을 토대로 김하원은 《격암유록》은 당시 사회에 큰 물의를 일으켰던 신흥종교, '한국예수교전도관부흥협회'(전도관, 일명 '신앙촌')를 염두에 두고 쓴 위서라고 결론 내린다. 주목할 것은 이만희 씨가 청년 시절 박태선 씨의 전도관에 오랫동안 몸담고 있었다는 사실

이다. 그가 가장 많이 사용하는 비성경적 단어 중 하나인 '실상'은 바로
이곳에서 배웠을 가능성이 크다.

27장

거룩한 성에
들어가기 위한
자격

(22:14-17)

성령과 신부가 말씀하시기를
오라 하시는도다
듣는 자도 오라 할 것이요
목마른 자도 올 것이요
또 원하는 자는 값없이
생명수를 받으라 하시더라

≡ 두루마기와 성문 (14절)

본문은 거룩한 성에 들어가는 자들과 들어가지 못하는 자들에 대해
진술한다. 과연 들어가는 자들은 누구이고, 들어가지 못하는 자들은
누구일까?

신천지는 거룩한 성에 들어가려면 갖추어야 할 자격이 있다고 말한
다. 바로 하나님과 어린양의 보좌에서 흘러나오는 수정같이 맑은 생
명수 강물에 두루마기를 깨끗하게 빨아 입는 것이다.

하지만 이러한 이만희 씨의 해석은 본문이 말하지 않는 바를 더한
해석이다. 본문에는 하나님과 어린양의 보좌에서 흘러나오는 수정같
이 맑은 생명수 강물에 두루마기를 빨아야 한다는 언급이 없다. 요한
계시록에서 두루마기를 빠는 행위는 어린양의 피에 그 옷을 씻어 희
게 하는 것(7:14)을 의미한다. 따라서 여기서 두루마기를 빠는 것은 예
수 그리스도의 십자가와 보혈로 죄 사함과 깨끗함을 받는 것을 의미한
다. '빠는' 행위가 현재형 분사로 나온 것은 지속해서 그리스도의 보혈
로 우리의 행실과 마음을 정결하게 하는 것을 의미한다.

≡ 성 밖의 개와 우상 숭배자 (15절)

신천지에 의하면, 거룩한 성에 들어가지 못하는 '개들'은 하나님의 집 교회를 지키는 사명을 다하지 못하는 몰지각한 목자, 곧 배도한 일곱 목자와 바벨론 목자를 말한다.[59] 또 점술가들과 음행하는 자들과 거짓 증언을 하는 자들도 못 들어가고 다 성 밖에 있게 된다. 여기 '점술가'와 '음행자'는 21장 8절의 행음자와 술객과 같은 이들이다. 이들은 앞서 언급했던 것처럼 귀신과 교제하고 그에게 거짓 예언을 점치는 자들이다.

하지만 본문의 '개들'은 배도한 목자들이 아니다. '개들'이란 하나님의 뜻에 저항하고 죄와 탐욕에 빠져 우상 숭배를 일삼고 거짓에 빠진 이들을 의미한다(참조, 신 23:17-18; 잠 26:11; 사 56:10-11; 마 7:6; 빌 3:2; 벧후 2:22; 계 2:14-15, 20-23, 27).

또 점술가와 음행자는 굿판을 벌이며 귀신과 교제하며 일신상의 부귀영화를 꾀하는 자들이며, 거짓 증언하는 자들은 '모략'이라는 이름으로 거짓을 서슴지 않는 이들뿐 아니라, 요한계시록을 자의적으로 가감하는 이들을 포함한다.

≡ 예수님의 사자와 성령과 신부 (16-17절)

예수님은 교회들을 위하여 자기 사자를 보내신다(16절). 이만희 씨의 해석에 따르면, 이 사자는 2천 년 전 사도 요한에게 계시록의 환상을 보여 주고, 계시록 성취 때에는 그 실상을 새 요한에게 보여 준 천사

다.[60] 영계의 사자가 함께하는 새 요한은 육계의 사자가 된다.[61]

성령과 신부는 생명수를 값없이 받으라고 한다(17절). 신천지에 의하면, 성령은 신랑 되신 예수님을 말하고, 신부는 사도 요한을 가리킨다.[62] 그러나 요한계시록 성취 때 신부는 새 요한(이만희 교주)이 되고, 이 목자가 바로 어린양의 아내다(19:7).[63] 마치 초림 때 신랑 되신 하나님이 예수님께 장가들어 하나 되어 역사하신 것처럼(호 2:19; 요 10:30), 재림 예수님도 요한계시록에 약속한 목자에게 장가들어 하나 되어 역사하신다.[64]

이러한 주장들을 검토해 보자.

첫째, 예수님이 보내신 사자가 2천 년 전에는 환상을, 2천 년 후에는 실상을 보여 준다는 말은 성경에 없다. 새 요한은 영계의 사자가 함께하는 육계의 사자인가, 어린양의 아내요, 신부인가? 사자와 신부는 전혀 다른 존재다. 요한이 신부라는 말은 요한계시록 그 어느 곳에도 없다.

둘째, 성령은 예수님이시고 신부는 사도 요한인가? 여기서 이만희 씨는 성령, 천사, 보혜사, 예수님을 거의 구분 없이 혼용하고 있다. 그는 10장 1절을 풀이하면서 천사를 보혜사 성령이라고 하면서, 성령이 함께하시는 새 요한도 보혜사라 주장한 바 있다.[65] 이는 그가 성령을 천사, 하나님, 예수님, 보혜사 등을 포함해 모두 선한 소속의 선령(善靈)으로 보고, 마귀, 사탄 등 악한 영을 악령(惡靈)으로 잘못 구분했기 때문이다. 선한 영은 모두 성령이 아니다. 성령은 삼위일체 하나님 중 한 위격이 있으신 독립된 인격의 하나님이시다. 따라서 성령과 예수님, 하나님은 각각 다른 위격과 인격을 가지신 하나님이다.

여기서 신부는 주로 미래에 새 예루살렘에 들어가는 마지막 때의 완성된 교회를 가리켰지만, 여기서는 이 땅에서 이미 성령의 능력으로 성취되기 시작한 교회를 가리킨다.[66] 성령과 신부가 "오라"고 초대하는 것은 신부가 성령과 함께하며 성령의 능력으로 성령의 능력 안에 깨어 있어 들을 귀 있는 자들을 향해 초대하는 것이다(2:7, 17, 13:9).

셋째, 호세아 2장 19절은 초림 때 신랑 되신 하나님이 약속한 목자에게 장가들어 하나 되는 역사를 이루신다는 말이 아니다. 이 말씀은 하나님이 이스라엘의 타락과 불순종에도 불구하고, 이스라엘을 하나님의 언약의 신부로 삼아 아름다운 언약 관계, 즉 혼인 관계로 들어가 이스라엘을 구속해 영원히 그분의 백성으로 삼아 그분의 하나님이 되시겠다는 말씀이다. 이는 하나님이 예수님께 장가드신다는 말이 절대 아니다. 더 나아가 "오라"라는 초대는 '목마른 자'와 '원하는 자'에게까지 확대된다. 게다가 거룩한 성에서는 목자가 필요 없게 되는데, 그렇다면 하나님이 약속의 목자에게 장가드실 필요도 없게 된다.

28장

속히 오실
예수님과
성도의 화답

(22:18-21)

만일 누구든지
이 두루마리의 예언의 말씀에서
제하여 버리면
하나님이 이 두루마리에
기록된 생명나무와
및 거룩한 성에 참여함을
제하여 버리시리라

☰ 가감의 결과 (18-21절)

본문은 요한계시록의 마지막 부분으로, 요한계시록에 기록된 예언의 말씀을 가감하는 자에게 주는 경고와 함께 주님이 속히 오리라 약속하시는 말씀이다.

이만희 씨에 따르면, 요한계시록을 덮어 두거나 부분적으로 해설하는 것은 요한계시록에서 말씀을 제하는 것과 다름이 없고, 사람의 생각으로 해석하는 것은 요한계시록 외에 다른 것을 더하는 것과 같다.[67] 요한계시록을 모르는 사람도, 부분적으로 아는 자도, 잘못 푸는 이도 다 요한계시록을 가감하는 것과 같다고 한다.[68] 성도는 반드시 요한계시록 전 장 말씀을 가르치기로 약속된 목자에게 배워야 한다. 전 장 계시를 알지 못하면 결단코 천국에 들어가지 못한다.[69] 이만희 씨는 성도라면 마땅히 참 목자인 자신에게 배워야 한다고 결론 내린다.

이 주장을 검토해 보자.

이만희 씨는 요한계시록 전 장을 하나도 빠짐없이 해설했는가? 그렇지 않다는 사실이 곧바로 드러난다. 왜냐하면 그는 요한계시록의 오메가에 해당하는 마지막 말씀인 22장 20-21절을 해설하지 않고 건너뛰기 때문이다. 이는 말씀을 제하는 행위다. 왜 제하였을까? 건너뛴 구절들을 자세히 살펴보면 그 이유를 짐작할 수 있다.

첫째, 이것들을 증언하신 이, 곧 예수 그리스도가 "내가 진실로 속히 오리라"라고 약속하시기 때문이다(20절). 이만희 씨는 자신이 이 시대의 예수님의 영이 임하신 보혜사요, 재림 예수라고 주장하지만, 예수님은 아직 이 땅에 오시지 않았고, 진실로 속히 올 것이라고 약속하신다. 다른 말로 하면, 예수님의 영이 자신에게 임해 예수님이 오셨다는 그의 주장은 거짓이다.

둘째, 예수님의 오리라는 약속에 대한 화답, "아멘 주 예수여 오시옵소서"(20절)는 아람어 '마라나타'를 풀어쓴 표현이다(참조, 고전 16:22). 이는 예수 그리스도의 임박한 재림의 미래를 향한 초대교회 성도들의 간절한 믿음과 소망과 사랑의 기도다. 동시에 이 기도는 그리스도의 다시 오심을 기다리는 오늘날 성도들의 기도여야 한다. "이미 오셨다", "여기 오셨다", "저기 과천에 오셨다"가 아니다. "오시옵소서"가 합당한 반응이어야 한다. 건강한 성도, 바른 진리 위에 서 있는 성도는 그리스도의 오심을 깨어 기다리는 성도다.

이처럼 이만희 씨는 요한계시록 말씀의 마지막 두 절의 해설을 건너뛰며 요한계시록의 진정한 의도를 제거해 버렸다. 그뿐만 아니다. 그는 요한계시록 해설에서 어린양의 피로 구속받는 참 구속의 역사를 제하여 버렸다(14:3-4). 더 나아가 하나님께만 경배해야 한다는 내용을 빼 버렸다(19:10). 여기에 그는 요한계시록에서 언급하지 않는 '새 요한', '실상계시', '이긴 자를 통한 구원', '배도, 멸망, 구원'의 역사 등을 더하였다.[70] 참고로 성경은 '창조, 타락, 구속'을 말한다.

셋째, 요한계시록의 마지막 구절 "주 예수의 은혜가 모든 자들에게 있을지어다"라는 표현은 축도로, 서신서를 마무리하는 전형적인 종결 양식이다(롬 16:20; 고전 16:23; 고후 13:13; 갈 6:18; 빌 4:23; 살전 5:28; 살후 3:18; 몬 1:25; 히 13:25). 주 예수의 은혜를 '모든 자들'에게 구하는 것은 단지 일곱 교회만이 아니라 요한계시록을 읽는 모든 자, 심지어는 구원받지 못한 자들까지를 포괄하기 위함이다.[71] 즉 요한계시록은 선교적 성격을 지닌 서신서임을 분명하게 보여 주며 마무리하는 것이다. 요한계시록의 마지막 어구인 "아멘"은 이러한 요청에 대한 성도의 합당한 반응을 요구한다.

이렇게 볼 때 요한계시록은 일차적으로 예언서 이전에, 성도들에게 하나님의 구속 역사 계획을 알려 줌으로써 제국의 통치 아래 믿음으로 분투하는 성도들을 격려하기 위해 보낸 편지임을 분명히 알 수 있다.

주

1부

1   이만희, 《요한계시록의 실상》(2011), p. 224.

2   같은 책, p. 225.

3   같은 책, p. 240.

4   같은 책, p. 225.

5   이만희, 《요한계시록의진상》, p. 181.

6   한순찰 편, 《종교세계의 관심사》, p. 7.

7   이만희, 《요한계시록의 진상》, p. 184.

8   장운철, "장막성전의 후예들: 원조 유재열은 사업가로 변신, 자칭 후신들은 살아서 성업 중", 〈교회와신앙〉, 1995.04.01.

9   이필찬, 《요한계시록: 내가 속히 오리라》(이레서원, 2006), p. 525.

10 이만희, 《요한계시록의 실상》(2011), p. 226.

11 심우영, "'장막성전에 유재열은 이제 없습니다': 20년 만에 입을 연 어린 종 유재열", 〈현대종교〉, 2002.02.

12 같은 글.

13 편지를 발송한 시기는 책자마다 다르다. 《신천지 발전사》는 1980년 9월이지만, 《계시록 완전해설》은 1980년 봄으로, 《천지창조》는 1979년으로 소개한다. 수정된 실상과 오류에 대해서는 본서 1권의 〈부록〉을 참조하라.

14 이만희, 《요한계시록의 실상》(2011), p. 227

15 같은 책.

16 같은 책.

17 같은 책, p. 228.

18 같은 책, p. 229.

19 장운철, "장막성전의 후예들."

20 이만희, 《요한계시록의 실상》(2011), p. 228.

21 같은 책.

22 신천지 구리상담소 신천지 실체 참고 자료. https://youtu.be/MzAtZy8sH0c.

23 신천지문화부, 《신천지 발전사》, p. 41.

24 이만희, 《요한계시록의 실상》(2011), p. 230.

25 같은 책.

26 G. K. Beale, *The Book of Revelation: A Commentary on the Greek Text* (Grand Rapids: Eerdmans, 1999), p. 405.

27 이만희, 《요한계시록의 실상》(2011), p. 231.

28 양형주, 《바이블 백신 2》(홍성사, 2019), p. 177.

29 이만희, 《요한계시록의 실상》(2011), p. 80-81.

30 이만희, 《요한계시록 완전해설》, p. 1; 《신천지 발전사》, p. 4.

31 이만희, 《요한계시록의 실상》(2011), p. 232.

32 같은 책, p. 233.

33 같은 책, p. 234.

34 같은 책.

35 같은 책, p. 212; 신천지문화부, 《신천지발전사》, p. 4; 이만희, 《요한계시록 완전해설》, p. 1.

36 이만희, 《요한계시록의 실상》(2011), p. 236.

37 같은 책, p. 237.

38 같은 책.

39 같은 책, p. 239.

40 같은 책.

41 같은 책, p. 242.

42 신천지문화부, 《신천지 발전사》, p. 44.

43 임웅기, "한국 개신교 이단의 발생과 교리 특징(17) 재림주 이단의 뿌리를 찾아서", 기독신문, 2014.05.09.

44 신천지문화부, 《신천지 발전사》, p. 44.

45 이만희, 《요한계시록의 실상》(2011), p. 250.

46 같은 책, p. 240.

47 이만희, 《요한계시록의 실상》, p. 250.

48 이만희, 《요한계시록의 진상》, p. 197.

49 이만희, 《요한계시록의 실상》(2011), p. 251.

50 같은 책.

51 이만희, 《요한계시록의 진상》, p. 196.

52 이만희, 《요한계시록의 실상》(2011), p. 252.

53 신천지문화부, 《신천지 발전사》, p. 37.

54   이만희, 《요한계시록의 실상》(2011), p. 254.

55   이만희, 《요한계시록의 진상》, p. 197.

56   이만희, 《요한계시록의 실상》(2011), p. 254.

57   이만희, 《요한계시록의 진상》, p. 198.

58   같은 책.

59   이만희, 《요한계시록의 실상》(2011), p. 254.

60   이만희, 《요한계시록의 실상》(2011), p. 256.

61   같은 책.

62   같은 책, p. 257.

63   같은 책.

64   같은 책.

65   같은 책.

66   같은 책, p. 258.

67   같은 책, p. 259.

68   같은 책.

69   같은 책.

70   같은 책, p. 254.

71   이만희, 《요한계시록의 실상》(2011), p. 261.

72   같은 책.

73   같은 책, p. 262.

74   같은 책.

75   이만희, 《요한계시록의 진상》, p. 197, 205; 참조, 《요한계시록의 실상》(2011), p. 279.

76   조재훈, "계시록 실상 장막. 사건 귀신론: 요한계시록 13장(1)-7머리 10뿔 짐승", 한국기독교 이단사이비 정보센터, http://www.kcjsm1972.or.kr.

77   이만희, 《요한계시록의 실상》, p. 263.

78   같은 책, p. 264.

79   같은 책.

80   같은 책.

81   같은 책, p. 267-268.

82   양형주, 《평신도를 위한 쉬운 로마서》, p. 81.

83   한순찰 편, 《종교세계의 관심사》, p. 43.

84 양형주, 《바이블 백신 2》, p. 231.

85 Beale, *The Book of Revelation: A Commentary on the Greek Text*, p. 453-454.

86 이만희, 《요한계시록의 진상》, p. 205; 신천지문화부, 《신천지 발전사》, p. 42.

87 이만희, 《요한계시록의 진상》, p. 205.

88 세계기독교통일신령협회, 《원리강론》(성화사, 1978), p. 88.

89 이만희, 《요한계시록의 진상》, p. 124.

90 나무위키, "루시펠."

91 이만희, 《요한계시록의 실상》(2011), p. 276.

92 같은 책.

93 같은 책, p. 277.

94 이만희, 《요한계시록의 진상》, p. 216.

95 같은 책; 이만희, 《요한계시록의 실상》(2011), p. 278.

96 이만희, 《요한계시록의 실상》(2011), p. 278.

97 이만희, 《요한계시록의 진상》, p. 217.

98 이만희, 《요한계시록의 실상》(2011), p. 278-279.

99 같은 책, p. 280.

100 이만희, 《요한계시록의 진상》, p. 217.

101 이만희, 《요한계시록의 실상》(2011), p. 279.

102 같은 책, p. 280.

103 같은 책, p. 281.

104 이필찬, 《신천지 요한계시록 해석 무엇이 문제인가?》, p. 221.

105 이만희, 《요한계시록의 실상》(2011), p. 281.

106 같은 책, p. 283.

107 같은 책.

108 같은 책.

109 같은 책, p. 285.

110 이만희, 《요한계시록의 진상》, p. 222.

111 같은 책.

112 이만희, 《요한계시록의 실상》, p. 285.

113 같은 책.

114 같은 책.

115 같은 책, p. 67.

116 같은 책, p. 208.

117 같은 책, p. 234.

118 같은 책, p. 285.

119 같은 책.

120 오즈번, 《요한계시록》, p. 695.

121 이만희, 《요한계시록의 실상》(2011), p. 286.

122 이만희, 《요한계시록의 진상》, p. 222.

123 이만희, 《요한계시록의 실상》(2011), p. 286.

124 같은 책.

125 박동현, 《대한기독교서회 창립 100주년 기념 성서 주석 23-2 예레미야 II》(대한기
      독교서회, 2006), p. 176.

126 이만희, 《요한계시록의 실상》(2011), p. 288.

127 같은 책, p. 289.

128 같은 책.

129 같은 책, p. 290.

130 같은 책, p. 291.

131 이만희, 《요한계시록의 진상》, p. 223.

132 이만희, 《요한계시록의 실상》(2011), p. 291.

133 같은 책.

134 이만희, 《요한계시록의 진상》, p. 224.

135 같은 책.

136 이만희, 《요한계시록의 실상》(2011), p. 289.

137 같은 책, p. 291.

138 이만희, 《요한계시록의 실상》(2005), p. 315.

139 같은 책.

140 같은 책.

141 이만희, 《요한계시록의 실상》(2011), p. 298.

142 같은 책, p. 299.

143 이만희, 《요한계시록의 실상》(2011), p. 299.

144 이만희, 《요한계시록의 실상》(2011), p. 301.

145 같은 책.

146 같은 책.

147 같은 책, p. 302.

148 같은 책, p. 376.

149 같은 책, p. 277.

150 이만희, 《요한계시록의 실상》(2011), p. 103.

151 이희학, 《대한기독교서회 창립 100주년 기념 성서 주석 25 다니엘》(대한기독교서회, 2004), p. 493.

152 같은 책, p. 454.

153 송병헌, 《엑스포지멘터리 이사야 I》(국제제자훈련원, 2012), p. 559.

154 이만희, 《요한계시록의 실상》(2011), p. 302.

155 같은 책.

156 같은 책, p. 304.

157 이만희, 《요한계시록의 진상 2》, p. 300.

158 이만희, 《요한계시록의 실상》(2011), p. 305.

159 같은 책.

160 같은 책.

161 같은 책.

162 같은 책, p. 306.

163 같은 책, p. 307.

164 같은 책, p. 306.

165 같은 책, p. 307.

166 다음 한국어 사전, "전통", dic.daum.net.

167 이만희, 《요한계시록의 진상 2》, p. 302.

168 이만희, 《요한계시록의 실상》(2011), p. 308.

169 같은 책.

170 같은 책.

171 구체적인 설명은 본서 9장을 참조하라.

172 이만희, 《요한계시록의 실상》(2011), p. 314.

173 이 도표는 대전예안교회 인터넷 카페의 실상 상담 글, "이만희의 여러 역할이 성경적인가?"에서 발췌해 재정리한 것이다.

174 같은 글에서 발췌해 재정리한 것이다.

175 이만희, 《요한계시록의 실상》(2011), p. 314.

176 대전예안교회 인터넷 카페, "이만희의 여러 역할이 성경적인가?"

177 같은 글.

178 이만희, 《요한계시록의 실상》(2011), p. 315.

179 같은 책.

180 같은 책.

181 그랜트 오즈번, 김귀탁 역, 《요한계시록》 ECBNT(부흥과개혁사, 2012), p. 729.

182 이만희, 《요한계시록의 실상》(2011), p. 316-317.

183 같은 책, p. 317.

184 같은 책.

185 같은 책.

186 이만희, 《요한계시록의 진상》, p. 241.

187 이만희, 《요한계시록의 실상》(2011), p. 318.

188 같은 책, p. 319.

189 같은 책.

190 이만희, 《요한계시록의 실상》(2011), p. 321.

191 같은 책.

192 같은 책.

193 같은 책.

194 한순찰 편, 《종교세계의 관심사》, p. 43.

195 이만희, 《요한계시록의 실상》(2011), p. 323.

196 같은 책, p. 324.

197 같은 책, p. 424 참조.

198 같은 책, p. 322.

199 이만희, 《요한계시록의 실상》(2011), p. 325.

200 같은 책.

201 같은 책.

202 같은 책, p. 326.

203 같은 책, p. 327.

204 같은 책, p. 331.

205 "청지기교육원 설립 배경 및 설립 목적", 네이버 블로그 참조. https://m.blog.
naver.com/PostView.nhn?blogId=fanta_b612&logNo=221199352889&catego-
ryNo=53&proxyReferer=https%3A%2F%2Fwww.google.com%2F.

206 박민균, "천안기독교총연합 '신천지, 공개토론에 응하라'", 기독신문, 2019.03.25.

207 이인창, "어이없는 신천지, '토론은 하되 성경은 덮고 하자?'", 아이굿뉴스, 2019.05.25.

208 황윤태, "신천지가 '공개토론 하자' 도발해 올 때…", 국민일보, 2019.05.24. .

209 이만희, 《요한계시록의 실상》(2011), p. 332-333.

210 같은 책, p. 333.

211 같은 책.

212 같은 책, p. 334.

213 같은 책.

214 같은 책, p. 335.

215 같은 책.

216 Beale, *The Book of Revelation: A Commentary on the Greek Text*, p. 551.

217 이만희, 《요한계시록의 실상》(2011), p. 334.

2부

1 이만희, 《요한계시록의 실상》(2011), p. 341.

2 같은 책, p. 342.

3 같은 책, p. 343.

4 같은 책.

5 같은 책.

6 같은 책.

7 같은 책.

8 같은 책, p. 34.

9 이만희, 《요한계시록의 진상》, p. 256.

10 이만희, 《요한계시록의 진상 2》, p. 326.

11 이만희, 《천국비밀 계시》, p. 303; 《요한계시록의 실상》(2005), p. 367.

12 신천지문화부, 《종교세계의 관심사》, p. 43.

13 같은 책, p. 44.

14 오즈번, 《요한계시록》, p. 767.

15 이만희, 《요한계시록의 실상》(2011), p. 342.

16 이만희, 《요한계시록의 진상》, p. 257.

17 이만희, 《요한계시록의 진상 2》, p. 334.

18 이만희, 《천국비밀 계시》, p. 303; 《요한계시록의 실상》(2005), p. 367.

19 이만희, 《요한계시록의 실상》(2011), p. 343.

20 같은 책, p. 345.

21 같은 책.

22 같은 책.

23 같은 책, p. 348.

24 같은 책, p. 345.

25 같은 책, p. 346.

26 같은 책, p. 347.

27 같은 책.

28 같은 책, p. 349.

29 같은 책, p. 350.

30 이에 관한 자세한 설명은 필자의 《바이블 백신》을 참조하라.

31 타키투스, 《타키투스의 연대기》(서울 : 범우, 2005), p. 15, 44; 오즈번, 《요한계시록》, p. 771에서 재인용.

32 이만희, 《요한계시록의 실상》, p. 352.

33 같은 책.

34 같은 책, p. 353.

35 같은 책, p. 354.

36 자세한 설명은 본서 3장을 참조하라.

37 양형주, 《평신도를 위한 쉬운 로마서》, p. 38.

38 백금산, 《만화 요한계시록 2》(부흥과개혁사, 2010), p. 170.

39 참조, 정윤석, "장막성전 개혁자라는 오평호 목사 실상(1)", 〈교회와신앙〉, 2011.03.14.

40 이만희, 《요한계시록의 실상》(2011), p. 354.

41 같은 책.

42 이만희, 《요한계시록의 실상》(2011), p. 355.

43 같은 책, p. 356.

44 같은 책.

45 같은 책.

46 같은 책.

47 같은 책, p. 357.

48 '칭의'에 관해서는 필자의 《바이블 백신 2》, 129-137쪽을 참조하라.

49 존 놀랜드, 김경진 역, 《누가복음》 WBC 35-3(솔로몬, 2005), p. 341.

50 양태론적 이단들의 구체적인 설명에 관해서는 필자의 《바이블 백신 1》(홍성사, 2019) 129-144쪽을 참조하라.

51 모략 교리에 관해서는 강성호, "신천지 신도들이 사기 포교하는 이유", 기독교포털뉴스, 2014.02.07.; 이인규, "신천지가 가르치는 모략 교리", 세계한인기독교 이단대책연합회, 2012.04.26.

52 양형주, 《평신도를 위한 쉬운 로마서》, p. 85-86.

53 이만희, 《요한계시록의 실상》, p. 358.

54 같은 책.

55 같은 책.

56 같은 책.

57 같은 책.

58 같은 책, p. 346.

59 이만희, 《요한계시록의 진상》, p. 266.

60 같은 책.

61 같은 책.

62 이만희, 《요한계시록의 실상》(2011), p. 358.

63 이만희, 《요한계시록의 실상》, p. 364.

64 같은 책, p. 365.

65 같은 책.

66 같은 책, p. 366.

67 같은 책.

68 이만희, 《요한계시록의 진상》, p. 275.

69 이만희, 《요한계시록의 실상》(2011), p. 354.

70 같은 책, p. 368.

71 같은 책.

72 같은 책, p. 369.

73 같은 책.

74 오즈번, 《요한계시록》, p. 802.

75 이만희, 《요한계시록의 실상》(2011), p. 370.

76 같은 책.

77 같은 책.

78 같은 책.

79   양형주, 《평신도를 위한 쉬운 로마서》, p. 70.

80   같은 책.

81   같은 책.

82   크레이그 R. 쾨스터, 최홍진 역, 《앵커바이블: 요한계시록 II》(CLC, 2019), p. 1311.

83   이만희, 《요한계시록의 실상》, p. 371.

84   같은 책, p. 346과 비교해 보라.

85   원세호, 탁성환, 《청지기론》(국종출판사, 1981).

86   원세호, 《청지기론》(국종출판사, 1984).

87   이만희, 《요한계시록의 실상》(2011), p. 374.

88   같은 책, p. 375.

89   김성준, "로마 제국의 해상무역", 해양사연구소, seahistory. or. kr.

90   이만희, 《요한계시록의 실상》, p. 376.

91   같은 책.

92   같은 책.

93   같은 책, p. 377.

94   이 편지는 필자가 부산 장신대 탁지일 교수를 통해 탁성환 목사의 가족들에게 2019년
     10월 12일 이메일을 통해 문의했던 내용을 2019년 11월 4일 답신으로 받은 것이다.

95   이만희, 《요한계시록의 실상》, p. 377.

96   같은 책, p. 378.

97   같은 책.

98   쾨스터, 《앵커바이블: 요한계시록 II》, p. 1327.

99   이만희, 《요한계시록의 실상》(2011), p. 385.

100 같은 책.

101 같은 책, p. 386, 397.

102 같은 책, p. 386.

103 같은 책.

104 이만희, 《요한계시록의 실상》(2011), p. 388.

105 같은 책.

106 같은 책.

107 같은 책.

108 같은 책.

109 같은 책.

110 같은 책, p. 389.

111 이만희, 《요한계시록의 진상》, p. 288.

112 데이비드 E. 아우네, 《요한계시록 17-22》 WBC 주석(솔로몬, 2005), p. 275.

113 이만희, 《요한계시록의 실상》(2011), p. 388.

114 쾨스터, 《앵커바이블: 요한계시록 II》, p. 1362.

115 R. H. Mounce, *The Book of Revelation NICNT*, p. 347.

116 박수암, 《요한계시록》(대한기독교서회, 2018), p. 404.

117 같은 책, p. 405.

118 이만희, 《요한계시록의 실상》(2011), p. 390.

119 같은 책, p. 391-392.

120 같은 책, p. 392.

121 양형주, 《바이블 백신 1》, p. 143.

122 이만희, 《요한계시록의 실상》, p. 396.

123 같은 책, p. 394.

124 신천지문화부, 《신천지 발전사》, p. 80-81.

125 같은 책, p. 395.

126 같은 책.

127 같은 책.

128 같은 책.

129 이만희, 《요한계시록의 실상》(2011), p. 397.

130 같은 책, p. 397-398.

131 같은 책, p. 398.

132 같은 책.

133 같은 책.

134 같은 책, p. 399.

135 같은 책, p. 400.

136 같은 책.

137 오즈번, 《요한계시록》, p. 861.

138 같은 책.

139 Beale, *The Book of Revelation: A Commentary on the Greek Text*, p. 653.

140 이만희, 《요한계시록의 실상》(2011), p. 382.

141 같은 책, p. 397.

142 김지철, 《대한기독교서회 창립 100주년 기념 성서 주석 38 고린도전서》(대한기독교서회), p. 354-355.

143 이만희, 《요한계시록의 실상》(2011), p. 397-398.

144 조엘 마커스, 장성민 외 역, 《마가복음 I》(CLC, 2016), p. 534-535.

145 이만희, 《요한계시록의 실상》(2011), p. 399.

146 같은 책, p. 407.

147 같은 책.

148 같은 책, p. 404.

149 같은 책, p. 404-405.

150 같은 책, p. 405.

151 같은 책.

152 같은 책.

153 같은 책.

154 같은 책, p. 406.

155 같은 책.

156 이 구조 제안은 다음을 참조하라. 최갑종, "계시록 20:1-6절의 해석과 천년왕국설", 〈신약논단〉 (2000. 4), 228.

157 Beale, *The Book of Revelation: A Commentary on the Greek Text*, p. 669.

158 최갑종, 같은 글, p. 225. 이러한 사실을 진술하는 당시의 문헌으로는 m Abot 4 1, Exod Rab 24:. 4, Gen Rab 12 10, b Sanh 97a-97b, Jub 23 27-30, I Enoch 10 4-13 2, Testament of Isaac 6-8, 2 Baruch 29-30, 39-40, 70-74, R Elizer, Midr Ps 90 4 등이 있다.

159 Beale, *The Book of Revelation: A Commentary on the Greek Text*, p. 674.

160 쾨스터, 《앵커바이블: 요한계시록 II》, p. 1441.

161 오즈번, 《요한계시록》, p. 876.

162 이만희, 《요한계시록의 실상》(2011), p. 406.

163 같은 책, p. 405.

164 청와대 국민청원, https://www1.president.go.kr/petitions/585290.

165 이만희, 《요한계시록의 실상》(2011), p. 408.

166 이만희, 《천국비밀 계시》, p. 357.

167 같은 책.

168 이만희, 《요한계시록의 실상》(2011), p. 409.

169 이에 대한 보다 자세한 설명은 필자의 《바이블 백신 1》 105-106쪽을 참조하라.

170 이에 관한 자세한 논의는 필자의 《바이블 백신 1》 230-238쪽과 《바이블 백신 2》 262-271쪽을 참조하라.

171 이만희, 《요한계시록의 실상》(2011), p. 412.

172 같은 책.

173 데이비드 E. 아우네, 《요한계시록 52-53》 WBC 주석(솔로몬), p. 381.

174 오즈번, 《요한계시록》, p. 889.

175 같은 책, p. 892.

176 이만희 《요한계시록의 실상》(2011), p. 414.

177 같은 책.

178 같은 책, p. 415.

179 이만희, 《대적자 교리 반증》(도서출판 신천지, 2007), p. 24-26.

180 이에 대한 체계적인 논의는 필자의 《바이블 백신 2》 267-291쪽을 참조하라.

181 이에 관해서는 필자의 《바이블 백신 1》, "인간론"을 참조하라.

182 지명한, "신천지 탈퇴 기자회견문", 2012. 02. 23. https://ikccah.org/scj/2256.

3부

1 이만희, 《요한계시록의 실상》(2011), p. 422-423.

2 이만희, 《천국비밀 계시》, p. 371.

3 이만희, 《요한계시록의 실상》(2011), p. 424.

4 같은 책, p. 425.

5 같은 책, p. 424.

6 같은 책, p. 425.

7 같은 책, p. 428.

8 CBS 특별취재팀, "신천지 교주 이만희, 광주서 극비리 중증 수술", 노컷뉴스, 2017. 07. 24.

9 같은 글.

10 정예기, "자칭 구원자 신천지 이만희 교주, 척추 수술 후 입원치료 중: 7년 전 수술 이후 두 번째 수술 진행", 〈현대종교〉, 2017. 7. 26.

11 이만희, 《요한계시록의 실상》, p. 429.

12 같은 책, p. 430.

13   같은 책, p. 431.

14   이만희, 《요한계시록의 실상》, p. 432.

15   같은 책, p. 430.

16   같은 책, p. 432.

17   성경에 나타난 언약에 대해서는 필자의 《바이블 백신 1》 277-286쪽을 참조하라.

18   송주열, "신천지 이만희 교주 억대 굿판을?", CBS노컷뉴스, 2013.06.11.

19   같은 글.

20   송주열, "대법원, '신천지 이만희 교주 죽음 대비 굿판 허위 사실 아냐' CBS 최종 승소", 크리스천노컷뉴스, 2017.11.30; 참조, 정윤석, "이만희 교주 측, CBS와 30억 원대 소송에서 진 자", 기독교포털뉴스, 2017.04.03.

21   이만희, 《요한계시록의 실상》(2011), p. 435.

22   같은 책, p. 436-437.

23   같은 책, p. 437.

24   같은 책.

25   같은 책, p. 388.

26   같은 책, p. 198.

27   오즈번, 《요한계시록》, p. 945.

28   이만희, 《요한계시록의 실상》(2011), p. 439.

29   쾨스터, 《앵커바이블: 요한계시록 II》, p. 1539.

30   이만희, 《요한계시록의 실상》(2011), p. 441.

31   같은 책, p. 442.

32   같은 책, p. 443.

33   같은 책, p. 444.

34   같은 책, p. 442.

35   같은 책, p. 450.

36   같은 책, p. 451.

37   같은 책.

38   같은 책, p. 452.

39   같은 책, p. 453.

40   같은 책.

41   같은 책, p. 454.

42   같은 책, p. 442, 457.

43 같은 책, p. 456.

44 같은 책.

45 같은 책.

46 지명한, "신천지 탈퇴 기자회견문", 2012.02.23. https://ikccah.org/scj/2256.

47 같은 글.

48 이만희, 《요한계시록의 실상》(2011), p. 458.

49 같은 책.

50 같은 책, p. 459.

51 같은 책.

52 같은 책.

53 천사에 관한 것은 필자의 《바이블 백신 2》 194-200쪽을 참조하라.

54 이만희, 《요한계시록의 실상》(2011), p. 460.

55 같은 책.

56 상급에 관해서는 필자의 《바이블 백신 2》 133-134쪽을 참조하라.

57 이용원, "예언서 《격암유록》 신앙촌서 위조", 서울신문, 1970.01.01.

58 김하원, 《위대한 가짜 예언서 격암유록》(만다라, 1995); 참조, "격암유록", 위키백과.

59 이만희, 《요한계시록의 실상》(2011), p. 464.

60 같은 책, p. 466.

61 같은 책.

62 같은 책.

63 같은 책.

64 같은 책.

65 같은 책, p. 186.

66 Beale, *The Book of Revelation: A Commentary on the Greek Text*, p. 813.

67 이만희, 《요한계시록의 실상》(2011), p. 469.

68 같은 책.

69 같은 책.

70 양형주, 《바이블 백신 1》, p. 68-72.

71 오즈번, 《요한계시록》, p. 1001.

참고문헌

성경

개역개정
개역한글
새번역
공동번역
메시지
BHS: Biblia Hebraica Stuttgartensia.
ESV: English Standard Version.
NA[27]: E. Nestle, B. Aland, et at. Novum Testamentum Graece. 27th ed.
NIV: New International Version.
NRSV: New Revised Standard Version.

신천지 자료

• 국내도서 및 강의안
김병희. 김건남. 《신탄》. 과천: 도서출판 신천지. 1985.
무공. 《격암유록: 마지막 해역서》. 서울: 좋은땅. 2013.
세계기독교통일신령협회. 《원리강론》. 서울. 성화사. 1978.
신천지문화부. 《신천지 발전사》. 과천: 도서출판 신천지. 1997.
이만희. 《요한계시록의 진상》. 과천: 도서출판 신천지. 1985.
――――. 《요한계시록 완전해설》. 과천: 도서출판 신천지. 1986.
――――. 《요한계시록의 진상 2》. 과천: 도서출판 신천지. 1988.
――――. 《성도와 천국》. 과천: 도서출판 신천지. 1995.
――――. 《천국비밀 계시》. 과천: 도서출판 신천지. 1998.
――――. 《요한계시록의 실상》. 과천: 도서출판 신천지. 2005.
――――. 《예수 그리스도의 행전》. 과천: 도서출판 신천지. 2006.

_____. 《대적자 교리반증》. 과천: 도서출판 신천지. 2007.

_____. 《천지창조》. 과천: 도서출판 신천지. 2007.

_____. 《요한계시록의 실상》. 과천: 도서출판 신천지. 2011.

_____. 《요한계시록의 실상》. 과천: 도서출판 신천지. 2014.

한순찰 편집. 《종교세계의 관심사》. 과천: 도서출판 신천지. 1984.

《신천지 강사 교재》 (성경론, 비유론, 중등, 고등 과정).

• 인터넷 자료

선천지 홈페이지. www.shincheonji.kr.

선천지 유튜브 채널. "[신천지. 한기총 교리 비교] 계 1장의 '일곱 교회'의 참 의미는?" https://www.youtube.com/watch?v=btdThz6dfh0.

신천지 반증 자료

• 국내도서 및 강의안

김하원. 《위대한 가짜 예언서 격암유록》. 서울: 만다라. 1995.

백상현. 《이단 사이비, 신천지를 파헤치다》. 서울: 국민일보기독교연구소. 2013.

양형주. 《바이블 백신 1》. 서울: 홍성사. 2019.

_____. 《바이블 백신 2》. 서울: 홍성사. 2019.

이필찬. 《신천지 요한계시록 해석 무엇이 문제인가?》. 서울: 새물결플러스. 2015.

전상철. 《에덴동산의 회복: 성경과 격암유록과 우리나라 민속. 그리고 한자 속에 감춰진 놀라운 비밀!》. 서울: 좋은땅. 2014.

진용식. 《이만희 실상 교리의 허구》. 서울: 기독교포털뉴스. 2019.

_____. 《계시록 반증 세미나 강의안》. 한국이단상담소협회 미간행자료. 2019.

_____. 《하나님의 교회 길자교 안상홍 증인회의 실체는?》 증보판. 서울: 백승프린트. 2010.

탁명환. 《한국의 신흥종교 III》. 서울: 국종출판사. 1992.

• 인터넷 자료

교회와신앙 홈페이지. http://www.amennews.com.

나무위키. "루시펠." namu.wiki.

네이버 블로그 소행성. "청지기 교육원 설립 배경 및 설립 목적."

네이버 블로그 주님바라기. "신천지 24장로의 허구: 신천지 실상완전정복." http://blog. naver.com/PostView.nhn?blogId=knw1022&logNo=10067075072&parentCategoryNo=38&categoryNo=&viewDate=&isShowPopularPosts=true&from=search.

네이버 블로그 michael 1450. "신천지 실상상담 - '두 증인의 허구'." https://m.blog. naver.com/PostView.nhn?blogId=michael1450&logNo=220359611880&proxyReferer=https%3A%2F%2Fwww.google.com%2F.

다음 한국어사전. dic.daum.net.

대전예안교회 상담카페. "이만희의 여러 역할이 성경적인가?"한국기독교이단상담소협회 구리상담소. www.antiscj.or.kr.

사이비 신천지 예방 대책 모임. "사이비 신천지 자칭 네 생물 실상. 신천지 가르침 기준으로 보아도 오락! 가락!" http://www.sinyemo.org/board_tKUG08/209698.

신천지 전문 이단상담실 부산상담소. http://busw.kr/g5.

유튜브 채널. 윤재덕의 종말론 사무소.

위키백과. "장막성전." ko.wikipedia.org.

한국기독교이단상담소협회 구리상담소. "신천지 이만희 총회장은 신도들을 상대로 30년간 사기를 쳤다." http://www.antiscj.or.kr/technote7/board.php?board=eboard4&page=1&command=body&no=66.

한국기독교 이단사이비 정보센터 홈페이지. "이만희의 계시록 실상인물에 대하여 알아봅시다." http://www.kcjsm1972.or.kr.

• 성경 주석(요한계시록 관련)

그랜트 오즈번. 김귀탁 역. 《요한계시록》BECNT. 서울: 부흥과개혁사. 2012.

그레고리 K. 빌. 김귀탁 역. 《그레고리 빌 요한계시록 주석》. 서울: 복있는사람. 2015.

길성남. 《에베소서 어떻게 읽을 것인가》. 서울: 성서유니온. 2005.

데이비드 E. 아우네. 김철 역. 《요한계시록 1-5》WBC 성경주석 52 상. 서울: 솔로몬. 2003.

_____. 《요한계시록 6-16》WBC 성경주석 52 중. 서울: 솔로몬. 2004.

_____. 《요한계시록 17-22》WBC 성경주석 52 하. 서울: 솔로몬. 2005.

박동현. 《예레미야 II》. 대한기독교서회 창립 100주년 기념주석 23-2. 서울: 대한기독교서회. 2006.

박수암. 《신약주석 요한계시록》개정증보 2판. 서울: 대한기독교서회. 2018.

송병헌. 《엑스포지멘터리 이사야 I》. 서울: 국제제자훈련원. 2012.

양형주. 《평신도를 위한 쉬운 창세기 I》. 서울. 브니엘. 2018.
_____. 《평신도를 위한 쉬운 로마서》. 서울. 브니엘. 2019.
이필찬. 《내가 속히 오리라》. 서울: 이레서원. 2006.
이희학. 《다니엘》. 대한기독교서회 창립 100주년 기념주석 25. 서울: 대한기독교서회. 2004.
크레이그 R. 쾨스터. 최홍진 역. 《앵커바이블: 요한계시록 I》. 서울: CLC. 2019.
_____. 《앵커바이블: 요한계시록 II》. 서울: CLC. 2019.
톰 라이트. 이철민 역. 《모든 사람을 위한 요한계시록》. 서울: IVP. 2015.
Bauckham. R. *The Climax of Prophecy*. Edinburgh: T&T Clark. 1993.
Beale. G. K. *The Book of Revelation: A Commentary on the Greek Text*. Grand Rapids. Eerdmans Publishing Co. 1999.
D. A. 카슨. 박문재 역. 《요한복음》 PNTC 주석. 서울: 솔로몬. 2017.

• 사전
ABD - Anchor Bible Dictionary.
TDNT - Theological Dictionary of the New Testament.
Stern. E. ed. *The New Encyclopedia of Archaeological Excavations in the Holy Land* Vol. 3. Israel Exploration Society & Carta. 1993.

• 기사 및 보도자료
강성호. "초등에서 신천지식 성경 구조 주입된다." 기독교포털뉴스. 2014. 6. 30.
김덕원. "신천지 두 증인, 이만희 '아니다'." CTS 뉴스. 2012. 12. 12.
박민균. "천안기독교총연합 '신천지, 공개토론에 응하라'." 기독신문. 2019. 3. 25.
백상현. "이만희 교주 사이비들이 써먹은 거짓교리 짜깁기 … 신천지 더 이상 방치 안 된다." 국민일보. 2013. 4. 2.
_____. "신천지가 반드시 가르치는 그림 ⑱ 구원의 노정순리." 국민일보. 2016. 10. 31.
송주열. "영생 주장 교주가 억대 굿판을?" CBS 노컷뉴스. 2013. 6. 11.
_____. "대법원 '신천지 이만희 교주 죽음 대비 굿판 허위사실 아냐'." CBS 노컷뉴스. 2017. 11. 30.
심우영. "'장막성전에 유재열은 이제 없습니다': 20년 만에 입을 연 어린 종 유재열." 〈현대종교〉. 2002. 2.
이용원. "예언서 〈격암유록〉 신앙촌서 위조." 서울신문. 1970. 1. 1.

이인창. "신천지 쇠퇴기 진입? 교세 20만 안 될지도." 아이굿뉴스. 2019. 1. 10.

──. "어이없는 신천지, '토론은 하되 성경은 덮고 하자?'" 2019. 5. 25.

임웅기. "[한국 개신교 이단의 발생과 교리 특징](17): 재림주 이단의 뿌리를 찾아서." 기독신문. 2014. 5. 9.

장인희. "신천지 12지파 인 맞음 확인 시험의 모순." 〈현대종교〉. 2018. 3. 18.

정윤석. "장막성전 개혁자라는 오평호 목사 실상(1): '진리의 성령은 인간이다' 등 그의 핵심사상 집중 분석." 〈교회와신앙〉. 2011. 3. 14.

──. "'육체영생 믿는다면 이만희 씨 사후대비 왜 필요한가': 임웅기. 신현욱 상담소장. 지명한 전 강사. 신천지 실상 폭로 기자회견." 〈교회와신앙〉. 2012. 1. 27.

──. "이만희 교주 측. CBS와 30억 원대 소송에서 진자." 기독교포털뉴스. 2017. 4. 3.

──. "신천지의 실상. 장막성전의 실체는 영적 사기극: 신천지 7대접 김대원 장로 인터뷰 '이만희 교주. 거짓말 중단하라'." 기독교포털뉴스. 2017. 6. 12.

──. "백○○의 12제자로 막차 탄 이만희 교주의 실상: 신천지 출신 김대원 장로 인터뷰[2]: '성경 안 보고 함께 놀고 먹고 마셔'." 기독교포털뉴스. 2017. 6. 29.

장운철. "장막성전의 후예들: 원조 유재열은 사업가로 변신, 자칭 후신들은 살아서 성업 중." 〈교회와신앙〉. 1995. 4. 1.

정예기. "자칭 구원자 신천지 이만희 교주, 척추수술 후 입원 치료 중: 7년 전 수술 이후 두 번째 수술 진행." 〈현대종교〉. 2017. 7. 26.

조민음. "신천지, '국제법 개정과 종교 대통합 전에는 영생 없다!'" 〈현대종교〉. 2015. 7. 20.

──. "신천지가 평화행사를 개최하는 이유." 바른미디어. 2018. 9. 11.

조재훈. "계시록 실상 장막사건 귀신론: 요한계시록 13장(1)-7머리 10뿔 짐승." 한국기독교이단사이비 정보센터. http://www.kcjsm1972.or.kr.

지명한. "신천지 탈퇴 기자회견문." 2012. 2. 23. https://ikccah.org/scj/2256.

진정희. "이만희 계시는 신현욱 계시다(1탄): 신대연, 신천지 '네 말(馬)의 실상' 교리 얽힌 내막 폭로." 〈교회와신앙〉. 2013. 3. 12.

황윤태. "신천지가 '공개토론 하자' 도발해올 때…." 국민일보. 2019. 5. 24.

CBS 특별취재팀. "신천지 교주 이만희 광주서 극비리 중중 수술." 노컷뉴스. 2017. 7. 24.